"十二五"职业教育国家规划立项教材
新编全国旅游中等职业教育系列教材

饭店产品营销

FANDIAN CHANPIN YINGXIAO

马 英 ◎ 主 编
王战鹰 戴侠男 ◎ 副主编

北京·旅游教育出版社

国家示范性职业学校数字化资源共建共享计划
"酒店服务与管理专业"课题组成果转化系列教材

编委会

首席顾问：徐国庆

总 主 编：聂海英

副总主编：吴浩宏　　董家彪　　卿　琳　　汪建平
　　　　　马　英　　李禄元　　石　磊

出版说明

结合《现代职业教育体系建设规划(2014—2020年)》的指导意见和《教育部关于"十二五"职业教育教材建设的若干意见》的要求,我社组织旅游职业院校专家和老师编写了"新编全国旅游中等职业教育系列教材"。这是一套体现最新精神的、具有普遍适用性的中职旅游专业规划教材。

该系列教材具有如下特点:

(1)编写宗旨上:构建了以项目为导向、以工作任务为载体、以职业生涯发展路线为整体脉络的课程体系,重点培养学生的职业能力,使学生获得继续学习的能力,能够考取相关技术等级证书或职业资格证书,为旅游业的繁荣和发展输送学以致用、爱岗敬业、脚踏实地的高素质从业者。

(2)体例安排上:严格按教育部公布的《中等职教学校专业教学标准(试行)》中相关专业教学要求,结合中等职业教育规范以及中职学生的认知能力设计体例与结构框架,组织具有丰富教学经验和实际工作经验的专家,按项目教学、任务教学、案例教学等方式设计框架、编写教材。

(3)内容组织上:根据各门课程的特点和需要,除了有正文的系统讲解,还设有案例分析、知识拓展、课后练习等延伸内容,便于学生开阔视野,提升实践能力。

旅游教育出版社一直以"服务旅游业,推动旅游教育事业的发展"为宗旨,与全国旅游教育专家共同开发了各层次旅游及相关专业教材,得到广大旅游院校的好评。在将这套精心打造的教材奉献给广大读者之际,深切地希望广大教师学生能一如既往地支持我们,及时反馈宝贵意见和建议。

旅游教育出版社

序

为深入贯彻落实《国家中长期教育改革和发展规划纲要(2010—2020年)》关于"加快教育信息化进程"的战略部署,按照职业教育改革创新行动计划和《教育部、人力资源和社会保障部、财政部关于实施国家中等职业教育改革发展示范学校建设计划的意见》(教职成〔2010〕9号)要求,加快推进职业教育数字校园建设。2011年11月,教育部职业教育与成人教育司下发〔2011〕202号文件——《关于实施国家示范性职业学校数字化资源共建共享计划的通知》,确定以国家示范性职业学校为引领,实施"国家示范性职业学校数字化资源共建共享计划",促进优质资源共享,提升信息技术支撑职业教育改革创新的能力,着力提高人才培养质量。

2012年1月和2014年3月,重庆市旅游学校通过遴选被教育部确定为酒店服务与管理专业数字资源第一、第二期共建共享项目课题组、协作组组长单位。在两期项目建设过程中,重庆市旅游学校协同广东省旅游职业技术学校、广州市旅游商务职业学校、浙江长兴县职业技术教育中心学校、四川宜宾市职业技术学校、四川什邡市职业中专学校、成都市财贸职业高级中学、沈阳外事服务学校、江西省商务学校和海南三亚高级技工学校等项目副组长学校带领全国25所示范中职学校的98名骨干教师开展本项目的第一、第二期建设。

为确保项目建设质量,课题组确定了"总体设计、专家引领、名师参研、企业参与"的建设思路,特聘请全国职教课程专家华东师范大学职业教育与成人教育研究所副所长徐国庆教授为首席顾问,特邀首批中国饭店业经营管理大师石世珍、广州南沙大酒店总经理杨结、重庆澳维酒店总经理张涛等饭店行业专家全程指导资源库建设与开发。

依据全国旅游职业教育教学指导委员会制定的《中等职业学校高星级饭店运营与管理专业教学标准》(试行),本着"模块化呈现、精细化教学、多样化适应"的开发理念,项目共开发了酒店服务与管理专业9门专业课的网络课程,按照教育部统一技术标准制作了5000余个学习积件,共编写、整理了近40万字的文字资料,制作了80个微课视频、169个高清技术视频和214个演示动画,拍摄整理了6000多张专业图片,完成了420个授课课件、逾万道试题的编辑制作。

为物化项目建设成果,我们联合旅游教育出版社,结合教育部发布的中等职业学校高星级饭店运营与管理专业教学标准,把资源共建共享项目的网络课程成果编写成教材,拟共出版8本教材:《客房服务与管理》《餐饮服务与管理》(为与教育部制定的专业教学标准保持一致,将共建共享项目中的中餐与西餐课程合成一本教材出版)、《前厅服务与管理》《饭店礼仪》《饭店专业英语》《饭店产品营销》《茶艺服务》《酒水知识与服务技能》。希望以此惠及更多的学生及广大读者朋友。

本系列教材融入了我们一线老师多年积累的教学经验成果,由于水平有限、时间仓促,难免存在不当之处,恳请各位专家、学者及广大读者予以批评指正。

国家级数字化精品课程资源酒店服务与管理专业
第一期、第二期课题组组长
聂海英

前 言

饭店产品营销是中等职业学校高星级运营服务与管理专业的一门实践性很强的综合专业课程。其教材内容和教学方法必须与时俱进,紧跟饭店业的发展趋势与市场需求。本书力求从饭店服务业中探索饭店产品营销的本质和功能,介绍饭店产品营销的有关知识及其运用,培养学生饭店产品营销的实践技能,力图为中等职业学校培养饭店营销服务人才提供一本较为科学、实用的教材。

本书集各位编者多年的饭店营销工作及教学经验,在教材设计和编写过程中,紧紧把握行业发展趋势和职业岗位需求,突出饭店业的实际,注重实践性和应用性,贴近中职学生实际情况,注重对学生专业技能的培养,在教材框架结构和内容组织形式上进行了创新:教材打破了传统的学科教学模式,全书以即将毕业并在酒店销售部实习的中职学生张玲(虚拟人物),要完成酒店产品的一项项典型的销售任务为主线展开教材的内容。

本书的整体框架结构以模块和任务的形式设计,共分市场营销调研及分析、主要销售活动实施、主题活动策划三个模块,每个模块又由若干个任务组成,并在每个任务中设计了任务描述、情景导入、任务分析、相关知识、案例分析、角色练习、知识拓展、特别提示、任务评价、课后练习等,讲练结合,提高可读性、操作性和趣味性,注重学生的参与性,实现教与学的有机结合,增强学生学习的自主性,提高学生的思考能力和学习能力,帮助学生正确认识饭店产品营销工作的真谛,培养学生良好的职业道德和职业规范。

本书主要对象是旅游服务类中职学生,也可作为饭店员工培训及相关从业人员学习的参考书。

本书由沈阳市外事服务学校校长马英主编,王战鹰、戴侠男老师任副主编,桐乡职业教育中心学校陈素珍、沈吉、陈一强,重庆旅游学校毛莉、易丹,海南华侨商业学校吴斯辉、冯岩、陈彬,沈阳市外事服务学校王巍、徐瑞、姚俏梅等参编。

由于能力有限、时间仓促,本书还存在很多不足之处,欢迎各位读者批评指正。

编者

2017 年 1 月

目 录

绪 论 1

模块一　市场营销调研及分析 13
　　模块概览 13
　　学习目标 13
　　任务一　市场调研与预测 13
　　任务二　目标市场策略 40
　　课后练习 59

模块二　主要销售活动实施 62
　　模块概览 62
　　学习目标 62
　　任务一　会议产品销售 63
　　任务二　集团客户产品销售 75
　　任务三　网络营销 99
　　课后练习 113

模块三　主题活动策划 116
　　模块概览 116
　　学习目标 116
　　任务一　婚宴策划 116
　　任务二　节假日宴会策划 131
　　任务三　地方特色活动策划 151

任务四　展会策划 …………………………………… 169
　　任务五　商务宴会策划 ………………………………… 194
　　课后练习 ……………………………………………… 215

参考文献 ………………………………………………… 217

课后练习答案 …………………………………………… 219

绪　论

一、饭店产品营销概述

(一)饭店市场营销的概念

饭店市场营销具有这样一种功能:负责了解、调研宾客的合理需求和消费欲望,确定饭店的目标市场,并且设计、组合、创造适当的饭店产品,以满足饭店市场的需要。简单说,饭店市场营销就是为了满足客户的合理需求,为使饭店盈利而进行的一系列经营、销售活动,营销的核心是满足客人的合理要求,最终的目的是为饭店盈利。

饭店的市场营销,必须与饭店内其他部门密切配合,如住宿与前台、客房、餐厅、会议与工程、音响等部门配合。营销部常常代表顾客的要求和利益,而宾客的要求有时非常挑剔,有可能影响其他业务部门的正常工作程序。营销部应做好宾客与经营部门的协调工作。市场营销的作用在于沟通饭店和客源市场的供求关系,以求得饭店的最佳经济效益,因而饭店的市场营销是饭店经营管理的核心。

(二)现代饭店产品营销的特点

1.综合性

现代饭店营销综合性的特点有两层含义:一是组合营销,即宾客对饭店的要求除住宿、饮食等基本生活需要外,还包括购物、娱乐、信息交流、商务活动等高层次的业务需要和精神需要。饭店经营活动的综合性决定了其营销活动的复杂性。二是全员营销,即现代饭店营销与饭店各部门的每位员工都密切相关。也就是说,在饭店的员工中,只要有一位员工的服务令宾客不满意,那么这位宾客不但不会成为该饭店的回头客,而且这位宾客的负面宣传,将会使更多潜在的客人投向其他饭店,使该饭店营销的大量工作付之东流。

因此,现代饭店营销综合性特点是要求饭店营销人员懂得饭店全体员工对营销工作理解、支持的重要性,主动争取其他部门对营销工作的帮助与支持。

2.无形性

(1)从本质上讲,服务是饭店的主要产品。饭店的产品总是伴随着服务向客人出售的,无论是饭店餐厅出售的菜肴,还是饭店客房提供的住宿,或是饭店康乐中心提供的娱乐和健身,都离不开服务。多种服务构成饭店产品的主要部分并支配着其品质,并强烈影响着宾客购买决策。服务作为一种行为,是无法被人们触摸或者计量的,是靠技术指标来衡量的。客人只有到达饭店并享用了饭店服务时,才能感受到饭店产品的价值,饭店产品的价值才得以实现。对饭店产品质量的评价好坏取决于客人主观感受的满意与否。所以说,无形性是饭店产品的一个显著特点。

（2）一般产品被消费者购买后,其所有权便发生了转移,消费者可以随意将其带走。但是旅游者购买饭店产品后,只是在一定的时间和空间内购得客房、餐厅或其他饭店设施的使用权,而无法占有。消费者能带走的只是一种经历或者感受,而不是实体产品。消费者购买饭店产品的行为,本身具有无形性的特点。这一特点也就要求饭店营销人员在营销过程中更加重视饭店位置、设施、装潢及员工等有形能力的宣传,以吸引更多的消费者。

3.时效性

饭店产品作为一种服务产品与一般物质产品的不同,即它不能储存,有一定的时效性。对于生产电视机的企业来说,今天生产的1000台电视机可以在一个月以后销售,甚至也可以在一年之后销售。但是饭店的产品只有在宾客使用时才能提供和生产。饭店的产品一天没有人买,一天的价值就消失了。

饭店产品的不可储存性决定了营销工作有很强的时效性。饭店只有在符合需求的时间内提供符合需求的产品,才能获得效益,否则只能产生极大的浪费。这就要求饭店管理者和营销人员在饭店营销工作中,要周密地协调好饭店的生产能力,协调好促销与需求的关系,以解决饭店产品无法储存的问题。

4.易波动性

和一般的产品相比较,饭店产品的生产与销售受到许多因素的影响和制约,由于饭店产品的不可储存性,使得饭店产品价值的实现易于受到影响,因此饭店营销工作具有易波动性的特点。

二、认识饭店产品

（一）饭店产品的概念

产品的概念有狭义和广义之分。狭义的产品是指由生产部门所生产的,由商业劳动者们所销售的物品,实质是有形的产品。广义的产品则是指一切能够满足人们需要的物品,既包含了市场上所销售的有形产品,也包含了所提供的所有服务。将产品的广义概念运用到饭店行业中,饭店产品就是指宾客能够感受到的,饭店所提供的一切满足其需要的有形产品和无形服务的总和。饭店产品包含有形产品、无形服务两个方面的内容。

(二) 饭店产品的构成

1. 饭店的位置

饭店的位置是宾客在选择饭店时考虑的重要因素之一。饭店的位置主要包括饭店的交通条件和地理位置,如与机场、车站、游览景点和商业中心的距离等。饭店位置的好坏还与饭店的经营成本密切相关。

2. 饭店的设施

饭店设施指饭店的建筑、规模、设备等,即饭店的各类客房,各类别具特点的餐厅、康乐中心、商务中心等。饭店的设施还包括饭店提供服务与管理所必要的其他设施设备,如电梯、扶梯、自动消防系统、自动报警系统、备用发电机、闭路监控系统、必要的停车场等。饭店设施的好坏是饭店提供服务、提高宾客满意度的基础保证。

3. 饭店的服务

服务是饭店产品中最重要的组成部分之一,是宾客选择饭店的主要依据之一。饭店服务通常包括服务项目、服务内容、服务方式、服务速度、服务效率、服务态度等。

4. 饭店的形象

饭店形象是顾客对饭店的一种评价或看法。饭店可以通过公关活动取得公众的良好形象。饭店的形象包含饭店的历史、知名度,饭店的星级、经营理念、经营作风、服务质量与信誉度等诸多因素。

5. 饭店的价格

饭店的价格不仅可以体现饭店产品的价值,还是饭店形象与产品质量的客观反映,价格是顾客选择饭店的重要标准之一。

6. 饭店的风格

风格是顾客对饭店的一种感受。风格取决于饭店设施条件,取决于饭店空间与距离感,更取决于员工的服务态度与行为。合理的布局结构、优美的环境、舒畅的音乐、热情的服务等都会形成顾客对饭店气氛的最佳感受。

(三) 饭店整体产品观念

整体产品观念率先由美国哈佛大学教授西奥多·莱维特提出,后来美国西北大学的菲利浦·科特勒教授等学者将其发展成为五个层次的整体产品观。若把整体产品观念应用于饭店业,则完整的饭店产品就应该由核心产品、形式产品、期望产品、延伸产品和潜在产品等五个层面构成(见图1)。

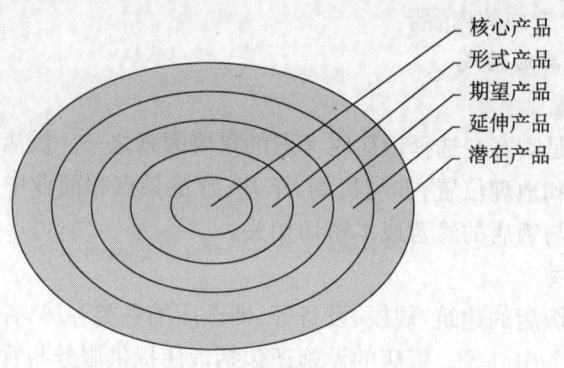

图1　饭店整体产品

1. 核心产品

核心产品是指消费者购买一种饭店产品时所获得的利益或基本效用,这是饭店产品整体概念中最基本、最主要的部分。例如,客人在一家饭店下榻,租住客房是为了得到休息、安于睡眠,购买餐饮产品是为了满足其饮食需求。

2. 形式产品

形式产品是核心产品借以实现的形式,即产品实体和服务的形象。例如,饭店的建筑特色、地点位置和客房、餐厅、会议室、各种服务项目及其服务质量等。饭店产品的基本效用必须通过某些具体的形式才能得以实现,饭店形式产品的设计必须以饭店核心产品为指向。

3. 期望产品

期望产品是指顾客在购买某一饭店产品时随之产生的种种期望。例如,干净的客房和床上用品,安静的环境,安全感,得到关心,受人尊重,优质服务等。

4. 延伸产品

延伸产品是指顾客购买饭店产品时所获得的全部附加服务和利益。延伸产品是一个饭店能同其他饭店区别开来,形成特色,保持竞争优势的重心所在。饭店的商务中心、娱乐设施、免费停车场、质量保证、配有宽带接口的客房等均属于此范畴。

5. 潜在产品

潜在产品是指包括现有饭店产品的所有延伸和演进部分,可能发展成为未来产品的潜在状态的产品,也可指为个别客人提供的个性化服务。

饭店产品的五个层面相互独立、各具特点,又紧密相连,共同构成整体产品的全部内容。在五个层面上,确保核心产品、形式产品和期望产品的质量,是使客人满意的前提条件。延伸产品和潜在产品是产品灵活性的具体表现,同时也是该产品在现有价值之外的附加价值,它们能使客人提高满意程度。饭店整体产品的五个层次,十分清晰地体现了以客人为中心的饭店现代营销观念,说明没有客人的需求就没有饭店产品,饭店产品就是满足客人需求的载体。

三、饭店营销部的岗位设置与岗位职责

(一)饭店营销部的职能综述

饭店营销部的主要工作是带动整个饭店的经济运营工作,制定整个饭店的收益目标,并确保以最有效的方式实现饭店最大化的经济利益和社会利益;负责维护饭店现有客户良好的合作关系,保持长久的合作,积极挖掘有潜力的客户群体。负责介绍团队及散客到店消费,保证大型团队在店的活动顺利进行。

(二)部门职责

1.分析市场

(1)确定饭店在当地的市场定位、目标市场、客源结构。

(2)全面负责饭店各营业场所的市场开发、客源组织和产品销售组织工作。

(3)拟订饭店各项经营业务的销售政策。

(4)为饭店的战略经营提供决策依据。

2.拟订饭店销售政策

(1)拟订饭店各项经营业务的销售政策。

(2)为饭店的战略经营提供决策依据。

(3)按照财务预算要求,制定饭店的近期和远期目标。

(4)完成饭店的出租率、平均房价、销售收入等各项经营指标。

(5)制订全年营销方案,指导经营部门围绕年度预算开展系列促销活动。

3.建立良好合作关系

(1)与当地知名企业保持良好的合作关系。

(2)不断扩大饭店的客户范围。

(3)组织饭店相关部门参与饭店重要营销活动。

(4)参加国际、国内旅游展销活动,分析销售成果。

4.收集采纳客户建议

(1)调查征询客户的意见和建议。

(2)根据调查的结果提出改进工作的方案并实施。

5.与媒体保持良好关系

(1)组织各种公关活动,与媒体保持密切的联系。

(2)通过媒体及其他渠道积极地宣传饭店。

(3)在公众中树立良好的形象。

6. 树立良好社会形象
（1）全面实现饭店全年经营指标。
（2）树立饭店良好的社会形象。
（三）岗位设置与岗位职责
不同饭店的规模和大小不同,饭店营销部的岗位设置也有所不同。饭店的规模越大,档次越高,分工也越细,岗位设置的层次也越多,也越复杂。现以某五星级酒店为例介绍酒店营销部的岗位设置。

1. 销售总监
（1）职务关系负责对象。
对上:饭店副总经理;对下:销售部全体;对内:饭店各职能部门;对外:饭店到店客人。
（2）岗位职能综述。
制订促销战略和营销计划,组织市场营销计划的实施;研究当代市场营销的起源和趋势,建立市场研究、汇报销售和营销程序;拟订部门运行计划和报告。
（3）岗位职责。
① 管理战略计划的制订和实施。
a. 执行总经理的指令,协助拟订饭店年度经营目标,策划年度营销计划、制定实施措施。
b. 制定部门运行计划和报告。
c. 建立恰当的程序以确保部门资源的高效利用。
d. 建立恰当的程序以确保部门的管理。
e. 确立监督报告程序。
f. 根据市场、客户需求、竞争等因素,制定饭店目标市场和价格策略、折扣政策以及其他市场营销政策。
② 管理部门的销售和营销。
a. 掌握市场营销数据,制订市场营销计划。
b. 协助开发新产品,监督营销战略的实施。
③ 产品设计与市场开发管理职能。
a. 负责制订年度、季度、月营销计划,保证计划得以落实。
b. 根据目标市场及顾客的潜在需求,制订重要客户及潜在客户的需求销售计划。
c. 调查与分析竞争对手状况,掌握有关竞争对手的产品、价格情况。
d. 根据市场变化情况和发展趋势,做出市场预测,制定、调整销售政策并组织实施。

e.搜集、整理市场信息,为主管上级提供准确可行的最新的市场资料。

f.根据市场及客源情况,制定饭店最佳产品组合,开拓销售渠道。

④ 饭店营销管理职能。

a.制订饭店销售计划,组织营销人员进行销售访问,招徕、开拓客源,主持每日销售例会。

b.检查每月客户产量,调查客户产量减少的原因。

c.解决协调客户对饭店提出的任何意见,负责饭店客户的开发、维护与管理,广泛听取客户意见。

d.搜集客户对饭店的反馈及意见,及时传达给各有关部门,以不断提高饭店服务质量。

e.制定本月经济分析,对环境、形势和问题做出分析,定期向总经理和各部门通报信息。

f.认真管理客户档案并及时更新。

g.负责维系与商业伙伴的合作关系,提高合作广度和深度。

⑤ 与相关部门的协调、沟通。

a.从饭店的整体销售和综合经济效益出发,协调有关部门的关系。

b.与相关部门保持良好的协作关系,使内部信息流畅。

c.熟悉掌握饭店产品情况,了解饭店客房、餐饮和其他产品的销售信息。

d.与有关部门一起参与饭店预订控制,包括妥善解决满房、客户需求发生的矛盾。

e.认真核查每日到店客人信息及在店客人情况,保证饭店内部信息畅通。

f.遇到客户投诉,应立即开展调查,查清原因并妥善处理,必要时请示上级领导。

⑥ 公关策划宣传工作的组织及督导职能。

a.负责重点客户公关工作,与外界建立良好的协作关系,扩大饭店知名度,树立饭店良好形象。

b.负责饭店营销活动的策划、饭店广告策划和宣传资料制作的督导。

c.组织产品的推广和各种促销活动。

d.负责重点客户管理,与客户保持密切的联系。对主要客户进行定期或不定期的拜访,并征求意见及建议,保持长期、良好的合作关系,建立稳定的客户群体。

⑦ 部门人力资源管理职能。

a.负责员工的职业发展、督导。检查销售人员的精神面貌及仪容仪表。

b.员工的绩效考核。

c.协同人力资源部完成新员工的招募和在职员工的职务变动。

d.培训员工,提高销售人员的业务能力,不断提高销售人员的素质。

e.打造积极向上、协作共赢、和谐的团队。

⑧ 部门财务管理职能。

a.编制部门预算并执行。

b.做好部门成本控制工作。

⑨ 部门行政管理职能。

a.督导各类制度在本部门有效执行。

b.建设清洁有序的工作环境。

c.督导员工正确使用和保养部门的各种设施、设备。

d.督导员工做好保密工作和档案管理工作。

2.销售副总监

(1)职务关系负责对象。

对上:销售总监;对下:无;对内:饭店各职能部门;对外:饭店到店客人。

(2)岗位职能综述。

建立与维系常规的销售模式及主要目标市场;撰写客户电话分析报告,与所有营销渠道和组织沟通并提供合适的材料,以确保他们有足够的信息促销饭店的产品。

(3)岗位职责。

① 营销目标的策划与实施。

a.在销售总监的领导下,依据市场发展规律,制订营销计划,保证计划顺利实施。

b.在销售总监的领导下,充分发掘商务市场、旅游市场的潜在客户,保持现有重要客户资源,以实现目标市场。

c.及时总结成绩与不足,采取适当行动实现经营目标。

d.进行市场分析,提供市场动向及饭店的市场占有率、客房出租率、团队与会议客源的住房比率等相关数据资料,并对销售政策提出合理化建议。

② 辅助销售职能。

a.对各项活动(会议、旅行社、商务散客、婚宴)进行报价。在遵守饭店价格政策的前提下,满足客户需要,最终达成协议,实现饭店、客户双赢。

b.带领销售员随时掌握政府、机关、商务公司、旅行社的动态,保证饭店出租率平稳增长。

c.了解市场最新动态,分析竞争对手状况。

d.认真调查客人投诉情况,查清原因并妥善处理,必要时需请示上级领导。

③ 质量管理系统。

a.监督质量管理系统的运行,使用市场营销电子系统。

b.强调保养职责,遵守工作区健康和安全法规、政策和程序。

④ 部门的行政管理职能。

a.协助销售总监定期对员工进行培训,不断提高销售人员素质。

b.检查销售人员的仪容仪表及精神面貌。

c.管理客户销售档案并及时更新。

d.对部门员工进行绩效考核。

⑤ 与各部门的沟通职能。

a.在销售总监的领导下协调各部门的关系,保持内部信息畅通。

b.熟悉掌握饭店产品情况,了解饭店客房、餐饮和其他产品的销售信息。

3.客房销售经理

(1)职务关系负责对象。

对上:销售总监;对下:无;对内:饭店各职能部门;对外:饭店到店客人。

(2)岗位职责。

① 协助和配合销售总监实施销售计划。

② 协助和配合销售总监开展销售活动。

③ 协助销售总监实施市场营销战略。

④ 负责销售和促销产品。

⑤ 对各项活动(会议、旅行社、商务散客、婚宴)进行报价,在遵守饭店价格政策的前提下,满足客户需要,最终达成协议,实现饭店、客户双赢。

⑥ 带领销售员随时掌握政府、机关、商务公司、旅行社的市场动态,保证饭店出租率平稳增长。

⑦ 了解市场最新动态,分析竞争对手状况。

⑧ 认真调查客人投诉情况,查清原因并妥善处理,必要时请示上级领导。

⑨ 完成上级安排的其他任务。

⑩ 完成客房销售任务。

⑪ 协调各部门完成接待任务。

⑫ 制订每周工作计划,每日进行工作总结。

⑬ 协调与饭店各部门的关系,与各部门沟通,保持内部信息畅通。

⑭ 熟悉掌握饭店产品情况,了解饭店客房、餐饮和其他公共设施、服务的销售信息。

⑮ 完成上级交代的其他任务。

4.宴会销售经理

(1)职务关系负责对象。

对上:销售总监;对下:无;对内:饭店各职能部门;对外:饭店到店客人。

(2)岗位职责。

开展宴会销售活动,建立与维持常规的销售电话模式,明确主要目标市场,构建营销渠道促销饭店宴会产品。

① 协助营销部制订销售计划。

② 协助并配合营销部实施市场营销战略。

③ 负责销售饭店宴会产品。

④ 对各项宴会活动报价,在遵守饭店价格政策的前提下,满足客户需要,最终达成协议,实现饭店、客户双赢。

⑤ 掌握政府、机关、商务公司、旅行社的市场动态,了解市场最新动态,分析竞争对手状况,保证饭店宴会销售额平稳上升。

⑥ 认真调查客人投诉情况,查清原因并妥善处理,必要时请示上级领导。

⑦ 完成上级安排的其他任务。

⑧ 制订每周工作计划,每日进行工作总结。

⑨ 协调与饭店各部门的关系,保持内部信息畅通。

5.预订部经理

(1)职务关系负责对象。

对上:销售总监;对下:预订部文员;对内:饭店各职能部门;对外:饭店到店客人。

(2)岗位职能综述。

负责饭店客房分配,控制所有客房的使用,掌握客户预订动态以确保获取最大收益。调查和分析市场状况,预测每月客人流量。分析预订部和调查问卷中收集的数据和信息。

(3)岗位职责。

① 按照销售部总监的指示工作。负责客房预订全面工作,掌握饭店宾馆的订房情况,进行预订控制。

② 负责制作周报表、月报表。

③ 督导预订部职员。负责预订部员工培训工作。

④ 核对团体订房和散客订房的变更和取消。

⑤ 与销售、接待、公关等部门保持密切联系。

⑥ 每月月底制作房间销售分析表。

⑦ 负责预订部的档案工作。

⑧ 检查质量管理系统的运行情况。

6.预订部文员

(1)职务关系负责对象。

对上:预订部经理;对下:无;对内:饭店各职能部门;对外:饭店到店客人。

(2)岗位职责。

预订部文员要最大限度满足客人的预订需求,提高饭店客房入住率,随时掌握客房预订动态。

① 按照预订部经理的指示工作。负责客房预订工作,掌握饭店的订房情况。
② 负责保存和分送周报表、月报表。
③ 核对团体订房和散客订房的变更和取消。
④ 负责预订部办公用品的保管和使用。
⑤ 负责预订部档案工作。

7.公关部经理

(1)职务关系负责对象。

对上:销售总监;对下:美工人员;对内:饭店各职能部门;对外:饭店到店客人。

(2)岗位职能综述。

制订促销方案及活动计划,沟通营销渠道。与媒体保持良好的关系,组织和召开新闻发布会。与广告商和公关机构保持密切联系,开展不同形式的公关活动。

(3)岗位职责。

① 制订公关活动方案。
② 与媒体、广告商合作开展营销活动。
③ 根据饭店的需要组织和召开新闻发布会。
④ 监督和协调饭店摄影工作。
⑤ 配合饭店的营销工作开展各种宣传工作,包括电视、报纸、杂志、网络对本饭店的新闻报道、广告等事宜。
⑥ 与当地各媒体建立密切的合作关系,有效地运用媒体宣传饭店。
⑦ 组织策划安排饭店的重大活动。
⑧ 协调饭店与政府机构、社区、新闻媒体的关系。
⑨ 沟通对外联络渠道,树立危机公关意识。
⑩ 完成上级交代的其他任务。

8.美工岗位

(1)职务关系负责对象。

对上:公关部经理;对下:无;对内:饭店各职能部门;对外:各媒体、社区、公关机构。

(2)岗位职能综述。

全面负责饭店的美工、策划、广告设计、宣传与管理工作,确保饭店对内对外形象的一致性。负责饭店所有广告牌、指示牌、说明牌、各营业区域告示牌的设计、更新等工作,做到字迹清晰、文字使用正确、设计新颖美观,符合饭店及各部门的要求。根据会议预订要求,负责为会议制作各类标语、横幅、告示牌、席签牌,等等。

(3)岗位职责。

① 负责饭店一切纪念活动、庆祝活动及会议场所的布置、美化工作,如装饰物的悬挂、指示牌的摆放等。

② 负责饭店内外的绿化设计工作。

③ 负责饭店各区的形象摄影工作。

④ 负责饭店所有的广告宣传画册的设计制作,如服务指南、饭店简介、广告画面、菜谱、纪念品、指示牌、横幅、说明牌等,保证字迹清晰明确、设计新颖美观。

⑤ 检查饭店所有标牌是否完好无损。

⑥ 按照促销活动要求绘制各类宣传海报、设计各类印刷品。

⑦ 了解并熟悉饭店各部门的业务情况,策划宣传文案,设计制作宣传品,确保饭店的经济效益。

⑧ 妥善保管饭店美工器材,保持工作场地整齐、清洁。

⑨ 完成上级交代的其他任务。

9.销售部文员

(1)职务关系负责对象。

对上:销售总监;对下:无;对内:饭店各职能部门;对外:饭店到店客人。

(2)岗位职责。

协助销售部经理开展日常工作,准备报表及分析报告资料,负责销售部所有文书工作和资料、档案保管工作。

① 负责文件的收发、立卷、归档整理工作。

② 负责办公用品及器材的保管与发放工作。

③ 记录出勤情况,计算部门员工奖金。

④ 贯彻部门领导的各项指令。

⑤ 负责处理、确认客人通过电话或其他方式的预订,并将预订情况及时反映给部门经理。

⑥ 负责饭店公共宣传物品的发放。

⑦ 收集各种相关数据,协助领导撰写部门营销计划、总结、经营分析报告等文件。

⑧ 带领客人参观饭店,介绍饭店相关设施。

⑨ 负责营销合同的管理,及时补充、修改客人档案。

⑩ 协助部门领导做好与各部门的沟通、协调工作。

⑪ 客户投诉记录等资料均需存入客户档案中,以便相关人员查阅。

⑫ 完成上级交代的其他任务。

模块一　市场营销调研及分析

模块概览

市场营销调研及分析是饭店市场营销部一切工作的基础和出发点。做好了市场营销的调研及分析才能使营销部的工作有的放矢,才能具有针对性,才能提高工作效率。在教师分派任务的基础上,学生通过案例分析、角色扮演、技能训练等方法,培养基本操作技能和专业能力。

学习目标

1. 知识目标

掌握调查问卷设计的程序和方法;掌握调查计划的内容与制订原则;掌握组织调研活动的方法和程序,调研报告的撰写格式和内容以及市场细分和定位的方法。

2. 职业素养目标

养成严谨的工作态度及礼貌的对客服务方式。

3. 技能目标

通过学习和训练,掌握设计调查问卷、编写调研计划、组织调研计划、撰写调研报告以及进行市场细分的基本技能。

任务一　市场调研与预测

任务描述

本任务要求学生掌握市场调研与预测的方法,主要通过案例分析、实训操作、课前预习、课后复习以及情景演练等,对市场调研与预测技能进行训练。

情境导入

在学校举办的毕业生招聘大会上,张玲来到了尚未开业的五星级饭店雷迪森酒店的招聘展台。张玲对饭店的市场营销部很感兴趣,向人力资源部主管说明来意后,人力资源部负责招聘的赵微微请张玲填写好相关表格之后将她介绍给了市场营销部主管李阳。李阳给张玲出了一道题目:在一个星期内设计一份调查问卷,内容是饭店的餐厅菜式应以什么菜式为主。张玲带着这个任务信心满满地回去准备了。

思考:调查问卷应该包括哪些内容呢?设计调查问卷应该注意哪些问题呢?

任务分析

组织调研活动的具体步骤主要有:(1)正式分配工作项目任务。(2)实施正式调研。调查研究过程中,还应注意正确处理遭遇拒访的情况,并掌握接触被访者的技巧。

相关知识

一、市场调研的含义、方法

(一)市场调研的含义

市场调研(Marketing Research)是运用科学的方法,有目的、有计划地收集、整理、分析有关供求、资源的各种信息和资料,把握供求现状和发展趋势,为制定营销策略和企业决策提供正确依据的信息管理活动。市场调研是市场调查与市场研究的统称,是个人或组织根据特定的决策问题而系统地设计、搜集、记录、整理、分析及研究市场各类信息资料和撰写调研报告的过程。市场调研是市场预测和经营决策过程中必不可少的组成部分。

(二)市场调研的方法

1.实地调查法

实地调查法是相对于案头调查法而言的,是对在实地进行市场调研活动的统称。实地调查是指由调研人员亲自搜集第一手资料的过程。当市场调研人员收集不到足够的第二手资料时,就必须实地收集原始资料。在实地调查中,抽样调查为不可或缺的工具。抽样调查是重要的科学研究方法,是指从所要研究的特定现象的母群体中,依随机原理抽取一部分为样本,作为研究母群体的依据。抽样调查的目的是将收集的信息作为依据结论,以供决策者参考。

2.案头调查法

案头调查法又称资料查阅寻找法、间接调查法、资料分析法或室内研究法,是对企业内部和外部现有的各种信息、情报进行搜集筛选、分析研究。

(三)问卷设计及试调查技巧

设计一份较完美的问卷,是做好市场调查的前提。设计一份问卷,应该有充分的准备,尤其要具备丰富的调查经验,对调查过程及被调查者的心理状态做到心中有数,对有关产品和服务的背景等有一定的了解。

1.问卷设计

(1)问卷设计的程序(见表1-1)。

表1-1 问卷设计的程序

程序	内容
确定调研目的和所需信息	调研是市场部经理、品牌经理或新产品开发专家进行决策时由于感到所需资料不足而组织的工作。调研目标要尽可能清晰、准确
确定调查资料的收集方法	面对面访谈,电话调查,邮寄调查,留置调查,网上调查,观察调查,实验调查
确定问题的设计	(1)直接性问题、间接性问题和假设性问题 (2)开放式问题、封闭式问题和量表式问题 (3)事实性问题、行为性问题、动机性问题和态度性问题
确定问题的措辞	是指将问题的内容表述成调查对象可以清楚而轻松地理解的用语,这是设计问卷的关键
对问题进行排序	通常要按照问题的类型、逻辑性、难易程度、思维习惯进行排列
评价和编排问卷原则	应考虑以下几点原则: (1)问题是否必要,问卷是否太长 (2)问卷是否包括调查目标所需的信息 (3)开放性问题是否留足了空间 (4)问卷说明是否用了明显字体 (5)邮寄问卷及自填问卷的外观设计
获得管理部门认可	问卷草稿完成后发给直接有权管理这一项目的部门
预先测试和修订	问卷获得管理层最终认可后,必须进行预先测试。通过测试寻找问卷中的错误和不连贯的地方
确定问卷的形式	(1)将问卷分成几个部分,每一部分的问题都要编号 (2)对每个问题的答案进行编码 (3)问卷本身要有序号,注意选项的排列方式

续表

程序	内容
确定问卷的排列方式	(1)行式排列,是将所有备选项排成一行 (2)列式排列,是将所有备选项排成一列 (3)矩阵式排列
准备最后的问卷并实施	(1)问卷要用好的纸张,注意外观设计 (2)问卷较长要装订成册 (3)排版要宽松 (4)不要将问题与答案分开 (5)问卷复制时字体要大而清晰

(2)问卷设计的方法。

① 二项选择法。回答非此即彼,简单明了。

如:您以前到雷迪森酒店消费过吗?

A.是　　　　　　　　　　　B.否

② 多项选择法。有些问题为了使被调查者完全表达意愿,有多项答案可供选择。

如:您选择在雷迪森酒店餐饮消费的原因是:

A.服务态度很好　　　　　　B.菜式品种丰富

C.价格合理　　　　　　　　D.菜肴味道好

E.地理位置好　　　　　　　F.停车方便

③ 程度尺度法。不同程度的差别表达,通常用很好、较好、一般、较差、差来表达。

如:您觉得雷迪森餐饮价格如何?

A.很贵　　　　　　　　　　B.贵

C.适中　　　　　　　　　　D.便宜

④ 顺序法。列举出若干项目,选择其中的答案顺序。

如:请问您来饭店有哪些消费?

A.住宿　　　　　　　　　　B.餐饮

C.购物　　　　　　　　　　D.娱乐

E.其他

您主要的消费是哪两种?

A.住宿 B.餐饮

C.购物 D.娱乐

E.其他

⑤ 倾向偏差询问法。常在调查意见、态度时使用。

如:雷迪森酒店管理集团在国内外旅游业各项评比中屡获殊荣,是中国"区域性著名商标",您是否愿意选择雷迪森酒店?

A.是 B.否

⑥ 回想法。了解消费者对饭店的印象和记忆程度,以及消费者对饭店产品和服务的知晓范围。

如:请说出您所知道的桐乡雷迪森酒店产品和服务种类?

(3)问卷设计中应注意的问题。

① 问题排列的顺序必须按普通人的思维方式排序,由简单到复杂,由表面直觉到深层思考。

② 对于受访者本身的问题,不宜放在问卷开头,如教育程度、经济收入、家中耐用消费品数量等。

③ 在开始询问时尽量不让受访者知道所要调查的是哪家饭店以及委托、执行调查的公司名称。

④ 提出的问题应注意语气,把握措辞。

⑤ 使用提示方法时,要注意提示顺序,在不同的问卷中做合理的顺序变换,保证回答的客观性。

⑥ 为使问题回答尽量客观,问题提法也应该尽量客观,避免概括笼统。

⑦ 不用模棱两可、含混不清的问句,避免使用受访者不易理解、晦涩艰深的句子及因个人理解而意义不同的问句。

⑧ 用间接询问法设计一些不宜直接询问的问题。

⑨ 问卷以简短为佳。以不超过 30 个问题为宜。一般访问的时间为 15 分钟为宜。

2.试调查

问卷设计的质量需要用试调查来检验。试调查常采用小规模问卷调查的形式进行,用来检验问卷设计中的缺陷和遗漏,然后经过修改,才可定下正式问卷。

试调查还可以作为训练没有经验的调查员之用,使调查员对实际调查工作有一个初步的了解和熟悉的过程。

(四)选取样本

1.选取样本定义

选取样本是指从调查对象总体中选取具有代表性的部分个体或者样本进行调查,并根据样本的调查结果去推断总体。

2.选取样本方法

选取样本的方法有两种:随机抽样和非随机抽样。

(1)随机抽样。即在抽样时,母群体中每一个抽样单位被选为样本的概率相同。随机抽样具有健全的统计理论基础,可用概率理论加以解释,是一种客观而科学的抽样方法。在市场调查中通常都用随机抽样。

随机抽样的种类有很多,常采用简单随机抽样,即在母体的全部个体中完全按照均匀概率分布抽取样本,使每一个体被抽出的概率是可知的,即机会是均等的。简单随机抽样是其他各种随机抽样方法的基础。

(2)非随机抽样。在抽样时,非随机抽样的抽样单位被选为样本的概率是不可知的。

二、各种市场调研方式的优缺点和适应范围

(一)优缺点

1.实地调研

(1)优点:直观、准确。

(2)缺点:在采用这种方法时,往往需要用抽样调查和问卷调查等方法。在应用这些方法时,往往会出现以下几个问题:代表性问题、语言问题、通信问题、文化差异问题。

2.案头调查

(1)优点:省时、省力;不受时间与空间的限制,来源广泛,查找方便,特别是对于历史资料和外地、外国的资料,一般说来是真实、可靠的;数据量大,覆盖面广,易于通过调研掌握市场全局;这些数据资料多由专业机构归类发布,比较系统,便于比较;成本较低。

(2)缺点:案头调查主要是依据历史资料,其中过时资料比较多,现实中正在发生变化的新情况、新问题难以得到及时反映;所收集、整理的资料和调查目的往往不能很好地吻合,不能完全适用,收集资料时容易遗漏;案头调查要求调查人员有较扎实的理论知识、较深的专业技能;案头调查所收集的资料的准确程度较难把握,有些资料是由专业水平较高的人员采用科学的方法搜集和加工的,准确度较高,而有的资料只是估算和推测的,准确度较低,因此,应明确资料的来源并加以说明。

(二)适用范围

1.实地调查

(1)不能进行全面调查的事物。有些事物在测量或试验时有破坏性,不可能进行全面调查。

(2)有些从理论上讲可以进行全面调查,但实际上不能进行全面调查。如饭店潜在客人对服务的要求、对餐饮口味要求等。

(3)需要在获得第一手真实资料的情况下才能进行实地调查。

2.案头调查

(1)预备调查。

(2)经常性的市场调查。

(3)特殊产品。

(4)国际贸易出口企业。

(5)工业产品,以资本及原料为经营重心的厂家。

三、调研计划的内容

(一)标题

标题是内容的高度概括,语言要简练,以动词为主,尽量少用形容词和虚词。

(二)导语

主要介绍调查的背景、研究的意义和研究的问题,指明该调研结果能够给饭店带来的经济效益、社会效益及决策价值。明确界定此次调研的对象和范围,指明所采用的研究方法。

(三)主体部分

(1)确定调研目的。

(2)确定调研任务。

(3)确定调研对象。

(4)确定调查项目。

(5)设计调查表或问卷。

(6)确定调研时间和调研时限。

(7)确定调研方式和方法。

(8)确定调研地点。

(9)确定资料整理的方案。

(10)确定报告提交的方式。

(11)市场调研经费预算。

(12)确定市场调研的进度安排。

(四)附件部分

调研项目负责人及主要参加者、小组成员的专长及分工情况,抽样调查方案及技术说明,数据处理所用软件及相关细节和说明等。

四、制订调研计划的原则

(一)实事求是

调研人员必须有严谨而科学的工作态度,实事求是。

(二)重点突出

设计内容既要全面系统,又要突出重点。

(三)用词准确

每个概念都要有特定的内涵和外延。在选词时要准确地把握概念,做到词义相符。

(四)内容简洁

句子和段落应简洁。

(五)逻辑严谨

必须有论点有例证,理论和实际相结合,论证过程要有严密的逻辑性。

五、组织调研活动

(一)实地市场调研的作用

实地市场调研是市场调研与分析工作的一个重要环节,实地市场调研工作组织与管理的质量对数据收集的速度、质量和成本有着重要的影响。

(二)合理控制问卷发放的数量

问卷发放的数量应遵循"少、多、少"的比例,即项目初期应发放较少的问卷,中期可发放较多的问卷,后期主要涉及一些查漏补缺工作,应相应减少问卷的数量。

(三)如何组织调研活动

1.现场督导

及时掌握现场工作情况,了解和解决访问员面临的问题。

2.问卷管理

(1)掌握好问卷完成时间和发放问卷的数量,既保证正常的进度,又防止因要求过高、工作量过大而影响问卷质量。

(2)审核问卷字迹是否清楚,被访者是否符合要求,有无漏项和逻辑错误,答案是否合理、是否完整等。

3.进度控制

(1)第一时间段。项目开展初期,访问员需要熟悉问卷,掌握访问技巧,一般完成样本量的30%为宜。

(2)第二时间段。项目开展中期,访问员已熟悉问卷,进度可以适当加快,通常完成40%~50%的样本量。

(3)第三时间段。项目开展后期,可能会涉及调整配额、补做问卷、统计数字等工作,安排较少的样本量,20%~30%为宜。

(四)组织调研活动的具体步骤

1.正式分配工作项目任务

以小组(不超过8人)为单位,小组设督导员一名。根据事前确定的市场调研计划,设计好市场调研问卷和已确定的选取样本,进行实地调研前的准备工作。

分工参考如图1-1所示。

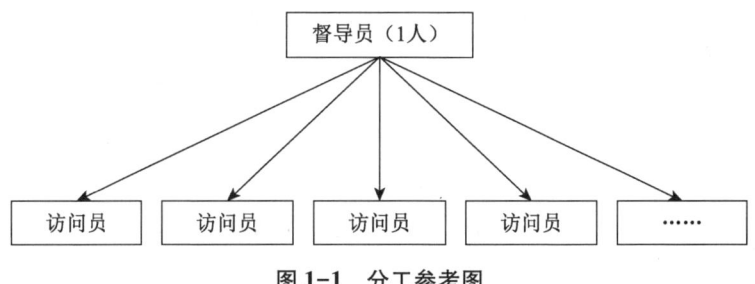

图1-1　分工参考图

做好准备工作:文件的准备(问卷、证件等)、物品的准备(礼品、文具、手表等)。检查问卷是否缺页。

2.正式实施调研

分工协作(见图1-2)。保质保量完成实地调研。

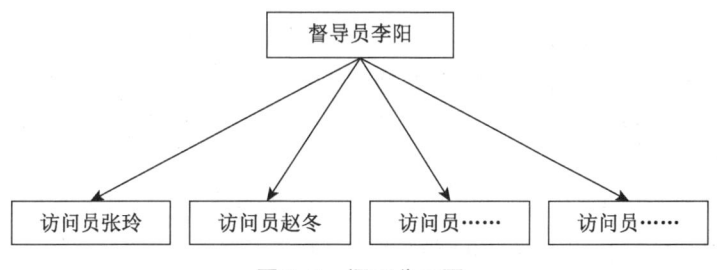

图1-2　调研分工图

3.督导员的工作内容及流程
(1)安排问卷发放和回收。
(2)现场巡视和陪访。
(3)现场审核访问员提交的问卷。
4.访问员的工作内容及流程
(1)熟悉问卷,带齐所有用品。
(2)按照抽样计划要求进行抽样调查。
(3)向被访者做自我介绍,征询被访者接受访问的意愿。
(4)向被访者解释本次调查的目的和意义。
(5)按要求对调查对象进行访问,并填写调查问卷。
(6)访问过程中,回答被访者对问卷提出的各种疑问。
(7)访问完毕后,及时进行现场审核,保证问卷的质量。
(8)如实向督导员反映访问过程当中出现的各种问题。
(9)访问结束感谢被访者。

(五)正确处理拒访问题

(1)每个访问员都应该佩戴胸卡(工作证),并出示给被访者,以获得被访者的信任和支持,降低拒访率。

(2)当访问员向被访者说明来意后,被访者不理解,以没有时间或其他理由拒绝访问时,访问员不要马上放弃访问,应向被访者解释访问的目的及本次调查访问不涉及被访者的隐私,回答对错无所谓等,并且表示只是征求一下被访者的意见,不会耽误太多时间。经过解释以后,如果被访者仍然拒绝访问,则放弃此被访者。

(六)掌握接触被访者的技巧

1.正确地介绍自己,准确地表达访问调查目的

自我介绍时,首先要用一两句话表明身份、说明来意,语速不宜过快,但要流畅,声音要清晰,音量要适中。初次见面,说话一定要温和、客气、有礼貌。自我介绍时可以同时递上访问员证和工作证,以表示是真诚的访问,而非推销产品,以解除访问对象的戒心。对于访问对象的询问应着重解释调查什么、为谁做此调查,并保证为其提供资料保密。

2.沉着、热情地回答提问

即使是那些乐于接受调查的人也会提到一些问题,沉着、热情地回答问题对建立受访者对你的信任以及降低拒访率大有帮助。

3.镇定应对访问被拒

记住,一定要有耐心,要让受访者感到:"我们大家都很忙,但这就是我的工作,我必须访问你"。

六、整理、分析数据

(一)市场调研资料的整理分析

市场调研资料的整理分析就是根据调研的目的和要求,对市场调研中取得的各项资料进行科学的加工、汇总,形成能反映现象总体特征的条理化、系统化资料的工作过程。

(二)无效的调查问卷或调查信息

(1)不完整的答卷:问卷大面积无答案,或相当多的问题无答案。

(2)明显的错误答案:前后不一致的答案,或答非所问的答案。

(3)被调查者对问题的回答反映出他对所提问题缺乏兴趣,不按答案要求在问卷上随便勾画,或全部选择了一个答案。

(三)编码

编码是指对一个问题的不同答案进行分组和确定数字代码的过程。

大多数问卷都是封闭式的,在调查之前就已经完成了编码的过程,即每一组问题的不同答案的数字编码已经确定。

如果是开放式问题,因为不知道会得到什么答案,或者是希望得到比列出的封闭式的选项更详尽的答案,所以在调查结束后,必须对这些开放式的问题进行事后编码。

(四)整理、分析数据工作的具体程序

1.设计整理方案

对调查资料选择什么标志进行分组、如何分组、确定汇总的统计指标及指标体系、市场调研资料的表现形式等,通常用整理表或综合汇总表等形式反映出来。

2.审核市场调研资料

审核市场调研资料的完整性、准确性、时效性和适用性,其中准确性是审核的重点。必须筛选出有用问卷、有用信息,去除无效问卷和无效信息。

3.市场调研资料的编码和录入

(1)每个需要编码的项目都必须有一份编码表,将问题和项目的代码详细地标注在编码表的顶端位置,由于事先不知道会有多少新的代码或答案出现,所以一定要预备足够的空间。

(2)如果编码的工作由一个编码员完成,出现错误的可能性相对较小,这样也可以避免编码重复的情况。

(3)可以对"不知道""无所谓""不清楚""缺失"事先规定,但是一定要注意规定的编码与实现对该问题的最大编码的预计的数量一致。

(4)编码的字迹必须清楚,并及时录入计算机。

(5)编码样例,如表1-2所示。

表1-2 问卷的编码(4个城市,每个城市针对16~60岁的500个样本量进行问卷调查)

变量编号	变量名称及说明	变量位数	编码说明
1	问卷编号(被访者编号)	3	001~500
2	城市编码	1	1-北京,2-上海,3-广州,4-成都
3	访员编号	3	首位是城市编码,后两位是访员编码。01~50
4	Q1 被访者性别(访员记录)	1	1-男,2-女
5	Q2 被访者年龄:( )岁	2	按照访问对象的实际年龄填写,如16~60岁
6	Q3 被访者的学历:小学及以下、初中、高中或中专、大学专科、大学本科、研究生或以上	1	1-小学及以下,2-初中,3-高中或中专,4-大学专科,5-大学本科,6-研究生或以上
⋮	………	⋮	………
15	Q12-1 请问您在购买时考虑的因素有(限选3项):商品的功能、商品的品质、商品的外观、商品的价格、商品的品牌、商品的售后服务、朋友的推荐、其他	1	1-商品的功能,2-商品的品质,3-商品的外观,4-商品的价格,5-商品的品牌,6-商品的售后服务,7-朋友的推荐,8-其他
16	Q13 真正的好产品不需要广告:非常同意、同意、无所谓、不同意、非常不同意	1	5-非常同意,4-同意,3-无所谓,2-不同意,1-非常不同意
17	Q14 买东西时我经常货比三家:非常同意、同意、无所谓、不同意、非常不同意	1	5-非常同意,4-同意,3-无所谓,2-不同意,1-非常不同意
⋮	………	⋮	………

4.对市场调研资料进行分组、汇总和计算

(1)分别检查每组资料,找出其内涵的关键信息,并以有意义的形式表示出来。

(2)若调研样本的数量较少,可采用手工汇总。例如,采用画"正"字汇总频数,将调研资料记录到预先设计的表上,然后计算加总得到标志值,用特制的摘录卡片作为分组计数的工具进行汇总。

(3)若是大规模调研的样本,可采用计算机汇总,其无论在速度上还是准确程度上都很有优势。建议使用 Excel、SPSS 软件进行汇总统计整理分析及计算。

5.利用图表描述市场调研资料

通过编制统计表或统计图,生动直观地表达社会经济现象的数量特征和数量关系。

(1)条形图、柱状图:表现频率分布,如图 1-3 所示。

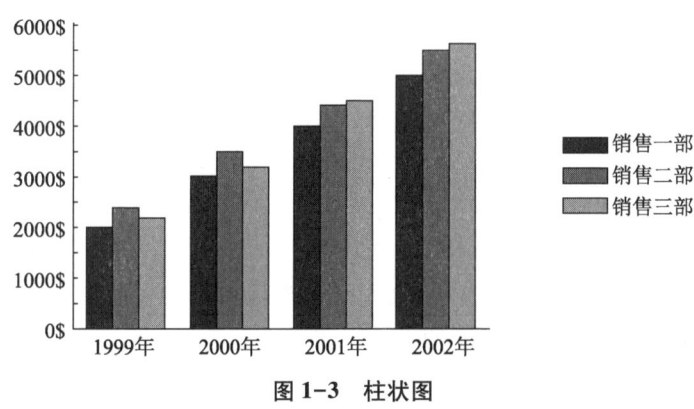

图 1-3　柱状图

(2)饼形图:圆内扇形的面积大小表示数值的大小,描述各部分在总体中所占的比例,如图 1-4 所示。

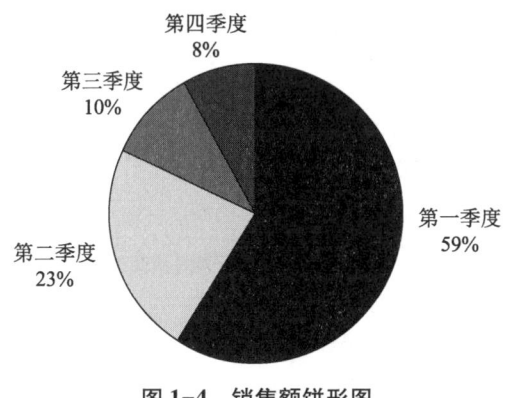

图 1-4　销售额饼形图

（3）折线图：用若干条连续的直线段把散点连接起来，表现一个变量随另一个变量变化的趋势，如图 1-5 所示。若图中出现多条折线时，每条折线用不同的颜色显示。

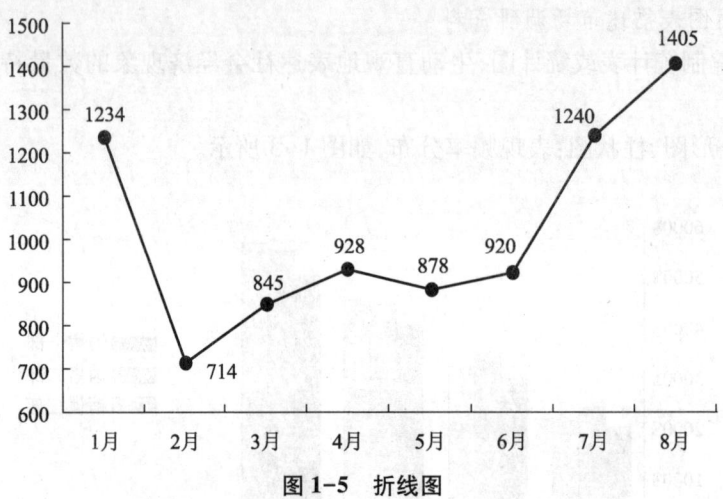

图 1-5　折线图

（4）雷达图：反映多个变量多个观察样本数据，如图 1-6 所示。

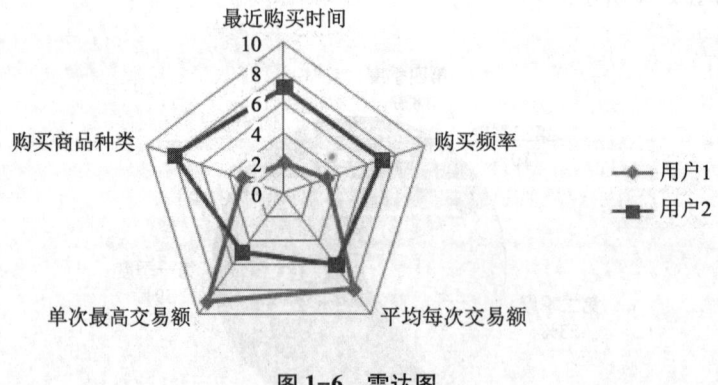

图 1-6　雷达图

(5) 工作过程小结：如图 1-7 所示。

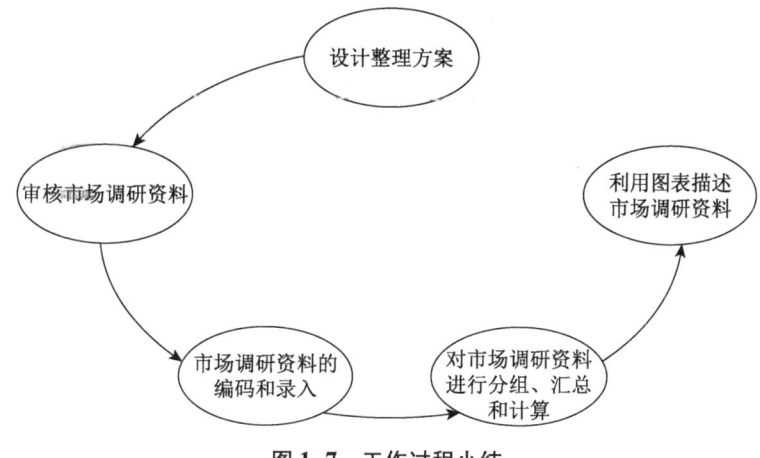

图 1-7　工作过程小结

七、编写调研报告

(一) 调研报告的定义

调研报告是企业为制定营销策略，在对营销活动深入实际进行调查研究后所撰写的书面报告，它是市场调研成果的一种表现形式，主要是通过文字、数据分析、图表等形式将调查结果表现出来。

(二) 市场调研报告的作用

1. 为企业经营决策提供有针对性的、较系统的依据

市场调研报告是调研人员在对大量原始数据和二手资料进行定性、定量分析的基础上，从感性认识上升到理性认识所形成的成果，针对性强，系统全面，简洁明了，是企业管理者科学决策的重要依据。

2. 有助于企业提高经营管理水平

一份好的市场调研报告能够使企业管理者清晰地了解到企业在生产经营活动中存在的问题、策略实施效果、行业发展动态以及市场需求变化趋势等，帮助企业管理者认识和掌握企业营销活动的特点和规律，改进和调整经营策略，不断提高经营管理水平。

3. 有助于历史资料的积累

市场调研报告作为企业调研成果，是经过审核、提炼、研究得出的综合材料，是整个市场调研活动的集中反映，易于保管，是企业珍贵的历史资料。

(三) 调研报告的撰写原则

1. 客观的态度

撰写市场调研报告要用客观的态度反映调研过程，避免主观意识和个人偏见。

坚持从客观事实出发,切忌先入为主,为事先已有的主观定论找依据。市场调研报告要真实地反映实际情况,为企业管理者决策提供可靠的依据。

2.鲜明的观点

撰写市场调研报告要态度鲜明,对材料的判断、结论、意见和建议,一是一,二是二,不含糊。

3.简练的语言

市场调研报告要力求文字简练、数字精确、图表清晰,不说废话、套话,要开门见山。

4.突出重点

市场调研报告要突出重点,把材料和观点紧密地结合起来,提出观点要有材料分析说明,列举材料要有观点,结构严谨。

(四)如何表现调研报告的准确性

(1)不说销售有了很大的进步,而应该说同比上年度,各产品具体的提升数字是多少。

(2)不要用可能、大概、也许等词汇。

(3)多用图表来表现数据,用对比来突出重点。数据比任何语言更可信、更有说服力。

(五)调研报告的基本结构

1.封面的内容

主要包括报告的标题、报告提供的对象、报告撰写者、报告提出的日期等。如图1-8所示。

```
┌─────────────────────────────────────────┐
│ ××市场部                                │
│                                         │
│            ××××满意度调研报告           │
│               项目人:×××              │
│                                         │
│                                         │
│                                         │
│                                         │
│                                         │
│                                         │
│                                         │
│                                  ×年×月×日│
└─────────────────────────────────────────┘
```

图1-8 封面的内容

2. 目录

目录主要包含章节标题、作者、起始页码。一般调研报告都应该编写目录，以便读者查阅。如图1-9所示。

目录	
一、摘要 ··	1
二、调研概况 ··	2
（一）调研背景及目的 ··	2
（二）调研内容 ··	2
三、调研方法 ··	8
四、调研结果 ··	12
五、结论与建议 ··	68
附录一　×××问卷 ··	73
附录二　×××数据 ··	75
附录三　×××统计数据 ··	78

图1-9　目录式样

3. 摘要

摘要是调研报告中最重要的内容，是整个报告的精华。摘要应采用较小的篇幅，一般不要超过两页，对调研报告中的最重要的内容进行高度概括。

摘要包括五方面内容：

（1）调查目的。简要说明调研的原因和委托调研的目的。

（2）问题的描述。简要介绍调研对象和调研内容，包括调研时间、地点、对象、范围、调研要点及所要解答的问题等。

（3）处理问题的途径，所采用的方案设计。介绍调研的方法，有助于使人确信调研结果的可靠性。例如，是用抽样调查法还是典型调查法；是用实地调查法还是案头调查法等。

（4）发现的主要结果。

（5）结论和建议。

4. 正文

（1）引言。这一部分提出调研问题的背景，并据此对调研项目的必要性做简要的解释；说明与决策制定者和行业专家讨论的要点，以及所考虑的各种因素；对管理决策问题和实际问题做出清楚的描述。

（2）调研方案设计。详细描述执行调查的具体方案，包括所采用方案的类型、所需的信息、收集的二手资料和原始资料、量表技术、问卷设计和测试、抽样技术等。技术的细节说明可以用技术报告的形式放在最后的附件中。

(3)数据分析。这一部分是描述数据分析的方案,说明所采用的方案及技术是正确的,应当用简单的非技术性的语言来描述。

(4)调研结果。这一部分用来提出调查发现的结果,包括基本结果、分组结果和关联性分析结果等方面。调研结果是报告正文中最长的一部分,一般要由几个章节构成,不但要逐题给出总的结果,还要按市场细分或按人口特征(例如年龄、性别、收入、职业等)给出分类的结果,以及项目间的相关关系结果。这部分内容要紧紧围绕调查问题和所需的信息,按照调查目标的逻辑顺序来排列。叙述要简明扼要,可用图表作为辅助,但过于详细的图表可放在附录中。

(5)结论和建议。这一部分是对引言和主要内容的总结。调查者按照定义的问题来解释统计的结果,并从中提炼出一些结论性的东西,然后根据调查统计的结果提供解决某一问题的具体方案和建议。

5. 附件

附件是调研报告正文中没有提及,但与正文有关,必须附加说明的部分,是对正文的补充或更详尽的说明。

附件通常包括所有技术性较强的细节性材料,主要供关心调查技术方面内容的主管人员或专家阅读。一般有问卷、抽样方案、背景资料、必要的工作技术报告及参考文献等。

(六)编写调研报告的程序

1. 准备工作

构思,收集资料,确立主题。对前期收集和分析的数据进行整理,按照调研报告需要进行分类和整理。对二手数据进行数据来源的确认,做到正确地标注二手数据的出处。对一手数据(即原始数据)进行汇总,将前期数据分别进行归类,区分出需要在报告中体现和不体现的数据,便于后期调研报告中数据的使用。

2. 拟定提纲

提纲的拟定需要和发起调研的机构共同商议,根据报告的主题和需要解决的问题,拟定报告的结构框架和体系,需要落实使用哪些材料、数据,采用什么方式进行陈述。

3. 起草初稿

根据拟定的纲要,进行调研报告初稿的撰写,要尽量做到"纲举目张、顺理成章、详略得当、井然有序"。不要遗漏重要的调研数据、调研结论和建议。同时也要避免"大而全",将所有调研数据都详细地罗列出来,让人无法抓住调研报告的重点。

4. 修改定稿

征得各方意见进行修改、定稿。报告起草人需要改正草稿中的错误。要避免出现错字、别字、漏字、表达歧义等错误。同时,在初稿形成后,需要与调研发起单位进行深入的探讨,提出相应的修改意见,要进行反复推敲修改后才能定稿。

实训练习

表1-3 组织调研活动实训方案

实训项目	实训内容
实地市场调研前的准备工作	(1)说出实地市场调研前应该准备哪些资料
	(2)根据情境准备用品
实施实地市场调研访问及技巧	(1)说出实施实地市场调研的基本流程
	(2)模拟拦截式调研
	(3)实施拦截式调研(视具体情况选用)(机动)
综合实训	(1)编写调研访问交谈对话(包含基本流程)
	(2)分组表演展示以上对话

1.实训准备

多媒体设备、工作服、工号牌、问卷、证件、礼品、文具、手表等。

2.实训组织

根据班级人数分成若干组(建议每组6~8人),以小组为单位,分组完成实训任务。每组确定一位组长,带领组员共同工作。小组之间既分工又合作。教师召开组长会,指导工作协调进行。

3.实训过程

对某饭店餐饮部的服务满意度实施随机拦截式调研,已设计的访问问卷共包含4个问题。

(1)您对餐饮服务的态度和技能的满意程度是_____。

　　A.很满意　　　B.满意　　　C.一般　　　D.不满意　　　E.很不满意

(2)您对菜品和酒水饮料的满意程度是_____。

　　A.很满意　　　B.满意　　　C.一般　　　D.不满意　　　E.很不满意

(3)您对就餐环境的满意程度是_____。

　　A.很满意　　　B.满意　　　C.一般　　　D.不满意　　　E.很不满意

(4)您对收银服务的满意程度是_____。

　　A.很满意　　　B.满意　　　C.一般　　　D.不满意　　　E.很不满意

实训项目完成情况记录见表1-4。

表1-4　实训项目完成情况记录表

序号	实训项目	问题思考	完成情况记录	时间
1	实地市场调研前的准备工作	(1)说出实地市场调研前应该准备哪些资料		
		(2)根据情境准备用品		
2	实施实地市场调研访问及技巧	(1)说出实施实地市场调研基本流程		
		(2)模拟拦截式调研		
		(3)合理处理遭遇拒访情况		
3	综合实训	(1)请编写调研访问交谈对话(包含基本流程)		
		(2)分组表演展示以上对话		

☞ **案例分析**

案例1　调查问卷存在的问题

以下是某饭店关于顾客情况的调查

一、您的基本信息

1.您的地址：_____

2.您的性别：□男　　□女

3.您的年龄：_____

4.您的文化程度：_____

5.您的职业：_____

6.您家庭月收入为：_____

二、问卷主体内容

1.您希望我们在哪些方面能有所改进？_____

2.您听说过×××饭店吗？

是□　　不是□

3.您是如何选择×××饭店的?
朋友推荐□　　旅行社□　　　以往经历□　　饭店销售经理□
饭店的声誉□　　会议/展览□　　广告□　　　其他□

4.您的职业会使您频繁出差吗?
是□　　不是□

5.如果您出门在外,往往会愿意选择以下哪些类型的饭店下榻?
星级饭店□　　　　　经济型饭店□
招待所或家庭旅馆□　　看公司怎么给报销□

6.如果您选择经济型饭店,您愿意选择×××饭店吗?
会□　　　　不会□

7.您是通过什么渠道获知×××饭店的?
亲戚朋友□　　　　书报、相关旅游杂志□
网络媒体□　　　　广告牌或饭店标志□

8.您对×××饭店的了解程度到了以下哪个阶段?
忠实消费者□　　　　有过几次入住经历□
仅限于了解过其资料□　仅知道有这一家酒店□

9.您一般是因为什么原因出行而入住×××饭店的?
商务出差□　　旅游□　　普通散客形式□

10.您觉得×××饭店的店面设计风格是?
清新明快□　　色调温馨□　　设备过于简单□
一般□　　　　没什么印象□

11.×××饭店主要提供住宿服务,而把餐饮、购物、娱乐功能大大压缩、简化,甚至不设,您觉得这样的酒店如何?
喜欢这种简单高效率□　　感觉一般□　　服务项目太过于简单□

12.×××饭店主要提供住宿服务,如果可以的话,您希望增加些什么项目的服务?
餐饮功能□　　娱乐功能□　　购物服务□　　商务、票务中心服务□

13.您会向您的朋友推荐×××饭店吗?
一定会□　　不一定□　　不会□

14.您觉得×××饭店的前台入住手续的办理效率?
效率高,令人满意□　　一般□　　效率低,特别是在旺季□　　服务差□

15.在您心目中觉得一家饭店哪些因素是首先考虑的?
品牌□　　价格□　　环境□　　服务□　　卫生状况□
地理位置□　　安全系数□

16.您希望×××饭店的客房设计风格是什么？
舒适不失豪华□   简洁舒适实用□   舒适实用又要有新奇感□
17.您对×××饭店的房间状况是否满意？
非常满意□   比较满意□   一般□   不太满意□   不满意□

【案例点评】

(1)问题排列的顺序必须按普通人的思维顺序，由简单到复杂，由表面直觉到深层思考。

(2)关于受访者本身的问题，不宜放在问卷开头，如教育程度、经济收入、家中耐用消费品数量等。

(3)一份完整的调查问卷应该包括标题、导语、主体部分、附件部分。

(4)应尽量注意措辞的委婉、礼貌。

【案例思考】

请找出该调查问卷存在的问题。（至少2个问题）

案例2　一次失败的市场调研

某饭店自从去年5月开始客房入住率一直在下降。饭店营销部和客房部为了找出入住率下降的原因，准备实施一次市场调研。两个部门经过讨论决定设计好调查问卷进行调研。为了详细了解客人需求的变化及饭店存在的问题，设计了一份多达60个题目的问卷。为了提高效率，两个部门设计好问卷之后迅速印刷了1000份正式开始调查。结果问卷回收之后发现大部分问卷毫无价值：有的问卷只回答了前面一部分问题，后面都是空白的；有的问卷虽然大部分都写了答案，但是一看就是应付，所有题目都是选择第一个答案；有的比较认真的客人在很多题目上画了问号，比如有一个题目"您更倾向于哪种预订客房的方式？保证性预订、确认性预订、临时性预订"，好几个客人在上面画了问号。得到这样的结果，饭店市场营销部和客房部都很不满意，问题出在哪里呢？

【案例点评】

问卷设计好之后不能马上进行调查，应该先进行试调查。问卷设计的质量如何需要通过试调查来检验。试调查常采用小规模问卷调查的形式进行，用来检验问卷设计中存在的问题，然后经过修改后，才可定下正式问卷。

【案例思考】

造成这次市场调研失败的主要原因是什么？

角色练习

（一个学生扮演雷迪森酒店市场营销部的实习生张玲，另一个学生扮演客户张先生，进行试调查演练。）

张玲与张先生碰面，张玲面带微笑走向张先生并进行自我介绍。）

张玲：您好！我叫张玲，是雷迪森酒店市场营销部的一名职员，我们正在进行一项酒店餐饮部菜肴设计的调查，能占用您一点宝贵的时间吗？

张先生：可以的，我也姓张，我们本家。

张玲：谢谢您！

（张玲将手里的调查表递给张先生，并同时将笔递给张先生。张先生开始认真填写调查表。约十分钟后，张先生填写好了调查表并递给张玲。）

张先生：填好了，你看看。

张玲：谢谢您的配合！

视野拓展

文案调查资料

一、文案调查资料来源和作业程序

（一）文案调查资料来源

（1）饭店内部档案。

饭店内部档案包括饭店各项财务报告、销售记录、业务员访问报告、企业平日简报、同业资源卷宗、照片及影片等。深入研究此类资料，将有助于饭店市场营销和营业成果的衡量评估。

（2）外部机构调查资料。

外部机构调查资料包括政府机构的统计调查报告、金融机构的金融相关资料、学术研究机构或民间机构发表的市场调查报告。

（3）外部刊物及索引类资料。

（4）专业书籍及杂志。

（二）文案市场调查的作业程序

（1）确定市场调查的基本目的。市场调查的基本目的包括饭店市场环境及产业状况研究、饭店市场研究、饭店营销策略评估等。

（2）拟订详细的市场调查计划。

（3）展开相关资料的收集。

(4)过滤资料。排除不可靠的资料及不必要的资料,将资料整理成一致的形式,以便进一步分析之用。

(5)各种不同资料的整理、衔接及融会贯通。文案调查通常使用两种以上的文书档案,各种资料之间或有中断、矛盾现象,或有互补作用。此时调查人员应利用自身经验判断,加以整理、衔接及融会贯通,以充实调查内容及内涵。

二、非随机抽样的种类

(1)便利抽样。样本选择只考虑到接近样本或衡量便利,如访问过路行人。

(2)配额抽样。选择"控制特征"作为将母体细分类的标准。将母体细分为几个子母体,按比例分配各子母体样本数多少。访问员有极大的自由去选择样本个体,只要完成配额调查,即告完成。

(3)判断抽样。在母体的构体极不相同且样本数很少时,根据抽样设计者的判断来选择样本个体。设计者必须对母体有关特征相当了解。

(4)雪球抽样。利用随机方法或社会调查选出原始受访者,再根据原始受访者提供的信息去选择其他受访者。本法适用于母体很难寻找或十分稀少的情况。

三、企业实战案例

××公司访问员培训资料如下:

亲爱的同事:

你好!

欢迎你加入我们的行列,接受一份极具挑战性的工作,我们为你而自豪!相信在未来的日子里你可以学到许多在学校里学不到的东西,你会丰富你的社会阅历,增进你的人生体验。也衷心希望你能提高能力,增长才干,增加社会的竞争力。我们一定竭力为你提供更好的锻炼机会和赚钱机会。相识是一种缘分,有困难请找我。多谢!

市场调研就是以科学的方法、客观的态度,研究市场营销有关问题所需要的信息,有效地收集、分析这些信息,为决策部门制定营销战略和策略提供基础性的数据和资料。

做一个优秀的访问员的首要条件是:认同并充分肯定市场调查的意义。也许在大多数人的眼中,做市场调查只是打扰他人,干扰他人的正常生活。其实这种想法是十分错误且有害的,这种想法只会让你在做这份工作时觉得困难重重,难以成功。市场调查有着极大的现实意义,可以为企业、为国家提供真实的数据,使企业、国家更健康、更快地发展。上门或是电话访问、拦访只是一种正常的社会服务,就如理发师、水电维修工一样,这种服务有着双重意义,既是为厂商服务,同时也是为消费者服务。因为市场调研是沟通他们之间的桥梁,通过市场调研,厂商可以更清楚地知道消费者的真正需要,根据这些需要有针对性地向消费者提供更合适、更好的产品和服务,从而更好地满足消费者的需求。要改变调查会打扰人这种错误的观念,才能真正做好这份工作。祝你成功!

 特别提示

一、市场调研的方法

市场调研的方法除了两种经常使用的文案调查和实地调查方法之外,还有一种特殊调研方法。特殊调研是指有固定样本、零售店销量、消费者调查组等持续性的实地调查,包括投影法、推测试验法、语义区别法等购买动机调研和CATI计算机调研等形式。在具体操作中使用何种调研方法要根据工作任务而定,有时候为了达到理想的调查效果,可以将几种调查方法结合起来使用。

二、判断一份调查问卷设计的好坏标准

一份问卷必须具有以下功能:

(1)必须完成所有的调研目标,以满足调研机构的需要。

(2)它必须以可以理解的语言和适当的智力水平与应答者沟通,并获得应答者的合作。

(3)对访问员来讲,它必须易于管理,方便地记录下应答者的回答。

(4)必须有利于方便快捷地编辑和检查,并容易进行编码和数据输入。

(5)问卷必须可转换为能回答起初问题的有效信息。

能实现以上五个功能的问卷就是好的问卷。

任务评价

市场调研任务评价见表1-5,组织研究活动任务评价见表1-6,整理、分析数据任务评价见表1-7,编写调研报告任务评价见表1-8。

表1-5 市场调研任务评价表

工作任务	工作过程	成绩评定
职业素养	(1)遵守纪律,课堂表现好(5分)	
	(2)符合饭店市场营销人员仪容仪表规范,使用礼貌用语(5分)	
	(3)具有团队合作精神(5分)	
熟悉问卷设计的程序	(1)能够说出问卷的组成部分(10分)	
	(2)能够根据任务要求独立设计一份问卷(30分)	

续表

工作任务	工作过程	成绩评定
学会试调查	(1)能够说出试调查的目的和作用(10分) (2)能掌握试调查的方法(15分)	
掌握调研计划的内容	(1)能够说出调研计划的内容(10分) (2)能够说出制订调研计划的原则(10分)	
成绩评定	指导教师签字： 　　　　　　　　　年　月　日	总分
学习体会	(1)完成工作任务后的收获 (2)在完成工作任务过程中遇到的问题及建议	

表1-6　组织调研活动任务评价表

评估指标	评估标准	成绩评定		
		个人	本组	教师
职业核心能力	与人交流：语言表达能力强，掌握沟通技巧，具有亲和力，能很好地与被访问者交流，顺利获取信息(50分)			
职业道德素质	与人合作：对合作伙伴友善，相互尊重，善于切磋商讨，共同完成任务(50分)			

表1-7　整理、分析数据任务评价表

评估指标	评估标准	成绩评定		
		个人	本组	教师
职业核心能力 （50分）	能掌握调研资料整理分析的步骤			
	能完成问卷的回收、审核、编码、录入			
	对资料的处理有全面的程序和思路			

续表

评估指标	评估标准	成绩评定		
		个人	本组	教师
职业道德素质 （50分）	对合作伙伴友善，善于切磋交流，共同完成任务			
	对营销调研有愉快的主观体验、稳定的情绪，具有强烈的职业认同感、职业荣誉感和敬业精神			
	自觉行动、严格自律			

表1-8 编写调研报告任务评价表

评估指标	评估标准	成绩评定		
		个人	本组	教师
职业核心能力 （50分）	能掌握调研报告的结构和内容			
	能独立撰写调研报告			
	善于运用沟通技巧，能很好地与他人交流			
	提交的调研报告在分析问题的角度、报告形式的设计等方面能体现创新思维			
职业道德素质 （50分）	对调研人员的职业道德和企业营销理论等问题具有正确的看法			
	对调研有愉快的主观体验、稳定的情绪、健康的心态、良好的心境，具有强烈的职业认同感、职业荣誉感和敬业精神			
	对调研工作有充分的认识和积极的行动			
	严格自律，自觉行动			

任务二　目标市场策略

任务描述

本任务要求学生能了解饭店市场细分的概念和标准、目标市场覆盖的方式、目标市场策略以及市场定位的含义和内容,并能够进行市场细分、选择目标市场和进行市场定位。

情境导入

张玲顺利完成了面试时主管交给的任务,完成了对即将开业饭店的市场调研与预测,主管让张玲今天正式上班。今天一早,张玲穿得整整齐齐来到了饭店人力资源部,人力资源部主管赵微微给张玲办理了入职手续,然后打电话让营销主管李阳过来。

过了一会,李阳来了,领着张玲来到市场营销部,给她介绍了营销部的各个同事,张玲都一一问好。李阳表扬了张玲前期做的市场调研与预测,并给了她一本《饭店销售工作指引》,让她好好学习。张玲新的任务是根据她前期做的调研报告进行市场细分,然后根据市场调研选择目标市场,最后进行市场定位。于是,张玲翻开《饭店销售工作指引》一书……

思考:如果你是张玲,你如何进行市场细分、选择目标市场和市场定位?

任务分析

张玲认真开始学习《饭店销售工作指引》。学习时她遇到了一些问题,于是便向同事请教,同事为她一一做了解答。然后张玲打开电脑,看着她前期做的市场调研与预测,开始学习目标市场策略……

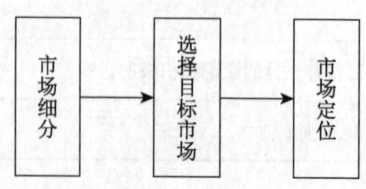

图1-10　任务分析

> 相关知识

一、饭店市场细分基本知识

（一）饭店市场细分的概念

市场细分是指企业根据消费者购买行为与购买习惯的差异性，将某一特定的整体市场划分为若干不同的相似的消费者群，将整个市场划分为若干不同的子市场的过程。

饭店市场细分是指饭店根据饭店消费客人特点及其需求的差异性，将一个整体市场划分为若干个具有相似需求特点的消费者群体的过程。饭店市场细分包含以下几个方面：

（1）饭店市场细分的客观依据是现实及潜在的饭店消费者对饭店产品需求的差异性。

（2）饭店市场细分的对象是对某一特定饭店产品现实和潜在需求的消费群体，而不是产品。

（3）饭店市场细分是一种存大异、求小同的市场分类方法。

（4）饭店市场细分的目的是帮助饭店发现和评价市场机会，以正确选择和确定目标市场。

（二）饭店市场细分的原则

在市场营销领域，每个行业和企业都可以根据本行业和企业的不同特点进行市场细分，如以生活消费品为例，企业和营销策划人员是通过选择地理、人文、心理和消费行为等因素作为细分标准来划分市场。饭店可根据单一因素，也可根据多个因素对市场进行细分。选用的细分标准越多，相应的子市场也就越多，每一子市场的容量相应就越小。相反，选用的细分标准越少，子市场就越少，每一子市场的容量则相对较大。如何选用合适的细分标准，对饭店市场进行有效细分，在营销实践中并非易事。一般而言，成功、有效的市场细分应遵循以下五个基本原则。

1. 可衡量性原则

可衡量性原则是指饭店细分市场规模和市场购买力方面可衡量的程度高低，即细分的市场是可以识别和衡量的，细分出来的市场不仅范围明确，而且对其容量大小也能大致做出判断。有些细分变量，如消费者的年龄不但可以衡量，而且有相关资料可查阅，因此它可以作为一个细分标准。相反有"依赖心理"的青年人，在实际中是很难测量的，以此为依据细分市场就不一定有意义。

2.可进入性原则

可进入性原则指有效达到细分市场并为之有效服务的程度,即细分出来的饭店市场应是饭店营销活动能够实现的,是企业通过努力能够使饭店产品进入并对消费者施加影响的市场。一方面,有关产品的信息能够通过一定媒体顺利传递给该市场的大多数消费者;另一方面,企业在一定时期内有可能将产品通过一定的分销渠道输送到该市场,否则,该细分市场的价值就不大。比如,三亚亚龙湾五星级度假饭店,如果将我国中西部农村作为一个细分市场,恐怕在一个较长时期内都难以进入。

3.可占据性原则

不管多么好的饭店市场如果饭店商品没法占据,那么再细分也是没有意义的,所以细分市场时一定考虑到饭店进入这个市场能有多大的销售额。根据这一要求要从各个细分市场的规模、发展潜力、购买能力等方面着手进行预测。通常在饭店对营销策略和产品有绝对信心时,市场的规模、发展潜力、购买能力等方面越大,那么该饭店进入这个市场后占据性就会更强,销售额就会更大。

4.可赢利性原则

可赢利性原则即细分出来的市场,其容量或规模要大到足以使企业获利。进行市场细分时,企业必须考虑细分市场上消费者的数量,以及他们的购买能力和购买产品的频率。如果细分市场的规模过小,市场容量太小,细分工作烦琐,成本耗费大,获利小,就不值得去细分。

5.差异性原则

差异性原则是指各细分市场的消费者对同一市场营销组合方案会有差异性反应,或者说对营销组合方案的变动,不同细分市场会有不同的反应。一方面,如果不同细分市场消费者对产品需求差异不大,行为上的同质性远大于其异质性,此时,饭店就不必费力对市场进行细分。另一方面,对于细分出来的市场,饭店应当分别制订出独立的营销方案。如果无法制订出独立的方案,或其中几个细分市场采用不同的营销方案不会有大的差异性反应,便不必进行市场细分。

(资料来源:http://jiudian.jiameng.com)

(三)饭店市场细分的方法

任何一个饭店,无论其规模如何,都不可能满足各种各样客人的需求,所能满足的也只能是所有客源市场的一部分。那么在饭店目标市场营销中,首先要做的就是根据客人特点及需求差异进行划分,其市场细分的方法有以下四种(见图1-11)。

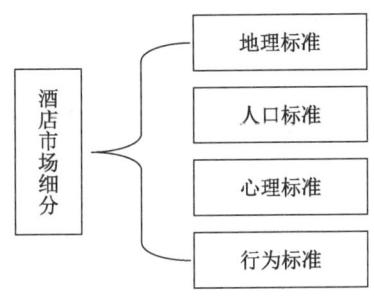

图 1-11 饭店市场细分

1. 地理标准

按客人所居住的地理环境和自然环境进行市场细分。一般细分变量有国家、地区、城市、乡村、地形、气候、居住地大小、当地交通条件等。处于不同变量的客人,对饭店产品有不同的需求和偏好:如我国南方人饮食口味偏清淡、北方人口味则相对偏重;亚洲客人比较在意饭店的装修和设施设备情况,而欧美客人则比较在意客房的清洁、舒适等。

2. 人口标准

按客人的自身特点进行市场细分。一般变量有年龄、性别、职业、宗教、民族、文化程度等。处于不同变量的客人,对饭店产品有不同的需求和偏好,如老年人入住饭店注重清静、收入低的人往往选择经济型饭店等。

3. 心理标准

按客人的生活方式、态度、个性等心理因素进行市场细分,如有的人喜欢传统饭店,有的喜欢时尚饭店;有的客人比较稳重,有的比较冲动等。

4. 行为标准

按客人的购买行为进行市场细分。一般变量有购买目的、购买方式、购买状况等。如商务客人、度假客人;初次入住客人、常住客人、潜在客人;直接订房、中间商订房、网络预订等。

(四)饭店市场细分的程序(见图 1-12)

(1)确定本饭店的市场范围,确定饭店档次,明确大致经营方向。

(2)列举现有和潜在客人全部需求。

图 1-12 市场细分程序

(3)分析客人需求,进行归类。
(4)划分市场,明确各个市场基本情况。
(5)市场评估,最终确定。

(五)饭店市场细分的意义

市场上存在着成千上万的消费者并分散于不同的地区,他们的需求及欲望是千差万别的。面对消费者完全不同的需求,由于人力、物力及财力的限制,饭店不可能生产各种不同的产品来满足所有消费者的需求,也不可能满足消费者的所有需求。为了提高饭店的经济效益,有必要对市场进行细分。任何一家饭店都不可能满足所有类型客人的需求,目标市场越多,竞争对手就越多,客人的需求面也就越广,饭店往往会处于穷于应付的被动局面,可能使所有的客人都不满意;而选准一个或几个细分客源市场,就容易满足客人需求,使饭店在特定群体心目中处于不可替代的地位。

1. 市场细分是制定饭店市场营销战略的关键环节

饭店市场营销战略包括选定目标市场和决定适当的营销组合。在实际应用上,有以下两种途径。

(1)从市场细分到营销组合:即先将一个异质市场细分为若干个子市场,然后从若干子市场中选定目标市场,采取与饭店内部条件和外部环境相适应的目标市场策略,并针对目标市场设计有效的市场营销组合。

(2)从营销组合到市场细分:即建立了营销组合后,对产品组合、分销、促销及价格等做出多种安排,将产品投入市场试销;再依据市场反馈的信息,研究消费者对不同营销组合的反应有何差异,进行市场细分,选定目标市场;再按照目标市场的需求特点,调整营销组合。

2. 市场细分有助于饭店发现市场营销机会

通过市场细分,可以分析每一个细分市场消费者的偏好及需求,分析市场各种品牌的产品满足消费者偏好的程度。这种需求往往是潜在的,一般不易发现。运用市场细分的手段便于发现这类需求,并从中寻找适合本饭店产品开发的需求,从而抓住市场机会,使饭店赢得市场主动权。例如,我国服装市场竞争较激烈,通过市场细分可以看出,竞争激烈的主要是青年服装市场和儿童服装市场,老年服装市场却很冷清。于是有些服装企业把目标市场放在老年服装市场上,生产出各式各样的老年服装,结果大获成功。这些"空当",都是企业的市场机会。就酒店集团而言,万豪、希尔顿、香格里拉等著名的酒店企业在品牌及市场细分上各有特色:希尔顿、香格里拉等这样单一的品牌公司通常将内部质量和服务标准延伸到许多细分市场上;而万豪则偏向于使用多品牌策略来满足不同细分市场的需求,人们(尤其是美国人)熟知的万豪旗下的品牌有"庭院旅馆"(courtyard hotel)、"波特曼·丽嘉"(ritz carlton)等。

3. 市场细分能有效与竞争对手相抗衡

在饭店业竞争日益激烈的情况下,通过市场细分,有利于发现目标消费者群体的需求特性,从而调整产品结构,增加产品特色,提高企业的市场竞争能力,有效地与竞争对手相抗衡。例如,两家生产巧克力的食品企业,以前生产的巧克力都是满足儿童消费市场,其中一家为增强竞争能力,经过市场调查与充分论证,研制出一种大块巧克力,定价20元,推向成人市场。另一家也不甘示弱,通过市场细分,选择了三个子市场:初中学生市场、高中学生市场和成人市场。该公司生产出两种大块巧克力:一种每块定价8元,用于满足十二三岁的初中学生;一种每块定价15元,用于满足十七八岁的高中学生。两块合包在一起,定价23元,满足成人市场。显然,后者比前者更胜一筹。

4. 市场细分能有效地拓展新市场,扩大市场占有率

饭店对市场的占有不是轻易就能拓展开来的,必须从小到大,逐步拓展。通过市场细分,饭店可先选择最适合自己占领的某些子市场作为目标市场。当占领这些子市场后再逐渐向外推进、拓展,从而扩大市场占有率。

5. 市场细分有利于酒店扬长避短,发挥优势

每一个饭店的营销能力对于整体市场来说都是有限的。所以,饭店必须将整体市场细分,确定自己的目标市场,把自己的优势集中到目标市场上,否则饭店就会丧失优势,在激烈的市场竞争中遭受失败。特别是有些小饭店,更应该注意利用市场细分原理,选择自己的市场。

二、选择饭店目标市场

(一)认识饭店目标市场

目标市场就是企业期望并有能力占领和开拓,能为企业带来最佳营销机会与最大经济效益的市场。什么是饭店目标市场呢?饭店目标市场就是在饭店市场细分之后,饭店要进入的一个或几个子市场,即饭店面对的最主要的营销对象。

(二)选择饭店目标市场

选择目标市场是指估计每个细分市场的吸引力程度,并选择进入一个或多个细分市场。面对一个或几个子市场的消费者群体,饭店的主要任务就是满足这一群体的需要。选择目标市场必须建立在市场细分的基础上,结合自身条件,饭店认为有能力进入的一个或几个子市场,进行充分评估之后开始选择目标市场,并不是每一个细分市场都值得进入。一般来说,饭店选择目标市场,应注意考虑以下问题。

1. 细分市场的潜量

细分市场的潜量是在一定时期内,在消费者愿意支付的价格水平下,经过相应的市场营销努力,产品在该细分市场可能达到的销售规模。对细分市场潜量分析的评估十分重要,如果市场狭小,没有发掘潜力,饭店进入后没有发展前途。当然,这一潜量不仅指现实的消费需求,也包括潜在需求。从长远利益看,消费者的潜在需求对饭店更具吸引力。细分市场只有存在着尚未满足的需求,才需要饭店提供产品,饭店也才能有利可图。

2. 细分市场的竞争状况

饭店要进入某个细分市场,必须考虑能否通过产品开发等营销组合,在市场上站稳脚跟或居于优势地位。所以,饭店应尽量选择那些竞争者较少、竞争者实力较弱的细分市场作为自己的目标市场。那些竞争十分激烈、竞争对手实力十分雄厚的市场,饭店一旦进入后就要付出昂贵的代价。当然,对于竞争者已经完全控制的市场,如果饭店有条件超过竞争对手,也可设法挤进这一市场。

3. 细分市场具有的特征是否与饭店优势相吻合

饭店所选择的目标市场应该是饭店力所能及的和能充分发挥自身优势的市场。饭店能力表现在技术水平、资金实力、经营规模、地理位置、管理能力等方面。所谓优势是指上述各方面能力较竞争者略胜一筹。如果饭店进入的是自身不能发挥优势的细分市场,那就无法在市场上站稳脚跟。

(三)目标市场选择的步骤

市场细分是确定目标市场的基础。在市场细分的基础上,企业无论采取什么策略,也无论选择几个细分市场,所确定、选择的目标市场必须具有最大潜力,能为自己带来最大利润。因此,在确定目标市场时,应该遵循以下三个原则。

第一,所确定的目标市场必须足够大,或正在扩大,以保证企业获得足够的经济效益。这是因为消费者的数量是企业利润的来源之一。美国的丽(Lee)牌牛仔裤就始终把目标市场对准占人口比例较大的那部分"婴儿高峰期"的消费者群体,从而成功地扩大了该品牌的市场占有率。在20世纪60年代和70年代,丽牌牛仔裤以15~24岁的小青年为目标市场。因为这个年龄段的人正是那些在"婴儿高峰期"出生的,在整个人口中占有相当大的比例。可是到20世纪80年代初,昔日"婴儿高峰期"的小青年一代已经步入中青年阶段。新一代小青年在人口数量上已大大少于昔日小青年。为了提高市场占有率,在20世纪80年代末,丽牌牛仔裤又将其目标对准25~44岁年龄段的消费者群体,即仍是"婴儿高峰期"一代。为适应这一目标市场的变化,厂商只是将原有产品略加改进,使其正好适合中青年消费者的体形。结果,20世纪90年代初,该品牌牛仔裤在中青年市场上的份额上升了20%,销售量增长了17%。

第二,所选择的目标市场是竞争对手尚未满足的,因而有可能属于自己的市场。日本本田公司在向美国消费者推销其汽车时,就遵循这一原则,从而成功地选择了自己的目标市场。同奔驰、奥迪、富豪等高级轿车比,本田的汽车不仅价格较低,技术也较先进,足以从竞争对手口中争食。然而,本田公司没有这样做。根据本田公司的预测,20世纪80年代末90年代初,随着两人收入家庭的增多,年轻消费者可随意支配的收入将越来越多,涉足高级轿车市场的年轻人也将越来越多。与其同数家公司争夺一个已被瓜分的市场——即一部分早就富裕起来并拥有高级轿车的中老年消费者市场,不如开辟一个尚未被竞争对手重视的,因而可完全属于自己的市场——即刚刚和将要富裕起来的中青年消费者市场。

第三,所确定的目标消费者最可能对本品牌提供的好处做出肯定反应。如果所选择的目标市场很大,但该市场的消费者对你的品牌不感兴趣,仍然不能获得利润。例如,在20世纪70年代中期,德国宝马牌汽车在美国市场上将目标对准当时的高级轿车市场。调查却发现,该细分市场的消费者不但不喜欢,甚至还嘲笑宝马汽车,说宝马汽车就像是一个大箱子,既没有自动窗户也没有皮座套,同其他车简直无法媲美。显然,这个市场对宝马汽车的高超性能并无兴趣。于是,生产厂家决定将目标转向收入较高、充满生气、注重驾驶感受的青年市场。因为该市场的消费者更关心汽车的性能,更喜欢能够体现不同于父辈个性和价值观的汽车。为吸引这个市场的消费者,宝马公司就突出宣传该车的高超性能,结果,到 1978 年,该车的销售量虽然还未赶上奔驰,但已达到 3 万多辆;到 1986 年,已接近 10 万辆。然而,到 20 世纪 80 年代末 90 年代初,美国经济开始萧条,原来的目标消费者已经成熟,不再需要通过购买高价产品来表现自我,加上日本高级轿车以其"物美价廉"的优势打入美国市场,"宝马"面临新的挑战。市场调查发现,消费者之所以喜欢宝马汽车,是因为它能给驾驶人一种与众不同的感觉,即"人"驾驭车而不是"车"驾驭人。驾驶宝马汽车,消费者感到安全、自信,因为他们不仅可以感觉汽车、控制汽车,从宝马汽车身上,他们还可以得到如何提高驾驶技术的反馈。于是,厂家又将目标市场对准下列三种人:相信高技术驾驶人应该驾驶好车的消费者;为了家庭和安全希望提高驾驶技术的消费者;希望以高超驾驶技术体现个人成就的消费者。到了 1992 年,尽管整个美国汽车市场陷入萧条,宝马汽车的销售量却比 1991 年提高了 27%。

（四）目标市场覆盖的方式

1.市场集中化

即饭店只生产一种产品专门满足某个特定的市场,饭店的生产活动和营销活动都以这个特定的市场为中心,集中全部精力经营这个市场。许多小饭店,由于自己规模和资源有限,通常采用这个模式,如表1-9所示。

表1-9 市场集中化模式

	M_1	M_2	M_3	M_4	……	M_n
P_1	■					
P_2						
P_3						
P_4						
……						
P_n						

注:P 表示产品,M 表示市场。

2. 产品专业化

即饭店只提供一种产品面向各类市场。这种策略一般适用于消费和使用面广的产品,饭店可能会提供一种产品满足市场上各类消费者的需要,如表1-10所示。

表1-10 产品专业化模式

	M_1	M_2	M_3	M_4	……	M_n
P_1	■	■	■	■	■	■
P_2						
P_3						
P_4						
……						
P_n						

注:P 表示产品,M 表示市场。

3. 市场专业化

即饭店针对一个特定的市场,关注和致力于满足市场内各种需求,针对这个特定市场提供各类产品,如表1-11所示。

表 1-11　市场专业化模式

	M_1	M_2	M_3	M_4	……	M_n
P_1	■					
P_2	■					
P_3	■					
P_4	■					
……	■					
P_n	■					

注：P 表示产品，M 表示市场。

4.选择专业化

即饭店在对市场进行细分，有计划地选择并进入几个不同的细分市场，对不同的消费者提供不同性能的服务，如表 1-12 所示。

表 1-12　选择专业化模式

	M_1	M_2	M_3	M_4	……	M_n
P_1	■					
P_2		■				
P_3				■		
P_4			■			
……						
P_n						

注：P 表示产品，M 表示市场。

5.全面覆盖

即饭店有能力对所有的细分市场同时经营，提供多种产品组合，几乎满足所有消费者的各种不同需求，如表 1-13 所示。

表 1-13　全面覆盖模式

	M_1	M_2	M_3	M_4	……	M_n
P_1						
P_2						
P_3						
P_4						
……						
P_n						

注:P 表示产品,M 表示市场。

(五)饭店目标市场策略

市场细分是饭店选择目标市场的依据,而目标市场策略是指饭店在市场细分的基础上,决定和选择目标市场的方法和策略。根据所选择的细分市场数目和范围,目标市场选择策略可以分为无差异目标市场策略、差异性目标市场策略和集中性目标市场策略三种方式。

1.无差异市场策略

该策略是指不考虑各细分市场的差异性,将它们视为一个统一的整体市场,饭店只以一种产品或服务吸引整个市场(见图 1-13)。

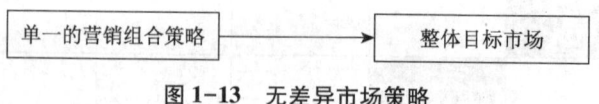

图 1-13　无差异市场策略

2.差异性市场营销策略

该策略是将整体市场划分为若干细分市场,针对每一细分市场制定一套独立的营销策略(见图 1-14)。

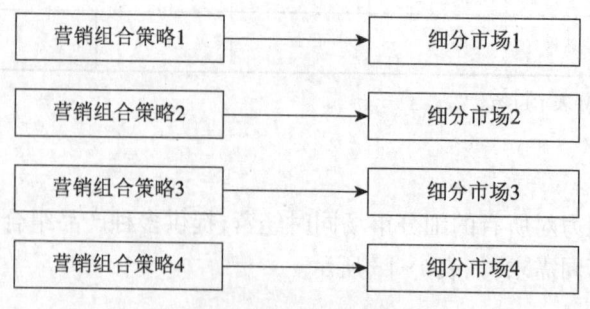

图 1-14　差异性市场营销策略

3.密集性市场营销策略

该策略是集中力量进入一个或少数几个细分市场,实行专业化生产和销售(见图1-15)。

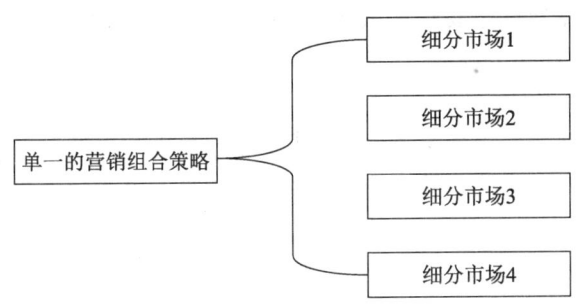

图1-15 密集性市场营销策略

(六) 选择目标市场考虑的因素

无差异市场策略、差异性市场营销策略和密集性市场营销策略各有利弊,各自适合不同的情况,一般在选择目标市场策略时要考虑以下因素。

1.企业资源

如果企业资源丰富,实力雄厚(包括生产经营规模、技术力量、资金状况等),拥有广泛的分销渠道,产品标准化程度高,内在质量好,品牌商誉高,可以采用无差异市场策略。如果企业具有相当的规模,技术设计能力强,管理素质较高,可实施差异性市场营销策略。反之,如果企业资源有限、实力较弱、难以开拓整个市场,则最好实行密集性市场营销策略。

2.产品特点

产品具有同质性,即消费者购买和使用时对此类产品特征感觉相似,其需求弹性较小,如食盐、石油等可采取无差异市场策略。产品具有异质性,消费者对这类产品特征感觉有较大差异,如服装、家具、化妆品等,其需求弹性较大,可采取差异性市场营销或密集性市场营销策略。

3.市场特征

如果消费者的需求和爱好相似,购买行为对市场营销刺激的反应基本一致,企业可以采取无差异策略。消费者需求偏好、态度、购买行为差异很大,宜采取差异性市场营销策略或密集性市场营销策略。

4.产品生命周期

处于产品生命周期不同阶段的产品,要采取相应的目标市场策略。处在"导入期""成长期"宜采取无差异市场策略。因为消费者初步接触新产品,对其不甚了解,消费需求还停留在初浅层次。另一方面,企业由于种种原因也难以一下子推出多种品种。在"成熟期""衰退期"宜采取差异性市场营销策略和密集性市场营销策略。这是由于企业生产已定型,消费已成熟,需求向深层次多样化发展,竞争也日趋激烈。采取差异性市场营销策略可以开辟一个又一个新市场,或者采取密集型市场营销策略,稳固市场地位,延长产品生命周期。

5.竞争对手策略

企业采取任何目标市场策略,通常还要分析竞争对手的策略,知己知彼,百战不殆。如果竞争对手采取无差异市场市场营销策略,企业应考虑差异性市场营销策略,提高竞争能力。如果竞争对手采取差异性市场营销策略,企业则应进一步细分市场,实行更有效的密集性市场营销策略,使自己产品与竞争对手有所不同。

三、饭店市场定位

(一)认识饭店市场定位

定位是市场营销理论中十分重要的原则,1972年广告经理艾尔和杰克率先提出了"定位"这一概念。市场定位是指营销组织在了解购买者的价值取向、认同标准和竞争者的产品以及其营销战略的基础上,为自己的产品赋予特色,树立形象,从而在目标市场的消费者的心中确立与众不同的价值地位。市场定位的目的在于吸引更多的目标消费者,消费者不同的偏好和追求都和他们的价值取向、认同标准有关。当饭店选定某一或某几个细分市场作为自己目标市场后,就该考虑如何在目标市场中占据一席之地,树立自己的形象,突出与竞争对手的差异,从而来吸引消费者的注意力,这就要求饭店对目标市场进行定位。

饭店市场定位是指饭店对目标市场的需求和行为特征进行调查分析,根据消费者对饭店产品某一属性或特征的重视程度,为饭店产品设计和塑造一定的个性或形象,并通过一系列营销手段把这种个性或形象有力地传递给消费者,从而确定该产品在市场上的竞争地位。

(二)饭店市场定位方法

1.根据属性和利益定位

饭店产品本身的属性以及由此获得的利益能够使消费者体会到它的定位。如饭店的"豪华气派""卫生和舒适"等,这种定位方法,饭店往往强调产品的一种属性,而这种属性通常是竞争对手所没有考虑到的。

2.根据质量和价格定位

质量与价格两者变化可以创造出产品的不同地位。在通常情况下,质量取决于产品的原材料或生产工艺及技术,而价格往往反映其定位,例如人们常说的"优质优价""劣质低价"正是反映了这样的一种产品定位思路。

3. 根据产品用途定位

发挥同一个产品项目的各个用途并分析各种用途所适用的市场,是这种定位方法的基本出发点。同样是一个大厅,它可以作为大型宴会、自助餐的场地,也可以被当成会议大厅接待各种会议,同时,还可以成为各种展示、展览的场所。对于这样的一个饭店产品,饭店可以根据其不同的用途,在挑选出来的目标市场中,分别树立起不同的产品个性和形象。

4. 根据使用者定位

这是饭店常用的一种产品定位方式,即饭店将某些产品指引给适当的使用者或某个目标市场,以便根据这些使用者或目标市场的特点创建起这些产品恰当的形象。许多饭店针对当地居民"方便、经济、口味丰富"的用餐要求,开设融各地风味为一体的大排档餐厅,便是根据使用者对产品的需求而进行的定位。

5. 根据产品档次定位

这种定位方式是将某一产品定位为其相类似的另一种类型产品的档次,以便使两者产生对比。例如一些饭店将自己客房产品的档次设定为与某一家公众认可的好饭店的客房档次相同,使顾客更易于接受他们的产品。这种做法的另一个方面是为某一产品寻找一个参照物,在同等档次的条件下通过比较,以便突出该产品的某种特性。如一些饭店推出的公寓客房,突出在与标准间同等档次的前提下具备的厨房设施,更加适合家庭旅游者使用,从而达到吸引家庭旅游者的目的。

6. 根据竞争定位

饭店产品可定位于与竞争直接有关的不同属性或利益。例如饭店开设无烟餐厅,无烟意味着餐厅空气更加清新。这实际上等于间接地暗示消费者在其他普通餐厅中用餐,其他人吸烟会影响到自己的身体健康。

7. 根据混合因素定位

饭店产品定位并不是绝对地突出产品的某一个属性或特征,消费者购买产品时不单为获得产品的某一项好处,因此,饭店产品的定位可以使用上述多种方法的结合来创立其产品的地位。这样做有利于发掘产品多方面的竞争优势,满足更为广泛的顾客需求。

(三)饭店产品定位步骤

饭店产品定位要达到的主要目的就是使消费者能够将本饭店与其他竞争对手区别开来。实现这一目的,通常必须开展以下几方面的工作。

1. 确定竞争对手,分析竞争对手的产品

饭店的竞争对手实际上就是饭店产品的替代者,即有与饭店相同或近似的特点(如相同或相近的地区、饭店星级、顾客群、价格等)的饭店。饭店在确定竞争对手的时候,常会出现这样的失误,即单纯地以星级或业务范围来作为判定依据,将同星级的饭店或业务范围类似的其他饭店都视为自己的竞争者。同样的三星级饭店，有的以旅游团队作为目标市场，有的以会议作为主要目标市场，还有的则以商务散客作为市场目标。分属于不同目标市场的饭店相互间不能成为直接竞争者。同样以会议市场作为目标市场，五星级饭店的会议市场划分与三星级饭店的会议市场划分又因为划分标准的差异而使目标市场有所不同。因此饭店产品的竞争对手范围应限定在同一或相近的目标的市场中。

判断某一饭店的产品是否和本饭店的同类产品存在竞争，有一简单的测试方法：在饭店降低产品价格时，观察对方的顾客是否转移过来，如果有，则说明对方是酒店的竞争对手；顾客转移得越多，则说明竞争程度较高，反之则较弱。

确定竞争对手之后，酒店必须采取多种渠道收集竞争对手产品的有关信息，了解目标市场上的竞争对手向顾客提供何种产品，其质量、数量、价格、特色等方面与本饭店同类产品比较有哪些优势和不足，从而明确竞争对手的产品定位情况。对竞争对手产品的调查可以通过多种渠道，例如向曾经购买过竞争对手产品的顾客进行调查，了解他们的购买经历、对产品的评价等信息；也可以派人到竞争对手那里实地消费和观察以获取准确的竞争对手产品的有关资料。可以记录对各个竞争对手的调查数据，可以汇总目标市场内的总体竞争情况并与本饭店进行对比。

2. 准确选择竞争优势，树立市场形象

通过上一步骤，饭店对目标市场内的竞争对手及其产品进行了细致深入的调查和优势分析，发现本饭店优势所在，这些优势就是饭店产品定位的主要基础。酒店可能会面对多种竞争优势并存的情况，此时强调所有的优势并不可取，因为那样有时会给顾客留下"王婆卖瓜"的感觉，而且，信息过多反倒失去重点，不利于加深顾客的印象。因此，饭店应当运用一定的方法，在众多竞争优势中进行取舍，评估和选择出最适合本饭店的优势，并以此初步确定饭店产品在目标市场上的位置。

饭店产品的优势一经确定，就必须采取各种手段准确有效地向目标市场传播饭店产品的定位观念。饭店产品的优势不会自动地在目标市场上表现出来，要使这些优势能够发挥作用，影响顾客的购买决策，饭店需要以产品特色、优势为基础，树立鲜明的市场形象，通过积极主动而又巧妙的方式与目标市场中的顾客进行沟通，引起顾客的注意和兴趣，求得顾客的认同。

对目标市场的产品进行宣传时，饭店要尽量避免因宣传不当在公众中造成误解，影响饭店优势的发挥。例如，传播给公众的定位过低，不能显示自己的特色；或定位过高，不符合实际情况，误导顾客认为饭店只经营高档、高价产品；或是定位含糊不清，无法在顾客中形成统一明确的认识。

3. 审时度势，调整产品定位

顾客对于饭店及其产品的认识并非一成不变，产品的定位即使很恰当，在遇到下列情况时也会发生偏差：比如目标市场中的竞争对手推出新产品，定位于本饭店产品附近，侵占了本饭店产品的部分市场，致使本饭店产品的市场份额有所下降；再如顾客的喜好发生了变化，使得对本酒店产品的偏爱转移到竞争对手的某些产品上去。当遇到上述情况时，饭店应根据变化，采取具体的办法，对本酒店产品进行定位调整甚至重新定位。在做出定位调整或重新定位决策之前，饭店应考虑以下一些因素：首先，饭店要准确计算好自己的产品定位从一个目标市场转移到另一个目标市场的全部费用；其次，饭店将自己的产品定位在新的位置上时，能够得到怎样的回报。收益的多少取决于目标市场的购买者和竞争者的数量，其平均购买率有多高，在目标市场中饭店产品的销售价格能定在什么水平上。饭店应将收、支两方面的预测进行认真的逐一比较，权衡利弊得失，然后再决定是否将本饭店产品定位在新的位置上，避免仓促调整，造成得不偿失的局面。

（四）饭店市场定位的意义

饭店的产品定位并不是饭店要为产品做些什么，而是指饭店的产品要给顾客留下些什么印象，即给顾客造成自己的产品有别于竞争对手的印象和位置。实际上，产品定位就是要设法建立一种竞争优势，使饭店在目标市场上吸引更多的顾客。从另一个角度看，是要突出饭店产品的个性，并借此塑造出独特的市场形象。一项产品是多个因素的综合反映，它包括性能、构成、形状、包装、质量等，产品定位就是要强化或放大某些产品因素，从而形成与众不同的特定形象。产品差异化是达成饭店产品定位的重要手段，在这里必须强调的是，此处所谓的产品差异化并非单纯地追求已有产品变异，而是在市场细分的基础上，寻求建立某种产品特色，这是市场营销观念的具体体现。

饭店产品定位对饭店的经营具有重要而现实意义，主要体现在以下两个方面。

1. 有利于建立饭店和产品的市场特色

现代饭店市场中，普遍存在着较为严重的供大于求的现象，使得同类型饭店使出浑身解数争夺有限的客源，潜在竞争跃跃欲试，随时准备出击，市场竞争环境恶劣，竞争压力巨大。为了使自己的产品获得稳定的销路，避免竞争乏力而被其他酒店取代，酒店势必要从各方面为其产品培养一定的特色，树立起鲜明的市场形象，以期在顾客心目中形成一种特殊的偏爱。如同前文中提及的希尔顿酒店集团和假日酒店集团各自强调的饭店和产品特色一样，国内饭店中亦有个性鲜明的例子，如南京市饭店业中长期以来流传着"住'金陵'、食'丁山'、玩'玄武'"的口号，正是对这三家饭店及其产品特色的高度概括，这三家饭店也正是通过强化其各自的产品特征，进而形成一种产品优势，从而依靠这些特色产品在市场中取得竞争的主动权。

2.为饭店制定市场营销组合策略奠定基础

饭店通过产品与市场进行交换,从中获取利益,这是饭店经营的基本出发点。换而言之,饭店经营的基础是产品,没有产品,一切经营活动都将变成纸上谈兵。由此可以看出,饭店和市场营销组合受到饭店产品定位的限制。例如,某饭店决定在市场上销售豪华、优质、高价的组合产品,如此定位就决定了饭店产品必须是高水准、有稳定质量保证的、能体现顾客身份的产品。因此,饭店在宣传上就必须以这些特质作为强化的重点,让目标市场的潜在顾客接受这样的产品特质;同时,要求饭店内部应协调一致,通过严格执行操作程序和规范、强化技能培训等管理手段,保障产品的高品质。也就是说,饭店产品定位决定了饭店必须设计和发展与之相适应的市场营销组合。

☞ **案例分析**

钟点房服务

某家饭店毗邻火车站,该饭店工作人员发现每天来火车站候车的乘客很多。根据惯例,长途旅客总是提前几个小时到站,尤其是远地赶来的旅客往往会等上大半天,等待的过程中往往在候车室,有些旅客甚至打起瞌睡,但是按照饭店住宿收费,是以天来收费,即使只住个把小时。该饭店的销售人员敏锐地感到,这是个可开发的潜在市场。于是他们先试探性地推出钟点房,按照标准一间标准房一天房价380元,以1小时为起收点,价格30元。一推出,天天有人来开钟点房,酒店客房出租率一下子提高了。不仅如此,该酒店一方面在火车站的售票厅、候车室、出站口和车站广场等处设置醒目的广告,大力宣传钟点房的服务内容和价格,吸引顾客的关注;另一方面改进内部服务管理,增加人手,改善服务,并且客房里都添置了钟表,电话总机和服务台还按照客人的要求及时提醒客人按时进站上车。

【点评】

饭店市场营销,面对的是一个十分复杂且瞬息万变的市场,在这个市场上,需求具有多样性和无限性,饭店管理者和营销人员要善于发现潜在的需求,并有针对性地提供不同的产品来满足不同顾客的需求。此饭店的经济效益明显提高,主要原因是在于该饭店抓住了市场机会,适应市场需求开发出了新产品,满足了消费者的潜在需求。由此可以看出,饭店要奉行以消费者为中心的市场营销观念,注重挖掘消费者需求,开发出适合市场需求的产品。

特别提示

　　饭店必须选择适合自己并能充分发挥自身资源优势的目标顾客群从事营销工作,确立在大市场中的位置,这是饭店营销管理中的战略决策问题。这个决策过程是由市场细分、目标市场选择和市场定位三个环节组成。这三个环节相互联系,缺一不可,其中市场细分是饭店目标市场选择和市场定位的基础和前提。

　　很久以前,国外有家小旅馆,地处荒凉地带,没有公路,不通汽车,没有电,不通电话。这家旅馆按常理不具备办旅馆的条件,如果你是这家旅馆的经营者,你会怎么办?旅馆的经营者刊登出如下广告:"本旅馆没有公路,不通汽车,没有电,不通电话,这里什么都没有,你不必担心汽车的噪声和污染,你不必担心有人打电话找你,你可以不受任何干扰的在这里休息。"广告一刊出,这里门庭若市,生意兴隆。听了这个故事,对你有什么启发?

视野拓展

一、喜来登酒店市场细分及目标市场选择

(一)市场细分及目标市场的选择

1.根据交叉性市场细分依据进行市场细分

比如城市选择——天津。

该城市性质——商业、旅游。

该城市国际性发展潜力——入境、出境的人次及增长。

人群性质——收入位于高端部分的商业及休闲度假人士,因而喜来登酒店的目标市场为高端豪华商务市场。

2.目标市场特点

服务目标为收入位于高端的商务人士和休闲旅游度假人士。

(二)市场定位

1.喜来登酒店定位为豪华高档商务型酒店

商务客人——提供范围宽广的各式服务及齐备的设施、设备。

旅游客人——是世界上最美、最悠闲的度假胜地。

2.营销哲学

喜来登酒店为休闲度假旅游者提供着宾至如归的服务。

喜来登酒店的承诺:为宾客提供广受欢迎、独一无二和意想不到的服务,为宾客创造最大价值。

二、万豪酒店目标市场策略

万豪酒店总部位于美国,是一个世界知名饭店集团,其业务遍及全世界,其在品牌和市场细分上使用多品牌策略来满足不同市场的需求,曾推出一系列品牌:费尔菲尔德、万怡、万豪、万豪伯爵等。早期费尔菲尔德专门针对一般普通消费群体,万怡专门针对中端消费群体,万豪、万豪伯爵专门针对高端消费群体。后期万豪又进行细分,在原有的四个品牌基础上,又开发新品牌:在高端市场上,丽思卡尔顿酒店专门为高档次的顾客提供服务;万丽酒店专门为商务客人提供服务,针对职业年轻人;万豪酒店专门为休闲顾客提供服务,针对已成家立业人士。在低端市场上,万豪酒店则由费尔菲尔德衍生出费尔菲尔德套房,位于高端和低端之间则开发城镇套房、万怡、居民客栈等品牌。伴随着市场细分的持续进行,万豪又推出了比费尔菲尔德档次稍高的斯普林希尔套房等。

任务评价

目标市场策略任务评价见表 1-14。

表 1-14 目标市场策略任务评价表

工作任务	工作过程	成绩评定
职业素养	(1)按时出勤,课堂表现好(10 分)	
	(2)符合饭店市场营销人员仪容仪表规范(10 分)	
	(3)具备良好团队合作精神(5 分)	
根据调研报告进行市场细分	(1)能够简述饭店市场细分的概念和标准(10 分)	
	(2)能够说出市场细分的步骤(15 分)	
根据市场调研选择目标市场	(1)能够说出饭店目标市场覆盖的方式(10 分)	
	(2)能够说出选择目标市场的步骤(15 分)	
进行市场定位	(1)能够说出市场定位的含义和内容(10 分)	
	(2)能够说出进行市场定位的步骤(15 分)	
成绩评定	指导教师签字: 年　月　日	总分
学习体会	(1)完成工作任务后的收获 (2)在完成工作任务过程中遇到的问题及建议	

课后练习

一、填空题(每空1分,共20空,共20分)

1. 编码是指对一个问题的不同答案进行_____和确定数字代码的过程。
2. 市场调研资料的整理分析就是对市场调查中取得的各项资料进行科学的_____。
3. 若调研样本的数量较_____,可采用手工汇总。例如,采用_____,将调研资料记录到预先设计的表上,然后计算加总得到_____,用特制的摘录卡片作为分组计数的工具进行汇总。
4. 饭店选定目标市场后,如何在目标市场中_____,_____,突出与竞争对手的差异,从而来吸引消费者的注意力,这就是_____问题。
5. 饭店市场定位的内容主要有_____、_____、_____、_____。
6. 调查人员在调研现场,直接或通过仪器观察、记录调查者_____和_____,以获取信息。
7. 调查问卷又称调查表或询问表,是以问题的形式系统地记载_____的一种问卷。
8. 调查问卷的结构一般有标题、_____、_____、_____、致谢语和实验记录等六项。
9. 市场调研的方法有_____和_____。

二、单选题(每题2分,共5题,共10分)

1. 实地市场调研分组,每组成员不超过( )人。
   A.7　　　　　　B.8　　　　　　C.9　　　　　　D.10
2. 调研报告的准确性表现,习惯用( )来表现数字,用对比来突出重点,数据比任何语言更可信、更有说服力。
   A.图表　　　　　B.表格　　　　　C.图片　　　　　D.图像
3. 需要获得第一手真实资料宜进行( )。
   A.实地调研　　　B.案头调研　　　C.间接调研　　　D.直接调研
4. 当饭店超过自己的接待能力时,应该采取( )策略。
   A.刺激性营销　　B.抑制性营销　　C.开发性营销　　D.反击性营销
5. "客人需要什么,饭店就生产什么"是( )的具体表现。
   A.生产理念　　　B.产品理念　　　C.销售理念　　　D.营销理念

三、多选题(每题3分,共3题,共9分)

1. 调研报告起草人需要改正草稿中的错误,要避免出现( )等错误。
   A.漏字　　　　　B.错字　　　　　C.表达歧义　　　D.别字

2.根据调研目的和性质的不同,饭店市场调研分为(　　)。
A.探测性调研　　　　B.描述性调研　　　　C.因果性调研　　　　D.预测性调研
3.按(　　)排顺序组织调研活动。
A.问卷管理　　　　B.进度控制　　　　C.现场督导　　　　D.及时反馈

四、判断题(每题1分,共11题,共11分)
1.如果本饭店产品和其他饭店产品相似,可采用无差异营销策略。　　　　(　　)
2.市场定位的实质是为饭店产品塑造一定的特色,树立一定的形象。(　　)
3.若某公司旗下产品出现了无需求状态,该公司应采取营销策略来改变消费者对该产品的印象和态度。　　　　(　　)
4.饭店营销是饭店为了创造产品或服务而进行的计划和创意、定价、促销、渠道、服务的过程。　　　　(　　)
5.核心产品是指饭店向市场提供的实体和外观,是扩大化的核心产品,也是饭店真实有形的产品。　　　　(　　)
6.通过对饭店消费者性别的分析我们发现:男女性别消费者在消费行为上没有区别。　　　　(　　)
7.市场调研报告是企业珍贵的历史资料。　　　　(　　)
8.调研报告中常用"我们本年度销售有了很大的进步……"形容业绩。
　　　　(　　)
9.数据分析应当用简单的技术性的语言来描述。　　　　(　　)
10.附件一般只包含问卷、抽样方案。　　　　(　　)
11.沉着、热情地回答受访者提出的问题对建立受访者对你的信任以及降低拒访率没有什么帮助。　　　　(　　)

五、简答题(每题6分,共5题,共30分)
1.简述选择目标市场的步骤。
2.简述饭店市场的过程。
3.问卷发放的数量控制合理比例的原则是什么?
4.如何利用图表描述市场调研资料?
5.制定饭店市场调研的原则有哪些?

六、案例分析(每题10分,共2题,共20分)
1.某家饭店毗邻火车站,该饭店工作人员发现每天来火车站候车的乘客很多。根据惯例,长途旅客总是提前几个小时到站,尤其是远地赶来的旅客往往要等上大半天,等待的过程中往往在候车室,有些旅客甚至打起瞌睡。按照饭店住宿收费标准,是以天来收费,即使只住个把小时。该饭店的销售人员敏锐地感到,这是个可开发的潜在市场。于是他们先试探性地推出钟点房,按照标准一间标准房一天房价380元,他以1小时为起收点,价格30元。一推出,天天有人来开钟点房,酒店客房出租率一下子提高了。不仅如此,该酒店一方面在火车站的售票厅、候车室、出站口和车站广场等处设置醒目的广告,大力宣传钟点房的服务内容和价格,吸引顾客的关注;另一方面改进内部服务管理,增加人手,改善服务,并且客房里都添置了钟表,电话总机和服务台还按照客人的要求及时提醒客人按时进站上车。

仔细阅读案例,回答以下问题:

(1)该饭店是在怎样的市场需求状态下开展营销活动的?这种需求状态下,营销的主要任务是什么?(3分)

(2)该饭店采取了何种营销方式及策略?请结合案例举例说明。(4分)

(3)该饭店的经济效益得到了怎样的改变?为什么会有这样的效果?(3分)

2.如果你作为访问员,在调研访问中遇到了被访者,你会怎么做?

模块二　主要销售活动实施

模块概览

饭店产品的营销活动是饭店经营活动的重要组成部分,是经过分析饭店现状及宾客需求,由集团/饭店相关部门统一策划并开展实施的系列活动。饭店销售活动的实施主要包括以下三个方面的内容:饭店会议产品销售、饭店集团客户销售、饭店网络销售。

学习目标

1. 知识目标

能理解产品、饭店产品的概念及内容。能掌握饭店产品销售工作的阶段及内容。能描述收集集团客户信息的重要性、收集信息的途径及集团客户销售的工作过程及售后服务要求。能掌握饭店网络营销的策略及开发设计网站架构与内容时应注意的要点,能介绍几种常用的网站促销方法,能说出饭店如何利用微博开展营销和扩大品牌影响力。

2. 职业素养目标

待人真诚、热情,对工作倾心倾力,积极进取,坚忍不拔,有强烈的自我驱动力。善于分析顾客的心理,勤于思考,反应敏捷,具有敏锐的洞察力。

3. 技能目标

(1)能够根据实际情况制订销售计划书,能准确填写客户拜访表、会议销售确认书、会议接待通知单、会议变更通知单;能够根据实际情况提出具体的销售策略及技巧。

(2)能知道如何收集集团客户信息。掌握集团客户销售的工作过程和售后服务要求,会根据实际情况制订会议、集团客户的销售计划书,能准确填写客户拜访表等表格,并能根据实际情况提出具体的销售策略及技巧。

(3)能根据情境对饭店的网页设计做出分析,并提出相应的网络促销建议;能熟练使用饭店微博,会用轻松有趣的语言撰写发布饭店微博信息。

任务一 会议产品销售

任务描述

本任务要求学生能够准确说出饭店会议产品销售工作的三个阶段及详细内容;能够根据实际情况制订销售访问计划;能够顺利预约顾客、向顾客介绍饭店会议产品,能够规范地签订销售确认书;能够正确进行会议预订、会前检查、填写客户资料与归档。

情境导入

2014年6月,张玲从中职学校毕业了,她所学的专业是高星级饭店运营与管理。她很幸运,很快在某星级饭店获得了一份工作,开始了她的职业生涯。她渴望在新的领域能够大显身手。到酒店报到后,她被分配到饭店销售部从事会议产品销售工作。兴奋之余,张玲很迷茫,不知道该如何开展工作,但又不愿意让别人笑话,于是决定自己想办法解决。

她首先想到报到时人力资源部发的《饭店销售工作指引》。她想从中找到解答疑惑的答案,希望能够尽快适应自己的工作岗位,提高自己的工作能力。她想,如果运用《饭店销售工作指引》,加上在学校所学的专业知识和网络知识,应该能够应付自如了吧。要是实在不行,再请教一下她的直接领导——销售部主管李阳。

思考:张玲要很快进入工作状态,需要具备哪些相关的知识和能力呢?

任务分析

于是,张玲来到李阳的办公室,说明来意后,李阳和张玲一起分析了饭店会议产品销售特点、流程以及标准。根据李阳的分析,张玲把饭店产品销售归纳为销售前的准备工作、组织实施销售计划、销售后的服务跟踪三个阶段,李阳并给张玲介绍了饭店会议销售的相关知识。

> 相关知识

一、会议产品销售前的准备工作

（一）认识饭店会议产品

饭店会议产品是指为满足个人或集体消费者社交活动的需要，饭店提供的会议的场所、设施及有形产品和无形服务的使用价值的总和，一般包括会议场地、住房、用餐、氛围营造等。原则上会议产品的销售由饭店营销部或销售部负责，会议活动应由营销部同餐饮部、客房部等共同承办。

（二）销售访问前的资料准备

销售访问前，饭店销售人员应提前准备好有关推介资料，如宣传小册子、会议价目表、租用设备价目表、名片、洽谈记录卡及有关饭店产品和服务的各种资料。

（三）制订销售访问计划

销售计划是销售人员为顺利开展销售工作而制订的有明确工作目标的指导性文件，这既是对销售人员工作的重要考核标准，也是鼓励销售人员积极开展销售工作的激励手段，更是销售人员顺利实施销售工作的重要保障，因此对于销售人员来说，制订一份科学的、操作性强的销售计划具有十分重要的作用。

销售访问计划制订的程序如下：

1. 明确销售目标

销售目标是销售人员完成一项销售工作时要达到的标准。一个好的销售目标，在销售过程中应考虑两个方面：一是销售目标，即对新老顾客所制定的预期销售额；二是行政目标，是否需要收回账款，是否有投诉或咨询需要处理，是否需要解释公司新政策或新产品，达到推介产品的目的。

2. 分析销售现状

俗话说："知己知彼，百战不殆。"作为销售人员首先要熟悉自己酒店的经营情况，同类产品在市场上的销售情况、竞争情况等，这是销售人员制订销售访问计划的重要依据。可以从三个方面进行分析：一是饭店现状，包括饭店产品状况、目标顾客等。二是市场信息，如居民经济状况、当地主要企业机构会议形式、市场需求走向等。三是对市场竞争形式进行分析，找到本酒店会议产品所面临的主要竞争对手，以及竞争对手的主要产品形式、采用的销售模式、方法等。

3. 制订销售计划

（1）制订销售计划首先要根据饭店的星级标准、规模、服务项目、客户资源等实际情况,确定会议产品销售的目标。

(2)掌握饭店产品现状,对市场进行分析。市场分析内容包括本饭店会议产品内容、优势、特点等,会议产品市场的需求特征、需求偏好;特别要针对市场竞争者进行分析,应当找到饭店会议产品所面临的主要竞争者,竞争者的特征,与本饭店产品的异同等。

(3)要确定预约、访问的时间、方式,地点等。

(4)要收集目标客户的基本信息,做到对目标客户有基本的了解,如目标客户单位基本情况、决策程序、联系对象的姓名、联系方式、个人喜好等。

(5)确定访问要点,罗列出销售人员应当传递给访问对象的产品信息和饭店信息,访问对象可能要提出的问题,以及销售人员应该如何应对等内容。

(6)确定访问时应该注意的其他事项,如着装、资料准备等。

案例分析

张玲来到饭店上班的第二天,销售主管交给张玲的第一个任务就是去拜访一家房地产公司的公关策划部经理张帅(男,39岁,喜欢运动,手机1361833××××),希望能与该房地产公司逐步达成合作关系,承接该房地产公司的会议、员工培训、公关活动、员工聚餐等项目。

请你为张玲制订一份详细的销售访问计划,并填写饭店销售访问计划表(见表2-1)。

表2-1 ×××饭店销售访问计划表

访问目的			
预约时间		预约方式	
访问时间		访问地点	
拜访资料准备			资料是否齐备 □是 □否
访问对象基本信息			
姓 名		年 龄	
职 业		职 务	

续表

| 联系电话 | | 爱好特点 | |

访问要点

其他主要事项：

该公司是否曾在本饭店消费过：□ 是　　　□ 否
如果是，对本饭店的总体评价：□ 好　　□ 一般　　□ 差

二、组织实施销售计划

（一）销售预约

销售人员实施销售计划的第一步就是联系客户，也就是销售预约。一般情况下，销售人员可以根据会议市场客户的情况及相关信息主动上门联系，确定客户是否能在本饭店举行会议。销售预约的方式主要有：当面约见、信函约见、电话约见、托人约见、广告约见、网络约见等。

（二）介绍产品

1. 问好

拜访老客户时，一般对老客户问好后顺便提及以前交往的印象如何，有何建议等，以加深对方的印象。对新客户，首先自我介绍，态度热情，诚恳大方，彬彬有礼地送上自己的名片。递送名片时，一定注意用双手递送，注意印有文字的一面朝着对方。可以加上一些礼貌性和技巧性的客套问话，如："打扰您了！""没打扰您吧？""能占用您几分钟的时间吗？"让对方有所准备，不反感或回避访问。

2. 介绍饭店产品

介绍产品时，开门见山，说明来意。对老客户，首先感谢上次预订或客人的支

持,顺便递上饭店新产品或服务的介绍资料,征求改进意见。对新客户,应送上饭店的详细介绍资料,察言观色,揣摩对方的心理,赢得客户的好感,引起对方的兴趣。介绍饭店产品或服务,包括优惠及折扣,争取客人的明确答复,随之抓紧时间签约。

销售人员在洽谈时,不能操之过急,不能让对方反感,让对方产生一种你就是来销售的印象,特别是对潜在客户。必要时聊聊双方所关心的问题,或感兴趣的话题,密切关系,拉近距离。如有必要,可带领客人参观会议场地及设施,做好实地参观介绍。

(三)销售洽谈

销售洽谈中,首先涉及的内容是饭店产品本身,这是客户最关心的内容。

其次是价格,价格是销售洽谈中最敏感的问题,因为它涉及双方利益。销售人员应该认识到,价格并非越低越好,价格低的会议产品不一定能够得到客户的青睐,价格高的会议产品也不一定没有销路。因为任何客户对商品价格都有自己的理解,客户对价格有时斤斤计较,有时又不十分敏感,主要取决于客户需求的迫切程度、需求层次、支付能力和消费心理等。在价格洽谈中,销售人员要在不违反公司制定政策的基础上,灵活运用价格这一敏感的洽谈焦点,针对客户的不同要求,巧妙定价。比如,对价格比较敏感的客户,销售人员可以根据情况适当降价;而对于价格不是很敏感的客户,销售人员可以适当提高价格;同时要注重会议产品细节的设计,提高售后服务质量等,让客户有超值的感觉。

在洽谈过程当中,关于价格的协商,销售人员应该尽量做到以下几点:

(1)回避客户询问单独的房价或餐饮收费的标准,应该结合会议的整体情况进行报价。

(2)初始报价时,争取提高餐饮标准水平,不要立即报出底价。如果是综合性会议,可以在优惠会议室收费标准的同时,提高其他项目的消费标准。

(3)防止客户进行价格讹诈,宣称其他饭店的优惠条件,如果不同意某个价格就选择别家饭店。销售人员应该摸清客户的真实意图,坚持饭店的产品优势及服务优势。

(4)当客户不能接受报价要压低价格但超出销售人员的权限时,销售人员应该联系主管领导,商量相应对策。

(5)会议产品服务是会议产品在营销中不可或缺的一个环节,销售人员要将酒店所承诺的服务范围准确、真实地传递给客户,避免产生不必要的麻烦。

(6)结算条件。在洽谈中,结算问题必须明确,包括结算的方式和时间。双方应本着互利互惠、互相谅解、讲求信誉的原则进行磋商。结算要确定的主要内容是:是采用现款,还是采用本票、汇票、支票等方式支付;是一次付清,延期一次付清,还是分期付清,以及每次付款的时间和数额;在付款时间方面,是提前预付,还是其他方式。

(四)处理客户异议

在销售过程中,客户对销售人员所传递的信息会有不同的反应。有的是积极响应,同意购买;有的是怀疑、观望;有的干脆拒绝购买并提出异议。在销售实践中,客户迅速地对会议产品做出积极反应的情况非常少,大多数客户都会对产品提出自己的异议,并以此为由拒绝购买。

从销售成交的过程来看,客户提出异议是很正常的事情,它既是成交的障碍,也是成交的前奏。一方面,销售人员可以通过客户的异议了解有关产品、公司及销售人员本身存在的问题和不足,以及客户所关心的问题,从而改进销售工作;另一方面,通过客户的异议,可以使客户对产品的了解更加全面,从而一步一步迈向销售所追求的目标——成交。

1. 客户异议的概念

客户异议又称销售障碍,是指在销售洽谈中被客户用来作为拒绝购买理由的各种问题、意见和看法。在实际销售过程中,销售人员会经常遇到"对不起,我很忙""这个事情我做不了主""对不起,我没兴趣""价格太贵了"等客户设置的成交障碍,这些就是我们常见的客户异议。

2. 处理客户异议的原则

客户异议的产生是产品销售过程中经常发生的事情,销售人员只有正视客户异议,以最大的耐心和热情倾听客户异议并认真分析客户异议产生的原因,才能够采用适当的方法消除和转化客户异议,最终促成交易。虽然客户异议产生的原因很多,发生的时间、地点和外部环境也各不相同,但是他们却有着许多共同的特点。销售人员掌握一些处理客户异议的基本原则和策略,将会使销售工作更加富有成效,并使客户产生良好的印象。销售人员在处理客户异议的时候,为了使客户异议能够最大程度消除或者转化,应树立以客户为中心的营销观念,并遵循以下原则:

(1) 尊重客户原则。

① 当客户异议发生时,销售人员应当认真倾听并从顾客的立场出发考虑客户异议产生的原因。客户异议可以帮助销售人员发现和分析销售工作中存在的不足和改进的机会,同时也给销售工作提供了努力方向。

② 能否尊重客户也是销售人员是否具有良好修养的一个体现。只有尊重客户,才能做好客户异议转化工作。客户之所以购买产品,并非完全出于理智,在许多情况下还出于感情。

③ 无论客户的异议有无道理和事实依据,销售人员都应以温和的态度和语言表示欢迎,这不仅会使客户感到销售人员对销售产品具有自信心、具有谦虚的品

德,而且会使客户感到销售员对他们的需求与问题具有诚挚的兴趣。

(2)客观对待异议。

① 客户既然提出异议,一定有他的理由。所以,对持有异议的客户,要尊重、理解、体谅他,并找出异议的真正原因,然后说服他。

② 销售人员还要学会洞察客户的心理,认真分析客户的各种异议,掌握了解哪些是真实的异议,哪些是客户拒绝购买的托词,并探寻其异议背后的"隐藏动机"。要弄清这一"隐藏动机",需要销售人员向客户提出问题,并细致地观察。只有认真准确地分析各种客户异议,才能从中了解客户的真实意图,才能在此基础上有针对性地处理各种异议,从而提高销售的成功率。

(3)客户至上、永不争辩原则。

① 销售洽谈的过程是一个人际交流的过程,销售人员与客户保持融洽的关系是一个永恒的原则。在销售洽谈过程中,销售员应避免与客户争论,更不允许争吵。满足受尊重的需要是客户愿意接受销售的心理基础,很难想象感情和自尊受到伤害的客户还有兴致购买饭店产品。销售人员首先应当时刻牢记提出异议的客户是合作伙伴,而不是应当与之抗争的对手,这样才可能与客户建立友好的关系,保持销售洽谈的良好氛围。

② 客户至上、永不争辩的原则应当有一个适当的度,既不使对方难堪丢面子而产生对立情绪,又要使对方注意到你的意见的正确性和合理性。

(五)签订会议销售确认书

洽谈结束前,销售人员与客户要确认洽谈要点,签订协议书,一式两份,双方各执一份,以保证双方的权利与义务,确保会议销售活动的顺利实施。

签订会议销售确认书之前,销售人员与客户之前需要明确以下内容:会议的性质、形式、名称、时间、地点、人数、举办单位、联系人、电话号码、会议相关要点;会议需要的音响、灯光、服务和横幅、会标、告示牌、签到台、迎宾台;会议用餐标准、宴会人数、地点、日期;会议所需的茶水、点心、水果、饮料等;用房要求,设备设施租用价格等。要尽量满足会议方的要求,若有困难应当事先向客户解释清楚,以免产生误会。

案例分析

经过张玲与张帅的反复磋商,初步达成了第一次合作项目,2015年1月1日在饭店进行一次员工新年团拜会,会议在饭店5层贵宾厅进行,会议套价为200元/人,初步确定为25~40人。付款方式为预付会议费用的50%作为订金,余额在会议结束后一次性付清。请填写《会计销售确认书》(表2-2)。

表 2-2　会议销售确认书

会议销售确认书

_____女士/先生：

　　您好！

　　十分感谢贵公司对我饭店的信赖和支持，现根据我们的电话约定和您对合同意向书的反馈，制作如下方案，以供贵方确认。

一、会议日期

____年____月____日。

二、会议时间

9:00~15:00 会议，12:00~14:00 午餐。

三、会议人数

25~40 人（预计）。

四、会议地点

_____饭店_____厅(____层)。

五、会议安排

(1)会议厅内设置 40 人课堂式摆位，提供纸、笔、纯净水。

(2)如会议需要，饭店可提供大屏幕和投影仪。

(3)会场内挂主题横幅，饭店可代为制作。

(4)提供两块指示牌，分别放置在大堂及会议室门口两侧(注：请将指示牌上内容告知饭店)。

六、用餐安排

在_____餐厅预留 40 人区域，提供自助午餐，或在_____餐厅提供中式午餐。

七、收费标准

(1)会议套价为____元/位，包含场租、一次自助午餐或中式午餐(不含酒水)、会议常用设施的费用。

(2)横幅设计制作费为____元/幅。

八、订金及付款方式

贵公司需预付会议费用的 50%作为订金，余额在会议结束后一次性付清。

望上述方案能让贵公司满意，如有任何建议或要求，请及时与本饭店联系；如无任何疑问，请于下方签名确认并发传真至饭店，谢谢！

确认签名：_____　　饭店传真号：_____

××饭店营销部

____年____月____日

三、销售后服务跟踪

(一) 会议预订,填写会议接待通知单

销售人员与客户签订销售合同后,应根据洽谈要求,填写会议接待通知单(见表2-3),通知其他部门协同实施。会议接待通知单一式多份,一份留存,其余送到有关部门,要求至少提前三天送达。

表2-3　会议接待通知单

编号：　　　　　填写人：　　　　　　　　日期：＿＿＿年＿＿月＿＿日

会议名称				
组织单位				
会议时间			人数	
会议厅	贵宾厅	普通厅	会议室	其他
标准		结算方式		
联系人		联系电话		
会议要求				
备注				
抄送：前厅部、客房部、餐饮部、工程部、保安部、康乐部、财务部、总经理办公室				

(二) 提前与财务部、客户确认

会议前一天,销售人员需与财务部联系,了解会议方支付订金的情况,如未支付,要及时提醒对方。对信誉欠佳者,可采取相应的措施;对老客户可酌情放宽有关限制,确保收齐所有款项。

(三) 会议变更处理

会议预订情况如有变化,应及时填写变更通知单通知有关部门。如客户提前取消订场,未给饭店造成损失,应马上填写预订变更通知单(见表2-4),并于第一时间通知相关部门的经理取消预订。如客户临时取消订场,给饭店造成经济损失,则应马上填写预订变更通知单并速报营销部经理,由营销部经理同接待部门经理协商,合理收取因客人取消订单而造成的损失费用。

表 2-4　会议变更通知单

编号：　　　　　　填写人：　　　　　　日期：＿＿＿年＿＿月＿＿日

会议名称				
变更/取消项目				
变更/取消原因				
组织单位			人数	
会议厅	贵宾厅	普通厅	会议室	其他
标准		结算方式		
联系人		联系电话		
备注				

抄送：前厅部、客房部、餐饮部、工程部、保安部、康乐部、财务部、总经理办公室

（四）会前检查

会前1小时检查会场的布置情况。主要从两个方面进行检查，一是检查卫生，二是检查设备。

1.卫生检查

(1)检查桌椅上有无杂物，地毯是否干净，有无破损。

(2)检查转盘是否干净，转盘是否在圆桌正中且转动自如。

(3)检查服务边柜是否干净，有无油渍、水渍，并铺上干净的台布。

2.设备检查

(1)会前1小时检查所有照明设备，保证所有照明设备正常。

(2)会前检查空调运行情况，保证温度适当（夏季：22℃～24℃，冬季：20℃～22℃）。

（五）会议期间跟踪服务

会议期间，全方位跟踪服务，了解客人的反映，及时处理与协调有关问题，保证客人满意，为下次合作打下基础。

（六）资料归档与管理

会议结束时，及时与前厅联系，确保收齐所有款项，处理可能出现的问题。如汇款到饭店则需经办人对所有款项签字确认。征求会务人员和参会者的意见，做好记录。整理各类会议销售、会议服务文件，并登记归档。为会议客户建档，注明

所有细节,以便今后有针对性地销售。

(七)拜访客人

活动结束后,销售人员要拜访客人,征求客人意见并填写拜访客人记录表(见表2-5)。

表2-5 拜访客人记录表

编号:_____　　　填写人:_____　　　日期:____年___月___日

公司名称		公司地址	
拜访日期		拜访地点	
联系人		联系电话	
消费经历	该公司是否曾在本饭店消费过:□ 是　　□ 否 如果是,对本饭店的总体评价:□ 好　□ 一般　□ 差		
拜访目的			
报告内容			
个人意见和销售计划			
销售人员		审核人员	

案例分析

案例1　细致的宴会产品介绍

王小姐和张先生经过三年的恋爱长跑,终于修成正果,于2014年12月25日登记结婚了。张先生希望举行一场浪漫的婚礼,于是他们高高兴兴来到一家知名的四星级饭店,就婚礼相关事宜进行咨询。接待他们的是饭店会议销售员小李,小李表现得非常热情、周到,他详细地向王小姐和张先生介绍了饭店的基本情况,包括饭店宴会厅的规模、宴会费用、宴会厅相关设备、现场配置图等。王小姐和张先生对小李的介绍非常满意,当即就定下了2015年1月1日的40桌婚宴。

【案例点评】

(1)宴会销售人员在向顾客介绍产品时,通常情况下需要对以下几个问题进行介绍:宴会费用、宴会厅规模、宴会厅相关设备、菜单内容、最低消费(餐食及饮料)、现场配置图、订金、宴会活动相关的资料、付款方式等。

(2)宴会销售人员需要将客户关注的问题一一进行介绍和说明,并努力取得每一个可能的营销机会。

【案例思考】

(1) 宴会产品介绍应该包含哪些方面的内容？

(2) 宴会销售人员应该怎样接待客户？

案例2　联系不到客户了

王小姐和张先生和宴会销售员小李商谈后决定于2015年1月1日在某四星级饭店摆婚宴40桌，并填写了销售确认书。销售确认书的内容包含宴会的时间、名称、性质、联系人的姓名、电话、菜单、饮料种类、预算、宴会摆设方式、宴会现场装饰等。

2014年12月28日，小李按照公司的要求提前三天与顾客进行宴会的再次确认，却发现销售确认书上留下的手机号码居然是空号，这可把小李急坏了。无奈之下，小李只有焦急、耐心地等待。第三天，也就是婚礼的前一天，王小姐给小李打来了电话责怪小李："你们饭店不是说好提前三天要打电话确认宴会吗？为什么你不打电话给我们？"小李觉得非常冤枉，便急忙解释道："对不起，王小姐，是我工作的疏忽，我的确在前天给您打过电话，可电话号码是空号，实在是对不起，让您担心、着急了。"后来，小李对王小姐留下的电话号码核对后才发现，王小姐在填写销售确认书时，将手机号码写错了一个数字。

【案例点评】

客户联系方式是销售确认书中非常重要的内容之一，特别是对于第一次合作的客户，一定要在客户填好联系方式后，当面打一个电话确认，避免电话号码写错的情况出现。

【案例思考】

(1) 销售确认书的主要内容有哪些？

(2) 在你看来，对第一次合作的客户，应该如何确认联系方式？

任务评价

会议产品销售任务评价见表2-6。

表2-6　会议产品销售任务评价表

班级：　　　　组别：　　　　姓名：　　　　指导教师：　　　　课时：

工作任务	工作过程	成绩评定
职业素养	(1) 按时出勤，课堂表现好(10分)	
	(2) 仪容仪表符合职业规范(5分)	
	(3) 具备良好的团队合作精神(5分)	

续表

工作任务	工作过程	成绩评定
销售前的准备工作	(1)能准确说出饭店产品的种类、酒店会议产品销售的三个阶段及销售前应该准备的资料(15分)	
	(2)能根据情境熟练制订销售访问计划(10分)	
销售中的基本程序及技巧	(1)能准确说出销售中的六个基本程序(5分)	
	(2)能准确填写会议销售确认书、会议接待通知单(10分)	
销售后的跟踪服务	(1)能准确填写会议变更通知单、拜访客人记录表(10分)	
	(2)能准确说出会前检查要点(5分)	
综合实训	(1)能编写会议产品销售人员与新客户在销售中的完整对话(包含六个程序)(10分)	
	(2)分组表演展示以上对话(15分)	
成绩评定	指导教师签字： 年　月　日	总分
学习体会	(1)完成工作任务后的收获 (2)在完成工作任务过程中遇到的问题,有什么建议	

任务二　集团客户产品销售

任务描述

本任务要求学生熟练掌握集团客户拜访、服务跟踪等服务技能,主要通过课前预习、课上学习、课后复习及实地操作演练、角色扮演等,对集团客户产品销售的程序及相关工作要求进行训练。

情境导入

进入销售部工作,张玲非常珍惜这个机会。

由于工作认真,做事踏实,张玲的工作能力得到部门领导的认可。很快,部门领导决定给张玲安排新的工作任务,参与集团客户产品的销售工作。

接到新的工作任务后,张玲既兴奋又忐忑不安。对于新的工作任务,她不知道该如何开展工作,但又不愿意让别人笑话,于是决定自己想办法解决。

任务分析

张玲来到李阳的办公室,说明来意后,李阳和张玲一起分析了饭店集团客户销售工作的内容、特点、流程以及标准。根据李阳的分析,张玲把集团客户销售产品工作归纳为销售前的准备工作、销售中的基本程序及技巧、销售后的服务跟踪三个阶段(见图2-1)。

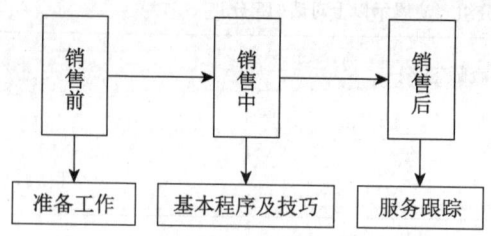

图2-1 集团客户产品销售三个阶段

相关知识

一、集团客户产品销售前的准备工作

(一)收集客户信息

信息收集是信息得以利用的第一步,也是关键的一步。信息收集工作的好坏,直接关系到整个信息管理工作的质量。信息可以分为原始信息和加工信息两大类。原始信息是指在经济活动中直接产生或获取的数据、概念、知识、经验及其总结,是未经加工的信息。加工信息则是对原始信息经过加工、分析、整理、归纳和重组而形成的具有新形式、新内容的信息。这两类信息都对企业的营销管理活动发挥着重要的作用。

收集饭店的集团客户信息一般通过以下机构或途径。

(1)当地行业协会。

(2)专业信息公司。
(3)网上搜索。
(4)大型专业市场。
(5)请现有客户推荐。
(6)竞争对手的客户。
(7)政府机构相关部门。
(8)参加产品展览会。
(9)报刊刊登的广告。
(10)查电话黄页。

(二)准备资料

拜访客户前,饭店销售人员应提前准备好有关推介资料,如宣传小册子、集团客户价目表、租用设备价目表、名片、洽谈记录卡及有关饭店产品和服务的各种资料(见图2-2)。

图2-2 饭店的相关资料

(三)制订销售计划

制订销售计划是产品销售的基础,也为收集客户信息提供了明确的方向。制订销售计划,必须有依据,要根据实际情况制订,凭空想象、闭门造车、不切实际的销售计划,不但于销售无益,还会对销售工作带来负面影响。

二、集团客户产品销售的服务工作

(一)预约

在集团客户产品销售过程中,销售人员搜集到准客户的资料后,要填写销售访问计划表(见表2-7)。做好拜访客户的前期准备工作后,不能直接登门拜访客户,首先要预约客户,预约客户成功才能拜访客户。销售人员在拜访客户时,需掌握一定的方法和技巧,要充分尊重客户的意愿,以便取得与客户的长期合作。

表2-7　×××饭店销售访问计划表

访问目的			
预约时间		预约方式	
访问时间		访问地点	
拜访资料准备			资料是否齐备：是 □　否 □
访问对象基本信息			
姓　　名		年　　龄	
职　　业		职　　务	
联系电话		爱好、特点	
访问要点			
其他主要事项：			
该公司是否曾在本饭店消费过：□ 是　　□ 否 如果是，对本饭店的总体评价：□ 好　　□ 一般　　□ 差			

一般常见的预约方式有电话约访、面对面约访、信件约访、电子邮件约访。

1. 电话约访

电话约访就是通过电话与客户沟通实现与准客户见面的目的。电话约访需要做的准备：

(1)心理准备(PRES)。

P——练习(Practice)。

电话约访前要进行充分的话术准备及自我演练(包括电话标准话术、拒绝话术)。

R——放松(Relax)。

心情放松,设想与老朋友打电话。

E——热忱与信心(Emavsiasm and Confidence)。

通过电话展现出你的专业素质,让你的客户通过电话感受到你的热忱与信心。

S——微笑(Smile)。

微笑是一种基本的职业修养。"让微笑成为客户心中的阳光"是希尔顿饭店服务员的座右铭。服务员脸上永恒的微笑,帮助希尔顿饭店度过了20世纪30年代的世界性经济危机,在全美旅游业倒闭80%的情况下跨入黄金时代。

作为一名业务员要想让客户在电话中接纳你,必须在电话中用微笑去面对你的客户。

(2)打电话工作的准备(RTOD)。

R——准备名单(Reserve)。

确认需要通过电话联系的客户名单,确认打电话的时间和电话号码。

T——确认时间(Time)。

打电话约见客户,首先要确认恰当的时间。有些人星期一上午特别忙,这时如果打电话约见,一定会适得其反。有些人中午有午休的习惯,晚上又不希望别人打电话骚扰,最好避开这些时间打电话,选择一个恰当的时间。

O——办公室(Office)。

办公室是电话约访的好场所,办公室能增强你的信心,提高你的工作能力。此外,还可以找一个安静的空间来与客户约见,避免外来干扰。

D——办公桌(Desk)。

清理出干净的办公环境,准备好笔、纸、名单、电话号码,随时做好记录。

(3)约访客户的步骤。

步骤一:向准客户问好及寒暄致意。

步骤二:自我介绍。

步骤三:介绍饭店概况。

步骤四:说明来意。

步骤五:确定会面的时间和地点。

步骤六:重申约见时间与地点。

步骤七:礼貌地结束对话。

(4)电话约访话术。

① 标准电话约访话术。

【范例】

人物——甲:酒店销售业务代表;乙:准客户。

甲:"您是王先生吗?"

乙:"我是。"

甲:"您好,王先生,我是海南××大酒店的×××,近来您好吗?"(停下,等待准客户的回答。)

"今天我打电话给您的原因,也许您已经知道了,我们酒店最近针对您这样的旅行社开发了一套完全符合你们需要的营销计划。我很荣幸能将这项计划介绍给您,供您参考。不知道您星期二上午还是下午有空?"

② 电话约访9种常见拒绝及处理话术。

【范例】

人物——甲:酒店销售业务代表;乙:某旅行社魏总经理。

拒绝一:我没有空。

甲:"魏总:您事业做得这么好当然很忙。是这样的,我受过专业训练,只要打扰您5至10分钟,您就可以了解整个计划的内容。"

甲:"魏总,如果您星期二忙,我星期三上午10点再过来拜访您。"

拒绝二:请直接在电话中讲就可以了。

甲:"魏总,虽然我不知道这个营销计划对您是否有用,但它确实相当有价值。为了向您做正确的解说,我必须当面展示一些资料并且跟您讨论一下。"

甲:"如果方便的话,星期二上午10点来拜访您。"

拒绝三:你把这些资料寄给我好了。

甲:"魏总,我也很想将这些资料寄给您,但是,当您看了资料有疑问时,一定想知道答案是不是?而且还想了解这个计划是否合乎需求。我只要15分钟,就可以向您解说完。"

甲:"如果方便的话,我星期三上午10点来?"

拒绝四:这些时间我都不方便。

甲:"很抱歉,魏总,我不知道这些时间您都不方便,请问您什么时间比较方便呢?"

甲:"没关系,魏总,明天上午您如果忙,我把资料送到就走,如果您不忙的话,我们交换名片互相认识一下。明天上午我会准时拜访您。谢谢您。"

拒绝五:我在饭店里有朋友。

甲:"太好了,魏总,我相信您的朋友一定为您安排了很好的营销计划。我去拜访您的目的,并不是向您推销各种营销计划,只是我们饭店最近制订了一个适合贵旅行社的营销计划,或许您以前没有听说过,您的朋友也可能没有给您介绍,但我相信这个计划会带给您很多的好处。"

甲:"如果方便的话,我星期二上午10点来拜访您。"

拒绝六:我没有能力买广告。

甲:"魏总,您不需要向我买任何广告,我的职责是向客户展示我们饭店最近针对旅行社开发的一套营销计划,而且只需要15分钟就可以讲完这个计划。如果方便的话,我星期二上午10点来拜访您。"

甲:"魏总,您太客气了,客户是最好的朋友,有好的东西当然要让您知道,我们只是让您参考一下,并没有马上要您合作的意思,您放心。"

甲:"如果方便的话,我星期二上午10点来拜访您。"

拒绝七:你只会浪费自己的时间。

甲:"魏总,我很愿意在您身上投资15分钟,因为我相信这一套新的营销计划,对您相当有价值。"

甲:"如果方便的话,我星期二上午10点来拜访您。"

拒绝八:我真的没兴趣。

甲:"魏总,您还没有了解这一套全新的营销计划,又怎么知道没有兴趣呢?我为什么必须当面向您解说计划内容呢?就是想让您掌握充分的资讯,来判断这一计划是否具有参考价值,更何况只花费您15分钟的时间。"

甲:"如果方便的话,星期二上午10点我来拜访您。"

拒绝九:我很忙。

甲:"我知道您很忙,所以打电话与您联系。我只利用15分钟时间向您解说计划内容,除非您有其他问题,我绝对遵守承诺,15分钟之后,我立即离开。如果方便的话,我明天上午10点过来拜访您。"

2.面对面约访

面对面约访是通过当面与客户沟通达到促销产品的目的。

(1)约访朋友。

【范例】

人物——甲:营销员小李;乙:朋友阿波。

甲:"你好,阿波。阿波呀,有空跟你谈几句吗?我们饭店最近推出一个新的计划,我想用15分钟和你谈几句。"

乙:"对不起,小李,我现在很忙。"

甲:"你那么忙,那我等你一会儿。"

乙:"我想我今天都没有空。"

甲:"不如下星期三或星期四,我再联络你,到时候再谈。"
乙:"好吧。"
(2)约访陌生人。

【范例】

人物——甲:营销员陈大伟;乙:陌生人。

甲:"早上好,先生/小姐,请问有空和您谈几句吗?"
乙:"谈些什么?"
甲:"我是海南××大酒店的陈大伟(递上名片),请问先生您贵姓?"
乙:"我姓黄。"
甲:"黄先生,我们饭店最近推出了一个新的营销计划,我想用15分钟和您做个介绍,看看我的介绍是否能满足您的需要。"

3. 信件约访

信件约访的目的是引起对方注意,争取面谈机会。

信件的作用是让客户有收到信的惊喜,让客户感觉到你与众不同,能体现你的专业水平。是让客户见到你时,已经是"熟人"了。

信件约访的十大诀窍:

(1)信件最好手写。
(2)要用让人引起兴趣的开头。
(3)使用与众不同的信笺。
(4)漂亮的字体。
(5)不要忘了附上名片。
(6)遣词造句尽量口语化。
(7)多用赞美的语言。
(8)准备一点资料更好。
(9)一个让人忘不了的落款。
(10)电话确认或直接见面:"收到我的信件了吗?"

4. 电子邮件约访

电子邮件约访是通过给客户发送电子邮件的方式争取与客户面谈的机会。此方式方便快捷,但也存在被动、难以沟通的问题。

电子邮件约访前的准备工作:准备一篇动人的书信,要有充足的客户名单,准备资料(电脑、电子邮件地址等)。

> **角色练习**

请同学们按以下场景对话进行角色扮演练习。

人物:饭店产品销售专员张玲(女,18岁,着酒店工作服);客户陈文(男,40岁左右,望海国际旅行社订房中心总监)。

场景:张玲在自己的办公室打电话约访陈文。

张玲:早上好!陈总监。

陈文:你好!请问你是哪位?

张玲:我是三亚湾大酒店销售部经理张玲,不知方不方便与您聊几句?

陈文:请说。

张玲:陈总监,我们三亚湾大酒店是一家五星级饭店,我们饭店的房型及相关配套设备非常齐全。我们希望能与贵公司建立长期合作关系,所以想同您约个时间,大约占您10至15分钟时间,向您详细介绍我们饭店的情况,看看我们提供的产品是否可以满足您的需求。不知道这个星期四或者星期五是否有时间?

陈文:星期四吧。

张玲:星期四上午和下午哪个时间方便呢?

陈文:下午吧。

张玲:好呀,陈总监。我星期四下午3点到您公司去拜访您。

陈文:好吧,到时候你过来吧。

张玲:陈总监,多谢您给予的宝贵时间,星期四见。

(二)拜访客户的程序及技巧

1.自我介绍

与客户初次见面时,着装要整齐,仪态要端庄,态度要热情大方,并礼貌地双手递上自己的名片,名片印字的一面朝着对方。

2.建立轻松良好关系

诚恳地赞美对方。细心观察周围环境,并让对方消除戒备心理。

3.道明来意

开门见山,道明来意,态度诚恳。

4.介绍产品

向客户介绍产品时要自信,说话不能迟疑不决,或是吞吞吐吐,否则会影响到对方对你的信任。把饭店的基本概况、特色,比竞争对手的优势向客人介绍。在符合客户需求大体一致的情况下,阐述给客人带来的利益,并热情邀请客人到饭店参观,表明合作意愿。

5.满足客户需求

认真倾听客人要求,尽量满足客户需求。说话时不能模棱两可,不用"可能吧""也许"等字眼。

6.约定下次见面时间

与客户约定下次见面时间。

角色练习

请同学们按以下场景对话进行角色扮演练习。

人物:酒店产品销售专员张玲(女,18岁,着饭店工作服);客户陈文(男,40岁左右,望海国际旅行社订房中心总监)。

(场景:张玲在望海国际旅行社陈总监办公室。)

张玲:陈总监,您好!我叫张玲,是三亚湾大酒店销售部经理(递上名片)。很高兴认识您。

陈文:你好!请坐。

张玲:陈总监,您的办公室挺开阔的,您柜子中的这些奖杯有什么来历吗?

陈文:是这些年在公司获得的奖杯。

张玲:陈总监您真厉害,您在公司里做了很久吧?

陈文:是啊,不知不觉都十多年了。

张玲:陈总监,首先很感谢您给我的时间。我今天来见您的目的就是希望用10至15分钟的时间,向您介绍我们饭店情况及特色产品,希望能满足您的需求,能与贵公司达成协议,建立长期合作关系。

张玲:陈总监,我们饭店是一家五星级饭店,为客人提供配有大理石浴室和贵妃椅的宽敞客房。饭店在三亚湾沿岸拥有私人海滩,饭店世界级的SPA、健身设施和6个餐饮场所位于景观美化地域。这是我们饭店的宣传册(双手递上)。我们还有配备相当齐全的休闲娱乐设备,如网球场、高尔夫球场及海上摩托艇等。与同星级饭店相比,我们无论是在设施、服务质量上还是价格上都有一定的优势。如果您有时间,我们真诚邀请您到饭店参观,我们绝对是贵公司最佳的合作伙伴。

陈文:看了饭店的宣传册,基本对饭店有所了解,但我这里还有几个问题想进一步沟通。

张玲:好的,陈总监,您请说。

陈文：我们旅行社现在的客源主要来自日本，你们饭店有没有针对日本客人的个性化服务？

张玲：有，我们前台配有会日语的接待员，我们配有日本主题楼层，客房配榻榻米，还有日本料理餐厅。陈总监，这是我们饭店给旅行社的价目表，您看看。请问您明天有没有时间来我们饭店参观？

陈文：好吧，明天上午10点我到你们饭店。

张玲：期待您的光临，到时我会在饭店大堂恭候您。

（三）饭店定价策略

饭店为了实现饭店定价目标，就要采取合适的定价策略和方法，以便最终实现既定的饭店产品定价目标。通过制定特定水平的价格以实现预期目的，以获得尽可能高的销售利润。

1.饭店产品的定价策略

饭店定价策略是否适当，往往决定着产品能否为市场所接受，并进而影响产品在市场上的竞争地位与所占份额。饭店定价策略决定着饭店在进行定价时选择什么样的具体方法。定价策略就是为实现定价目标而采取的必要的价格手段和技巧。下面是几种常用的定价策略。

（1）心理定价策略。

心理定价策略是一种针对顾客心理习惯和行为倾向而制定价格的策略，其应用基于一个基本假定：价格会对消费者起到某种心理暗示作用（如高价格意味着高质量）。饭店业的心理定价是饭店利用服务的无形性而赢得顾客的手段之一。心理定价主要有下列几种形式。

① 尾数定价：指专门对价格尾数加以心理暗示的一种定价策略。采用尾数定价往往被认为是买方的价格，因为尾数给消费者的感觉是饭店精心计算的结果，而整数则给人以饭店大致给出的价格，其中的水分较多，因而消费者大多乐意接受带有尾数而非整数的产品。例如，一种菜肴的标价88元要比标价90元要好销售。

② 整数定价：主要是针对高质量、高档次，显示消费者的高地位、高品位的商品。

③ 分档定价：将产品按档次分为几级，不同档次制定不同价格，满足不同层次消费者的需求心理。其核心在于通过价格创造消费者对产品的质量差异感。

④ 声望定价：指饭店凭借其在消费者心中良好的声誉及消费者对高档产品"价高质优"的心理，以高价吸引顾客的定价方法。声望定价迎合了消费者高价显示心理。这是消费者受相关群体、所属阶层、地位、身份等外部刺激影响而对某些特殊商品愿意花高价购买的心理反应，以达到显示身份、地位，实现自我价值的目的。

⑤ 招徕定价:指饭店有意将几种产品的价格降低到市场价以下,个别甚至低于成本,以达到吸引顾客的目的。

(2)折扣定价策略。

折扣价格是根据不同交易方式、数量、时间、条件等给基本价格以适当的折扣而形成的价格。

① 数量折扣:根据消费者购买产品的数量或金额总数不同而给予消费者不同的价格折扣,分为累计数量折扣和非累计数量折扣。

② 现金折扣:饭店对及时或提前付款的消费者或团体经常给予现金折扣。饭店实行现金折扣有三个因素需要考虑:一是现金折扣率;二是现金折扣的有限期限;三是付清房款期限。

③ 季节折扣:又称季节差价,是饭店在淡季给予顾客的折扣优惠。由于饭店产品不可存储性等特点,饭店有时不得不通过这种方法刺激淡季需求以求分摊全年固定成本,均衡生产。

④ 同业折扣及佣金:主要是指饭店给予旅行社的价格折扣。饭店根据具体情况给予旅行社等优先订房权及一定的折扣和佣金。

(3)选择饭店产品定价策略注意事项。

① 定价策略并不是唯一的企业赚钱的策略。

② 定价策略必须使利润策略与市场占有率策略协调起来。

③ 定价策略的竞争优势很大程度上取决于企业的成本策略。

2.定价方法

定价方法是指确定每一项独立的饭店产品和服务的基本价格水平的方法。

(1)以成本为基础的定价方法。

是最直观、最客观、最稳妥也最容易(但不一定最可行)的定价方法。

① 成本加成定价法:指在单位产品总成本上再加上一定比例的预期利润和税金作为产品售价。这种定价方法是从企业自身利益出发,是一种君子定价法。然而这种定价法违背了营销活动的逻辑顺序,因为产品未售出前,成本尚未收回,而且忽视了消费认知价值的存在,但在对市场缺乏了解的情况下,这也不失是一种好方法。

② 保本点定价法:以保本点的总成本为依据来确定产品价格,而保本点是指总成本等于总销售额而利润为零时的销售水平。

③ 目标利润定价法:在保本点定价法的基础上引入目标利润作为定价原则。

(2)以需求为导向的定价方法。

是以消费者需求变化及消费者对饭店产品价值认知和理解程度作为定价依据的方法。

① 理解价值定价法:利用营销组合中的非价格变量,在消费者心中建立起认知价值,而产品价格就建立在消费者的认知价值上。

② 期望定价法:顾客在购买产品之前,头脑中往往已经有了一个大致的价格阈限,即参考价格或期望价格。可以通过对期望价格的调查、了解来制定一个合适的价格。

（3）以竞争为目标的定价方法。

① 随行就市定价法:以市场上竞争者的同类产品价格为主要参考依据,并随市场竞争状况和需求状况的变化调整产品价格的方法。

② 主动竞争定价法:指饭店根据自身经营状况和市场需求情况而领衔定价的一种定价方法。

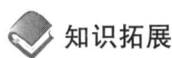 知识拓展

××饭店针对旅行社提供的价格表(见表2-8)。

表2-8　××饭店价格表

房型	面积（m²）	房间数（间）	门市价（元）	前台促销价（元）	旅行社优惠价（元）	周末价（元）
高级海景双标房	47	109	2180	800	560	610
高级海景大床房	47	16	2180	800	580	630
豪华海景双标房	49	110	2380	900	660	710
豪华海景大床房	49	15	2380	900	680	730
180度超级海景房	66	13	4280	1200	960	1010
豪华海景套房（一房一厅）	96	26套	3980	1300	1060	1110
家庭海景房（一房一厅）	80	10套	4580	1700	1220	1270
超级豪华海景套房(两房两厅)	122	26套	5880	2200	1880	1930
加床					300元/床	300元/床

(四)签订销售合同

1.洽谈合同

(1)销售专员全面了解客户情况并主动拜访客户,向其介绍饭店的情况。

(2)如客户预订,销售专员应与客户就双方合作义务、责任与价格达成共识。

2.制作合同

(1)销售专员根据洽谈结果,草拟合同,其中应包括合同执行日期、地点,房间等条款的描述,付款方式、饭店的义务和责任等,报销售主管、营销部经理审批。

(2)审批同意后,销售专员将合同草稿制作成合同文本。

3.签署合同

(1)销售专员将合同递交销售主管及部门经理签批盖章后,由合同承租人签字盖章。

(2)合同签署后,双方按照合同约定执行。

4.合同存档

(1)销售专员按饭店有关规定建立合同台账登记。

(2)销售专员将合同正本送交财务部,合同副本送交前厅部,本部门留底存档。

三、集团客户销售的实施及售后服务工作

售后服务工作分为四个阶段:预订、服务跟踪、定期回访和资料归档。

(一)预订

1.预订的渠道

(1)直接与饭店预订。

(2)通过与饭店签订商务合同的单位预订。

(3)通过饭店所加入的预订网络预订。

(4)由旅行社预订。

(5)由航空公司预订。

(6)由会议组织机构预订。

(7)由政府机关或企业事业单位预订。

上述七条渠道,是饭店的客源销售渠道。

2.电话预订

(1)电话预订是客人较为普遍使用的预订方式,其特点是迅速、简便,便于客人与预订员之间的沟通。

(2)电话预订需要注意的事项。

① 接电话的礼仪。电话响三声以内必须接听,最好介于第二声和第三声之间接听。接电话时应左手拿起电话,并且主动、热情地问候客人:"您好,××饭店预订

部,请问有什么可以帮您。"同时,右手拿起笔准备做记录。如果不能在三声之内接听,应该向客人致歉:"对不起,让您久等了。"接听了以后,如果预订要求不能马上答复,则留下客人电话号码,及时回复。

② 认真聆听预订要求,并做好记录。
③ 询问房间类型、房间数量、抵店日期、会场形式、用餐形式等。
④ 介绍会场情况。
⑤ 询问预订保留的最后时间。
⑥ 在电脑上输入预订信息。
⑦ 复述预订信息让客人确认。
⑧ 认真填写预订单并存档。

3. 互联网预订

目前最先进,最广泛使用的一种预订方式。

4. 面谈预订

要尽量避免承诺具体的会场名称和具体的房号。

5. 传真预订

目前比较理想的预订方式之一,适用于大中型饭店。优点是操作方便,信息传递快,能避免预订纠纷。

6. 信函预订

比较古老而正式的预订方式。比较适合于较长预订时间的客户和以接待度假或会议宾客为主的饭店。

7. 合同预订

签订订房合同,适用于旅行社。

8. 手机预订

目前采用最多的方式之一,适用于年轻人。

(二)服务跟踪

所谓服务跟踪是指签单之后为了维护客户利益而采取的服务项目。良好的跟踪服务不但是树立企业品牌和传播企业形象的重要途径,也是企业的竞争力之一,售后服务本身也是一种赢利方式。

服务跟踪是为了密切与客户的关系,保证订单的顺利完成。分为三个阶段。

(1)与客户保持联系。预订后,要定时跟踪订单,分三个时间段与客户联系:会议前三周跟踪一次,前两周跟踪一次,前一周跟踪一次。

(2)与销售协调员保持联系。保证所有的一切做到亲自过问、亲自检查。

(3)与销售部的宴会协调员保持联系,并在会议的前一天召开准备会议。所有的相关部门都参加准备会议,并能落实会议精神。

(三)定期回访

会议结束后,陈文成为了张玲的一名优质客户。但是,张玲的工作并没有结束,还有一个重要的工作就是维系客户。

要做好回访工作,必须做好客户档案的整理,详细地记录每个客户的姓名、联系电话、家庭地址、之前的交谈记录、签约的时间等,对客户的性格、经济状况的分析,甚至客户的生日、结婚纪念日、性格、爱好等都要记录在案。

1.如何回访客户

平时节假日和客户生日、客户生病或者客户重要的日子打个电话,问候客户,或发个短信、微信、e-mail等。闲暇时间根据客户喜好选择一些活动,比如约客户出来喝喝茶、钓钓鱼、爬爬山等。真心问候,诚实相处,一定会让客户感觉亲切友好。

2.回访的意义

(1)回访是营销附加值的内容,售后服务做得好,才能挖掘出市场的最大潜力。

(2)回访在营销中具有重要的作用,售后服务做得好,就会在客户群中形成良好的口碑,良好的口碑意味着潜在市场的扩大,"金杯银杯,不如客户的口碑"。

(3)回访做得好,就会得到客户的认同,会扩大影响,增加潜在客户。开发10个新客户不如守住一个老客户。

(四)资料归档

建立资料归档的目的是为所有已有客户和潜在客户建立一个系统化文档,饭店的销售人员要根据文件目录和相关项目命名文档。

文件目录可以这样表示:合作伙伴(Partner)以"P"表示;海外旅行社(Overseas Travel agencies)以"OT"表示;国内旅行社(Domestic Travel agencies)以"DT"表示;本地公司客户(Local Company Customers)以"L"表示;航空公司(Airline)以"A"表示;其他(Other)以"O"表示。

角色练习

一、接受预订

人物——客人:陈文,男,40岁;销售专员:张玲,女,18岁。

张玲:您好,这里是三亚湾大酒店,我是小张。

陈文:您好,我想订一个会场。

张玲:请问您是什么时间开会?多少人?

陈文:大概50多人,时间定在2016年1月1日。一共两天。

张玲:好的,请稍等,我帮您查询一下会场信息。

(过了30秒,张玲说话了。)

张玲:不好意思,陈总,让您久等了。我刚查了一下,您想定的时间是有会场的。

陈文:价格如何?

张玲:您要几天会议?用餐吗?

陈文:2015年12月31日上午报到,1月1日开会,1月2日早餐后离开。

张玲:好的,您是50多人,对吗?

陈文:是的。

张玲:那就31日和1日给您准备30间双标客房,行吗?

陈文:好的。

张玲:30间双标,四个正餐,两个早餐,一天会议,对吗?

陈文:是的。

张玲:我们给您的优惠价是:房费580元每间,含双早餐。正餐是168元每人每餐。60个人的会议室要100平方米就够了,一天的会议费是8000元。您看可以吗?

(陈文考虑了一会儿,答复张玲可以。)

张玲:1日早上,您打算几点开始开会呢?

陈文:8点半吧。

张玲:那早餐给您安排自助早餐,好吗?

陈文:好的。

张玲:早餐时间安排在7点至8点半,行吗?

陈文:好的。

张玲:还有正餐,您打算用围桌还是自助餐呢?

陈文:自助吧,方便些。

张玲:好的,早餐和正餐就给您安排自助餐。

陈文:好。

张玲:会场采用什么形式?

陈文:课桌式吧。

张玲:请您告诉我您的全名?

陈文:陈文。耳东陈,文是文学的文。

张玲:请您留下您的联系方式。

陈文:1391313××××。

张玲:我再确认一遍。2016年1月1日8点半开会,课桌式;31日和1日准备30间双标客房,早餐和正餐就都安排自助餐,您的电话是1391313××××,对吗?

陈文：是的。

张玲：好的,帮您预订好了。但是,最迟明天您得交些预订款,才能真正保留会场和房间。

陈文：好的,明天再联系我。

张玲：好的,再见陈总。

二、完成销售确认书的签署

人物——陈文：望海国际旅行社房务总监,男,40岁；张玲：三亚湾大酒店销售专员,女,18岁。

[场景一]

(次日张玲给望海国际旅行社房务总监陈文打电话。)

张玲：陈总,您好！我是三亚湾大酒店的小张。

陈文：哦,您好,小张。

张玲：打扰您了,您现在说话方便吗?

陈文：可以,您说吧。

张玲：是这样的,您之前跟我说的那个时间,我查了,没问题。您看,您什么时间方便,我去找您,咱们把合同签了。

陈文：嗯,我看下,周四早上9点钟,你来办公室找我吧。

张玲：好的,谢谢陈总。周四见。

陈文：再见。

(张玲小心地听着电话,等电话传来嘟嘟嘟的声音后,才把电话放下。)

[场景二]

(张玲来到望海国际旅行社房务总监陈文的办公室,门是开着的,但是张玲还是有礼貌地轻轻地敲了敲门,得到里面肯定的"请进"答复后,才走进办公室。)

张玲：陈总,您好！

陈文：小张,你来了,来来来,这里坐。

(陈文叫秘书泡了杯茶,张玲接过来的时候,说了声"谢谢"。张玲从文件包里拿出销售确认书(见模块二　任务一),里面的内容基本填了,就差签名一栏。张玲拿了一份给陈总,自己手里也拿着一份。)

张玲：陈总,请您看看这份确认书,看看时间、人数、标准等具体事项有没有错误和遗漏。

陈文：没问题,挺好的,很详细了。

张玲：陈总,还有一个问题,就是按照我们行业规定,您得先交点预订金。

陈文：预订金交多少?

张玲：按照上次我跟您谈的价格,我们按60人计算,多退少补。房费含早餐,我们给您预留两天30间双标。每间580元,那就是580×30×2=34 800元。正餐每人168元,4个正餐60个人就是168×60×4=40 320元。再加上会议费8000元,那就是房费34 800元+餐费40 320元+会议费8000元=83 120元。我们要先收总价的50%,也就是41 560元。我们饭店的账号在确认书里有,请您尽快转账。

陈文:好的,我会督促财务尽快转账。

张玲:好的,谢谢陈总,如果没什么问题的话,就请您在这里签个名。

(张玲拿出准备好的黑色钢笔,双手递给陈总。该确认书是一式两份。陈总签完一份后,张玲又递上另一份。陈总签完名,张玲双手接过销售确认书,表示感谢之后,就告辞了。)

[场景三]

(几天后,张玲到财务部去查询预订金是否转过来。)

人物:

张玲:销售专员;李姐:财务部主管会计。

张玲:李姐,您好,我是销售部的张玲。我想查一笔订单,望海旅行社的41 560元预订金是否转过来。

李姐:好的,请稍等,我帮您查查。

(李姐在电脑上搜索了一会,回复张玲。)

李姐:是望海旅行社吗?

张玲:是的。

李姐:总共是41 560元吗?

张玲:是的。

李姐:那就对了,昨天下午收到的。

张玲:谢谢李姐。

三、练习 销售预订的再确认(会议的前三周)

[场景一]

(会议的前三周,张玲给望海国际旅行社房务总监陈文打电话。)

张玲:陈总,您好! 我是三亚湾大酒店的小张。

陈总:你好,小张。

张玲:打扰您了,您现在说话方便吗?

陈总:可以,你说吧。

张玲:我想跟您再确认您在我们饭店预订的2016年1月1日的会议和房量。

陈总:好的。

张玲:这次会议的时间是2015年12月31日上午报到,连住两晚,对吗?

陈总:是的。

张玲:您当时预订的时候人数不能确定,现在能确定吗?

陈总:嗯……还是不能,你还是按照60人来准备。

张玲:请问其他事项有变化吗?

陈总:目前还是照确认书走,如果有变化,我会再通知你。

张玲:好的。那我们就按照确认书准备,请您放心。

陈总:好的,辛苦啦。

张玲:不辛苦,陈总,再见。

陈总:再见。

[场景二]

(会议的前两周,张玲给望海国际旅行社房务总监陈文打电话。)

张玲:陈总,您好!我是三亚湾大酒店的小张。

陈总:你好,小张。

张玲:打扰您了,您现在说话方便吗?

陈总:可以,你说吧。

张玲:我想跟您再确认您在我们饭店预订的2016年1月1日的会议和房量。

陈总:好的。

张玲:请问房量和人数有变化吗?

陈总:目前还是照确认书走,如果有变化,我会再通知你。

张玲:好的。那我们就按照确认书准备,请您放心。

陈总:好的,辛苦啦。

张玲:不辛苦,陈总,再见。

陈总:再见。

[场景三]

(会议的前一周张玲给望海国际旅行社房务总监陈文打电话。)

张玲:陈总,您好!我是三亚湾大酒店的小张。

陈总:你好,小张。

张玲:打扰您了,您现在说话方便吗?

陈总:可以,你说吧。

张玲:我想跟您再确认您在我们饭店预订的2016年1月1日的会议和房量。

陈总:好的。

张玲:请问房量和人数有变化吗?

陈总:嗯,没有。

张玲:好的。如果都没有变化的话,剩余的尾款麻烦陈总您这两天尽快转到我们饭店,我们才能保证所有的房量和会议场地。

陈总：好的，辛苦啦。

张玲：没什么，陈总，再见。

陈总：再见。

[场景四]

(第二天，张玲到财务部查询望海国际旅行社的尾款是否转过来。)

张玲：李姐，您好，我是销售部的张玲。我想查一笔订单，望海国际旅行社的尾款是否转过来。

李姐：好的，请稍等，我帮您查查。

(李姐在电脑上搜索了一会，回复张玲。)

李姐：是望海国际旅行社吗？

张玲：是的。

李姐：总共是 41 560 元吗？

张玲：是的。

李姐：昨天下午收到的。

张玲：谢谢李姐。

(尾款一转，意味这个单就基本成功了，接下来的事就是认真落实。)

四、练习　定期回访

[场景一]

(大年初一，张玲给望海国际旅行社房务总监陈文打电话。)

张玲：您好，陈总，我是小张。

陈文：哦，小张，你好。

张玲：陈总，我今天给您拜个年，祝您新春愉快，合家幸福，工作顺利！

陈文：好的，好的，谢谢。也祝你新春快乐！

[场景二]

(明天就是端午节，张玲要给陈文送一些粽子。她已经给陈总打过电话，约好了时间。张玲按约定的时间来到陈总的办公室。敲了敲门，得到允许后张玲进来了。)

张玲：您好，陈总。这是我老家非常有名的海南儋州粽子，给您尝尝。

陈总：哎呀，小张啊，你太客气了。

张玲：没什么，我家里人自己包的，很新鲜的。

陈总：好的，谢谢你了。

张玲：不客气。那我不打扰您了，我先走了。

[场景三]

今天是陈总的生日。张玲早上一上班,就给陈总发短信:"您好,陈总,今天是您的生日,祝您生日快乐,工作顺利,合家幸福!"短信发出,张玲非常高兴,好像完成了一件大事。

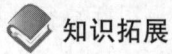 知识拓展

饭店营销常用英语

Sales & marketing glossary:市场销售术语。

FIT(free independent traveller):散客。包括已订房的和未订房的散客,最初代表国外个人旅游 foreign independent tour,现泛指国内外散客。

Tour group:旅行团(一般由15人以上组成,由领队带领)。

Transient:暂住旅客。

Walk-in:散客(泛指没有预订房间的客人)。

Group rate:团队房价。

Long-staying guest discount:长住客优惠价。

Package rate:套票价格。

Rack rate:门市价。

Tariff:房价表。

BAR(best available rate):前台卖价。

Cold call:试探性销售拜访。

Sales call:销售拜访(销售人员定期到各大公司、企业、旅行社做销售拜访,宣传推销饭店,介绍饭店最新的营销活动,有时会赠送礼品给客户)。

Sales blitz:突击销售拜访(非正式预约但有筹划性地向一些潜在客户进行销售拜访,并派发宣传资料,包括宣传小册子、简介等,俗称"扫楼"。)

Sales kit:营销套册(一整套系列性的饭店营销宣传资料,包括宣传小册子、简介等)。

Sales lead:营销线索(信息)。

Sales presentation:营销展示会。

Marketing strategy:营销策略。

News-letter:通讯、简讯(饭店定期将店内活动,如将近期推出的营销计划等汇编成通讯,向客户派发,起到宣传推销的作用)。

Poster:海报。

Telemarketing：电话营销。

Tent card/ table tent：台卡/席位卡。

Give-away：赠品（礼品）。

Folder：封套。

Flyer/flier：宣传单页。

Logo：标志。

Entertain：招待。

Trade show：交易会。

Road show：路演。

 特别提示

1. 区别"预订"和"预定"

"预订"是指预先订购，如预订客房、预订酒席、预订报纸。"预定"是指预先规定或约定，如预定时间、预定计划，这项工程预定去年底完成。预订和预定在法律上的区别很大。"预定"是需要支付定金的，如果支付定金的一方违约，定金可以作为违约金；而接受定金一方违约，则需要支付双倍定金作为违约金。《合同法》第115条规定："当事人可以依照《中华人民共和国担保法》约定一方向对方给付定金作为债权的担保。债务人履行债务后，定金应当抵作价款或者收回。给付定金的一方不履行约定的债务的，无权要求返还定金；收受定金的一方不履行约定的债务的，应当双倍返还定金。"而"预订"是可以退的，但是不能赔偿，"预定"是可以得到赔偿的。

2. "团体预订"和"散客预订"的概念

团体预订中团体的定义是包含多个个人，被视为一个单位、公司或旅行社预订。团体预订至少5个房间或10个付费客人才有效。协议公司团体预订，10间房或10个客人被认为是团体。非协议公司团体预订，5间房被认为是团体。

旅行社的团体预订：最少房间数为两人一房的4间房或8个人。反之，则适用特别散客价。

散客预订：比较自由和灵活，价位一般按门市价。通过网络预订饭店或拥有相关饭店会员卡可以打折。另外，散客可直接到饭店前台办理入住手续。

任务评价

集团客户产品销售任务评价见表 2-9。

表 2-9　集团客户产品销售任务评价表

班级：　　　　　组别：　　　　　姓名：　　　　　指导教师：　　　　　课时：

工作任务	工作过程	得分
职业素养	(1)按时出勤,课堂表现好(10分)	
	(2)仪容仪表符合职业规范(5分)	
	(3)具备良好的团队合作精神(10分)	
销售前的准备工作	(1)通过不同的途径收集客户信息(5分)	
	(2)准备好拜访客户的资料(5分)	
	(3)能制订销售计划(10分)	
销售中的基本程序及技巧	(1)能准确说出约访的步骤(5分)	
	(2)能准确说出拜访客户的基本程序(5分)	
	(3)能准确填写旅行社合作协议书(10分)	
销售后的服务工作	(1)能根据情境熟练接预订电话(5分)	
	(2)能熟悉接订单后的流程(5分)	
	(3)能够整理客户资料(5分)	
综合实训	(1)能编写电话约访客户的对话(含七大步骤)(5分)	
	(2)能编写销售专员与集团客户在销售中的对话(包含六个程序)(5分)	
	(3)分组表演展示以上对话(10分)	
成绩评定	指导教师签字： 　　　　　　　　　年　月　日	总分
学习体会	(1)完成工作任务后的收获 (2)在完成工作任务过程中遇到的问题,对集团客户产品销售的建议	

任务三　网络营销

任务描述

本任务要求学生能运用产品策略、价格策略、渠道策略和促销策略开展饭店网络营销,通过实地操作演练、案例分析等方法,对饭店的网页设计做出分析,提出相应的网络促销建议,并能利用微博开展营销和扩大品牌影响力。

情境导入

在买方市场下,饭店市场竞争日益激烈。为了增强竞争优势、增加盈利,饭店决定开展网络营销。饭店网络营销是饭店向消费者提供产品和服务的另一个渠道,在网络和电子商务环境下,网络营销活动须遵循一般营销的规律和原则。工作一向积极出色的销售部主管李阳欣然接受了经理分配的网络营销任务。

李阳分析了自己近十年来从事传统营销的经验,认为能否处理好网络营销与传统营销的整合,能否吸引消费者对产品的注意力,是饭店开展网络营销的关键。网络营销的形式颇多,结合饭店的资金和技术实力,李阳计划建立本饭店企业网站。此外,根据饭店网络营销的新趋势,李阳打算安排张玲负责饭店的微博营销活动。

任务分析

销售部主管李阳召集部分员工在会议室开会,会议主题是"如何通过有效的营销活动向网络用户进行品牌与销售的推广"。与会人员共同讨论分析了饭店网络营销的含义、特点、优势以及基本形式。李阳将饭店网络营销的实际操作归纳为产品策略、价格策略、渠道策略和促销策略。根据李阳的分析,张玲就饭店如何打造高人气微博广泛征询了同事们的意见。

相关知识

一、饭店网络营销概述

(一)饭店网络营销的含义

饭店网络营销是饭店利用国际互联网的信息沟通渠道,推销饭店产品的一种市场营销活动。网络营销不单是网上销售或网上刊登广告,而且是市场营销战略和策略在网络环境中的综合体现,其中包括形象塑造、市场策略组合、预订销售、客户服务、市场调查、营销评估等各个方面。同时,网络营销是饭店营销体系的组成部分和分支,必须与饭店总体营销目标保持一致,与各种传统营销手段互补协调。

(二) 饭店网络营销的特点

1. 市场全球化

互联网在全球范围内的迅速崛起,给饭店业带来新的商机,使饭店产品销售向着区域化、全国化、全球化发展,企业面临着一个更广阔、更具有选择性的全球市场。

2. 产品个性化

网络营销能够对顾客的个性需求做出一对一的反应,生产出富有个性的产品,以满足顾客的个性需求。

3. 价格公开化

顾客通过网络能了解产品价格等信息,并对不同饭店进行比较,这样将大大提高价格的透明度,使价格竞争更加激烈。

4. 渠道直接化

由于饭店通过网络直接与顾客联系,产品可直接由顾客预订,大大缩短了流通过程,使销售渠道更加直接化,加速了商品流、资金流、信息流。

5. 服务大众化

饭店网络可以一天 24 小时为顾客服务。无论顾客位于世界的哪一个位置,只要联网便可享受到服务,避免了饭店因无法与每个顾客沟通而满足不了顾客需求的问题。

二、产品策略

在饭店产品的网络营销中,顾客只能通过饭店的网页来了解酒店的产品,从而做出预订决策。因此搞好网页设计和构建虚拟产品,是饭店产品策略的关键。

(一) 网页设计

设计优质的网页结构与内容,应注意以下几点。

1. 首页要有吸引力

饭店首页应能够给访问者比较强烈的印象,要有足够的吸引力来吸引访问者阅读饭店的相关资料。

2. 页面设计要美观实用

美观的页面可以吸引访问者的眼球,留下良好的第一印象;实用的设计风格更符合大众的浏览习惯,方便查阅。

3.网页结构设计合理,层次清楚

饭店的首页应该清晰地体现饭店的经营重心、主要目标市场以及为客人提供的特别服务,使客人可以从首页的目录中得知自己想查的信息和资讯。

4.网页的内容应生动,功能应全面,体现专业性和权威性

网站除了基本预订信息与资讯外,还要有图片、视频、评论、QQ、博客、微博、微信等功能和元素。要想让消费者来预订,就得跟着他们的习惯走。

5.网页的链接应方便浏览,能使访问者很容易和饭店取得联系

网页传输速度和图片下载速度要快,应注意避免死链接、调不出图形等情况出现。此外,网页内容应包括对常见问题的回答,这会增加访问者的亲切感,也为访问者提供更多支持。

6.优化预订流程

优化搜索信息、订单确认、付款方式等网络操作的流程,现在大多数大型商旅网站都有很好的流程。注册用户与非注册用户预订流程的便捷与否,也决定着预订成功率。

(二)虚拟产品

饭店可以利用网络技术,构建虚拟产品,帮助客人了解饭店产品,并对产品提出自己的要求。例如,饭店在网站上推出虚拟客房、虚拟餐厅等,让客人在预订前,通过登录网站进行模拟参观。网站利用现代影音技术为客人全面动态地展示客房全景、窗外景色、家具设备等,并介绍服务项目。如果客人满意,就可以进行预订;如果觉得某些方面还不尽如人意,则可把要求提交网站,饭店将根据要求进行调整,并邀客人再次模拟参观,尽可能满足客人的要求。

三、价格策略

价格是饭店经营中最为敏感的问题。网络营销使饭店客房的价格展现在客人面前的同时,也暴露在竞争对手的面前。具体来说饭店客房网络营销的价格策略应考虑以下几点。

(一)科学定价

由于网络营销使企业的产品开发和促销等成本降低,饭店可以进一步降低客房的价格。另外,由于网上价格具有公开化的特点,顾客很容易全面掌握其他同类客房的价格。因此,饭店科学定价的同时,应增加客房定价的透明度,建立合理的价格解释体系,从而消除顾客对饭店客房价格产生的疑虑。

(二)灵活变价

由于在互联网上客房价格随时都可能受到同行业饭店的冲击,所以应在网上建立客房价格自动调节系统。按照旅游的淡旺季、市场供需情况、其他饭店的价格

变动等,在计算最大盈利的基础上,自动地进行实际的价格调整,并且定期提供优惠、折扣,以吸引顾客。

(三)弹性议价

饭店应该充分利用网络营销的交互式特点,与顾客一起"商议"合理的价格。顾客在预订时,可以提交能够接受的价格范围,以及所需客房的楼层、朝向等资料,然后饭店根据这些资料为顾客确定相应的客房。如果顾客需要预订的是一个价格不超过450元位于九楼的标准间,但饭店只能提供一间位于九楼价格是460元的标准间,此时,饭店便可以和顾客进行协商,让其做出选择,并向顾客做出承诺,下次入住时可享受更优惠的价格。这样,顾客就可能比较主动地做出购买决策。

四、渠道策略

饭店网络营销的渠道策略,重点是建立会员网络,为会员提供信息和优惠的产品。会员网络是饭店在建立虚拟组织的基础上形成的网络团体。饭店可以把曾经住过本饭店的顾客组成一个会员网络,促进他们之间的联系和交流,培养顾客对饭店的忠诚度。比如在客人离店后,饭店通过 e-mail 询问其对饭店产品与服务的意见;在节假日,通过 e-mail 向会员发送精致的贺卡;在新产品上市前,通过 e-mail 通知会员,并征求意见。

五、促销策略

网站只有大量的用户访问,才有可能提升网上的销售额,因此饭店网络营销的关键是提高点击率和浏览率。下面介绍几种常用的网站促销方法。

(一)搜索引擎营销

搜索引擎已经成为饭店市场推广的重要营销工具,主要包括百度、雅虎、搜狗、爱问等搜索引擎与新浪分类目录、雅虎目录、搜狐分类目录等目录网站,以及由关键词分析、搜索引擎排名优化与维护、搜索结果页位置竞价等营销形式构成的搜索引擎优化与营销服务。

(二)交换链接

交换链接是网站与网站间的合作形式,即分别在自己的网站上放置对方网站的标志或名称并设置对方网站的超级链接,使得用户可以从合作网站中发现自己需要的网站,达到互相推广的目的。交换链接的作用表现在几个方面:知名度扩散,业内的认知和认可,获得访问量,增加用户浏览时的印象,在搜索引擎排名中增加优势,通过合作网站的推荐增加访问者的可信度。

(三)社区营销

很多旅行者都是某个或某几个社区的积极参与者,饭店应利用 Facebook、Twitter、开心网、人人网、豆瓣网等社交网站,通过文字、图片、视频等方式发布饭店的产品、服务信息,从而让顾客了解饭店及产品,达到宣传饭店品牌、加深市场认知度的目标。例如凯悦酒店通过在 Twitter 上发布@ HyattConcierge 来提供每天 24 小时不间断的礼宾服务,万豪酒店提供的信息源包含更多特惠和目的地内容。饭店应利用社交网站开放的程序接口,嵌入订房引擎等电子商务功能,这样,用户只需在自己熟悉的社区里,就可完成订房、投诉等一系列操作,极大地提高用户的操作体验,提高他们从饭店直接订房的概率。

(四)网络广告

利用网站上的广告横幅、文本链接、多媒体发布广告,面向访问者强制推出,其呈现形式包括通栏、文字链接、多媒体、图片、对联、电子邮件等。比较廉价的做法是加入广告交换组织,广告交换组织通过不同站点的加盟后,在不同站点交换显示广告,起到相互促进的作用。另外一种方式是在适当的站点上购买广告栏发布网络广告。

(五)信息发布

饭店通过网络发布信息也是一种有效的营销方式。饭店应将有价值的信息及时发布在自己的网站上,以充分发挥网站的功能,比如新产品信息、优惠促销信息等。

(六)电子邮件营销

电子邮件营销是在用户事先许可的前提下,通过电子邮件的方式向目标用户传递有价值信息的一种网络营销手段。电子邮件营销的基础条件是用户事先许可。获得用户许可的方式有很多,如用户为获得某些服务而注册为会员,或者用户主动订阅新闻邮件、电子刊物等。电子邮件营销既包括饭店通过自行建立电子邮件列表开展的营销活动,也包括通过专业服务商投放电子邮件广告。

(七)口碑营销

调查显示,56%的网络预订者会根据他人评论来选择酒店。而这个比率目前仍在持续增长。大部分用户从饭店评论中主要关心饭店设施、环境、服务等。消费者已经基本养成了预订前查看点评的习惯,并更多地参与分享和互动。口碑营销成为饭店品牌建设的核心策略之一,越来越多的饭店开始利用驴评网、艺龙网、去哪儿网、到到网、驴妈妈网、游多多网等旅游预订平台回复和反馈客户意见,进行宣传促销和品牌推广。去哪儿网宣布打造的"全球最大的中文酒店点评系统",为饭店提供了全面综合的点评集合与处理平台。饭店网络口碑的传播已经直接影响饭店收益。

六、微博营销

庞大的用户数量和强大的传播影响力使微博成为饭店无法忽视的新兴营销渠

道，如何利用微博开展营销和扩大品牌影响力成为饭店业的焦点。饭店要明确微博的目标受众群体在哪里及如何发展，受众群体的活跃发博和互动时间，如何用合适的内容去引起受众的兴趣和共鸣等。

（一）展示酒店个性

在这个信息爆炸的时代，微博是一把双刃剑，当饭店争相开微博的时候，若做得好就可能人气爆棚，粉丝过万，达到良好的饭店营销效果；若做得不好，则易招致冷落，甚至引发事端。而且在同一个微博平台上，各大饭店同场竞技，微博营销水平也一览无遗。因而饭店微博的独特设计十分重要，要精心设计饭店的头像、文字简介、标签等基本展示元素。饭店头像多采用 logo，也有采用建筑外观、饭店客房图片等，这能提高潜在客人对饭店品牌的识别度。而饭店简介则追求简洁，争取在第一时间夺人眼球。标签设置也非常重要，它是潜在粉丝通过微博内部搜索引擎搜索到饭店的重要途径。①

（二）选择优秀的微博平台

选择一个有影响力、集中目标用户群体的微博平台无疑能使营销效果事半功倍。作为四大互联网之一的新浪以其"名人战术"这一柄利器吸引了大量用户的眼球，一举成为微博大战的领先者。据有关资料统计，新浪微博的用户率达到64.26%。腾讯微博则集中了较多的"平民"、草根，比如大学生和一些自由职业者。因而饭店要针对自己的特色和定位，寻找对应的微博平台来集中展示自己的风采，让用户看到饭店微博就能想到饭店品牌，也就是让饭店的微博成为品牌的标签。

（三）重视微博管理员的人力资源管理

作为饭店社交性质的"自媒体"，微博承载饭店品牌营销的职责。微博是饭店在社交站点上的品牌符号，是让目标顾客能够认知并喜爱饭店品牌的新工具。和传统媒介单向的传播手段不同，互动性强和人际传播更便利的微博对饭店的美誉度和毁誉度都有推波助澜的作用。有些饭店将如此重要的品牌营销工具交给服务经验少、社会阅历浅和职位较低的员工进行管理。这类员工虽然有积极性，但是难以挖掘目标客户需要的内容，在与客户互动方面更是缺乏经验，在饭店内部也缺乏统筹能力。这对饭店品牌运营是有一定潜在风险的。因此，如果饭店要运营微博，首先应该制定微博营销运营流程，选择合适的人并给予微博负责人一定的跨越部门的职权。微博营销全才很难寻觅，因此饭店需要优化岗位设置，从公关策划和经营部门中抽调全职或者兼职人员，组织微博营销运营团队，统筹策划内容及互动管理。

---

① 资料来源：迈点智库网，http://papers.meadin.com/document/detail/6433fdc6 - 5a26 - 4fa1 - a729 - b3e0a28a6635。

(四)掌握微博发布技巧和频率

发布微博是一项持久的、连续的工作,要把它当作日常工作来抓。饭店应对自身品牌个性进行诠释,而微博内容的写作和选择至关重要,虽然是个人操作,但表现方式应以饭店为主,展示饭店的形象,应尽可能避免个人情绪化的表达方式。内容要集中关注粉丝真正关心的事情,单一的产品促销和广告会让粉丝们敬而远之。因此,微博内容应体现情感风格,多采用粉丝喜欢的网络语言如"亲""给力"等,并用口语化的啊、呀、耶、哦之类的词及笑脸表情来表达情感。在语言风格上,酒店可以创造富有特色的语言风格,类似于"凡客体"、华为的"I Wanna CU"、诺基亚的"成就体"。轻松有趣的语言风格,容易引发粉丝的转发仿效。

同时,饭店微博要避免成为"话痨",更新速度太快反而容易导致粉丝反感,因而需要控制发布频率,每天可控制在 10~20 条,尽量不要同一时间发出。饭店也可以使用某些微博管理软件,比如"喧客"等,用软件的定时功能对微博的发布时间做好安排,对微博的发布进行管理操作。饭店需要对粉丝的活跃度和活跃时间进行分析,据调查,周三、周四的微博用户最为活跃,午晚饭前后微博用户转发和评论都比较积极,晚上 7 点后用户的互动热情进入高潮期。因而饭店要掌握正确的时间,向高质量的目标粉丝发布正确的内容,提高效率。

(五)多途径微博推广,放大传播效应

微博是社会性网络服务的一种形式,获得尽可能多的关注,是饭店微博营销的基础。饭店应尽可能地在微博平台互动,包括关注饭店业内其他同行及人物,关注与饭店业相关的行业动态,关注那些关注自己的人,转发评论他人微博等方式,以此获得消费者关注。饭店应在营销方式上下工夫,发布的微博内容要重视原创,不能仅满足于介绍产品功能、价格以及服务,更要注重让消费者建立起对产品的感官体验和思维认同。可以免费赠送客房或者折扣券,巧妙借助热点事件拉近与粉丝距离,发起公益活动吸引粉丝参与互动等,从而提升饭店关注度。要利用微博平台开展体验活动,让消费者通过参与深入理解和体验品牌内涵,进而认同品牌并逐渐酝酿起购买冲动。

例如,香格里拉酒店集团携手新浪微博开展的"我的香格里拉"摄影大赛活动,邀请微博粉丝通过镜头捕捉诠释"香格里拉"优雅、自然、宁静、迷人和关爱的精神气质,粉丝参与踊跃。桔子水晶酒店举办的星座系列微电影活动,为饭店利用微博营销开展与客户的互动活动打开了更多的思路。北京丽思卡尔顿酒店在微博中通过抒情的文字介绍本饭店节日期间推出的优惠活动,还将酒店的员工、色彩艳丽的糕点、新推出的生产有机蔬菜的爱心农场、宽阔干净的游泳池、饭店内部入驻的名人及其参与的活动、饭店近期承接的重要项目等,通过文配图的方式推出,赢

得了粉丝持久而稳定的关注率。①

饭店还可利用代言与故事使微博娱乐化,用社会名人、高管、员工或是自创虚拟形象来为饭店代言,塑造粉丝感兴趣的饭店典型人物形象,用他们的眼光和口气来阐述现实中发生的种种生动有趣的故事,汇聚成粉丝竞相追看的"饭店微博剧"。如7天连锁酒店微博自创"小7"品牌卡通图案,形象生动可爱,令粉丝们倍感亲切。

(六) 坚持线上维护与线下宣传同时进行

微博是收集民意的最佳场所,饭店需要指派酒店专人24小时维护官方微博,在第一时间回答粉丝疑问,解决他们的实际问题,让他们体验到与饭店零距离交互的价值,产生信任感。此外,饭店除了通过微博进行对外交流外,还有很多线上和线下的传播工具。线下的工具包括纸质宣传单、店内POP海报、饭店期刊;线上包括官方网站、微信等。这些线下和线上的工具各有优势和应用场景,只有将它们结合起来才能发挥更大的作用。比如,当顾客入住饭店的时候,在客房内放上纸质宣传单,告知饭店微博账号地址,并说明在微博上有针对入住的微博粉丝的餐饮、康乐优惠;当顾客成为微博粉丝后,查看饭店内相应的优惠服务,详细的优惠服务介绍可以引导顾客到饭店官方网站;顾客可以通过官方网站进行服务预订,并在预订过程中被引导成为饭店的会员;在顾客消费后可以邀请其成为微信会员,以便提供更加个性化的服务。②

实践证明,饭店通过微博不仅可以有效地去感知顾客需求,提升饭店知名度,还可以较低的成本维系顾客关系,扩展客户资源。因此,饭店应当注重开发微博营销的商务价值,采取正确的营销策略,使微博在营销中发挥更大的作用。

☞ 案例分析

案例1 "最喜爱的开元服务故事"等你来选

开元酒店集团作为国内酒店行业的翘楚,与亚太最大的在线品牌零售商天猫(淘宝网旗下B2C平台)牵手,于2012年3月8日入驻天猫,并开设第一家旅游饭店类目淘宝旗舰店——开元酒店集团旗舰店。这标志着开元酒店集团领先开创了饭店产品营销新模式,成为国内第一家入驻天猫的酒店集团。店铺以"幸福旅行,爱上开元"为主题,除了销售常规的"开元精品客房"之外,还着力推出"开元自助游"产品。开元旗舰店与淘宝聚划算、试用中心等部门开展深入合作,不定期举行

---

① 资料来源:豆丁网,http://www.docin.com/p-729708078.html。
② 资料来源:环球资讯网,http://www.traveldaily.cn/article/67745。

团购、试睡等活动,让网友在网购旅游产品时享受最大的优惠。

登录开元酒店集团官网,可观看8部开元酒店服务故事视频,该形式首创开元关怀服务案例和微电影融合新模式,通过独特视角传递开元关怀。开元酒店集团在新浪官方微博上开展"您最喜爱的开元服务故事"投票活动,让更多的人了解"开元",感受殷切贴心的"开元"关怀式服务。

2012年10月,开元酒店集团出品微电影《盗宝畸兵》,在旗下文化主题类酒店大禹·开元酒店举行首映式。这是国内首部以文化主题类酒店为拍摄背景的微电影,摒弃了以往纯粹商业广告片形式,将开元酒店的产品及服务与故事情节贯穿组合,用专业电影手法细腻呈现开元酒店品牌的内涵及诉求。微电影拍摄期间,开元酒店集团的另一项全国大型旅游体验活动也在如火如荼举行着——由开元酒店集团携手QQ旅游、腾讯女性频道倾情打造的寻找"开元天逸睡眠天使"活动。开幕式上,寻找"开元天逸睡眠天使"活动十强选手闪亮出炉,上演了一出别有韵味的舞台秀。开元酒店集团淘宝旗舰店还趁热打铁,推出的"大禹·开元寻宝之旅"是有着极具吸引力和性价比的旅游类包价套餐,在小桥流水旁,在古径通幽处,获取"寻宝"的乐趣,为宾客营造了难忘的体验。

【案例点评】

(1)开元旗舰店的开业,力图通过网络渠道吸引更多的消费者,以大力拓展销售领域,加强品牌推广,提升品牌知名度。

(2)开元酒店通过策划拍摄微电影系列活动,制造新闻点,在事件上做文章,赢得了很高的关注度,提升了消费者的忠诚度。

案例2 互动连接全球旅行者

2009年4月,世界上客房数最多的酒店集团——洲际酒店集团正式启动名为"优悦坊"的在线互动社区,供全球超过7400万名优悦会会员进行在线交流,此举大大拉近了全世界旅行者的距离。

优悦会是洲际酒店集团针对旗下九大品牌的忠诚客户奖励计划。该计划是全球第一个、也是规模最大的饭店忠诚客户计划,并且完全免费。优悦坊为优悦会会员提供了多种便利,该社区鼓励会员之间进行开放、持续、积极的线上对话,而洲际酒店集团也将从中获得来自消费者的有价值的信息,并在此基础上进一步优化自身及优悦会的管理和服务。优悦坊是优悦会会员间交流的绝佳平台,更拉近了洲际酒店集团与顾客之间的距离。会员们可以在这里交流旅行的心得、建议,同时分享最新的优惠信息。同时,会员还可以在网站上开通博客,上传旅行的精彩照片、视频等,并可获得仅针对优悦坊网上会员的优惠。优悦会会员还有机会与洲际酒店集团管理人员进行网上交流。会员在优悦坊上提交问题,洲际酒店集团管理人员将以视频的形式进行回答,并将其上传至网站供所有会员分享。优悦会会员对优悦坊评价颇高,一位会员说道:"我想这一平台能够让我们获取更多关于会员、酒店和目的地的观点和信息,无论计划商务旅行还是休闲旅行,它都能成为有价值的信息来源。很高兴看到洲际酒店集团的会员服务日臻完善。"

2013年10月,洲际酒店集团宣布与腾讯微信携手,在移动平台上合作推出微信服务账号"IHG优悦会",此举使得洲际酒店集团成为国内首家与腾讯微信合作并建立微信服务账号的国际酒店集团。"IHG优悦会"微信服务账号的推出为广大微信用户和优悦会会员创建了一种全新的人际互动和交往方式。"IHG优悦会"微信服务账号为消费者度身定制了服务菜单,并通过实时互动系统,如饭店预订、点击显示内容、基于地理位置的服务及回答"粉丝"促销相关问题等,为用户提供各项多样化的增值服务。

【案例点评】

(1)在饭店内部以会员制的方式开展直销成为行之有效的方法。国内已经有数家酒店集团的会员量在30万名以上,但如何通过有效的手段提升会员的活跃度依然是饭店开展会员制营销面临的最大问题之一,洲际酒店集团的经验可以借鉴。

(2)社交媒体发展迅速并时刻影响着人们的生活。洲际酒店集团涉足微信平台,正是看重其作为当下主流社交媒体平台的巨大潜力,期望借此机会进一步提升消费者的互动体验并建立更为密切的客户关系网络。

案例3 "微营销"让喜达屋酒店集团如虎添翼

喜达屋酒店集团在中国经营着121家饭店,还有100多家新饭店处于筹建之中,这一切使得中国成为喜达屋酒店集团全球第二大市场——仅次于他们的发起地美国。而这一切的关键,在于他们利用数字平台上的创新抓住了年轻顾客们的心。人们熟知的社交平台,如Facebook、Twitter、Foursquare、Pinterest、Youtube、新浪微博和微信,他们都在积极运营,并依据品牌的不同开设了多个账号。

喜达屋酒店集团通过两大阶段在微信平台上实现了招募粉丝到口碑分享、优化服务目标,占领了同类型饭店的营销先机。

第一阶段:资源整合,立体招募价值粉丝/会员。

用喜达屋酒店集团自有资源(饭店内宣传物料、官网、官方微博、百度搜索品牌专区等),以二维码作为导入口,吸引品牌兴趣粉丝;同时借助微信的周边功能覆盖饭店附近高价值用户,喜达屋酒店集团成为微信平台第一个同时运用"摇一摇""附近的人"功能的企业。微信用户一旦与SPG俱乐部微信账号建立好友关系,不仅可以收到最新活动信息、饭店优惠、在线预订等服务,还有机会抽奖赢得澳门免费饭店住宿以及参与"欢享之夜"预订饭店赢积分活动。SPG即喜达屋优先顾客计划,是首个获颁奖项超过100的常客忠诚计划。

第二阶段:动静结合,智能维护。

静:内容吸引,口碑分享。贴合 SPG 会员尊贵身份和阶层品位,软性传递 SPG 饭店和会员活动信息,让每一条传递信息做到具有价值性而不是打扰。让微信好友在获得利益信息的同时,不断增强对 SPG 俱乐部以及喜达屋酒店集团的品牌好感。为了更好地激发 SPG 好友在微信分享,前期招募期通过澳门免费饭店住宿大奖吸引、刺激和激发粉丝主动分享给社交朋友。

动:真人客服。SPG 俱乐部官方微信实现与喜达屋酒店集团强大的客服中心对接,率先实现真人化专业客户服务,让 SPG 尊享服务始终伴随在用户身边。

从 2012 年 10 月中旬开始,运营上线 54 天,增加微信号好友超过 2 万人,访问饭店会员超过 6 万人,吸引新注册会员达 5930 人,用户微信咨询超过 6000 次,共达成 1192 份意向订单。喜达屋酒店集团成为首家运用微信客服的国际酒店品牌,明显提升了品牌忠诚度。

【案例点评】

除了微博外,喜达屋酒店集团的"微营销"增添了微信这个合作伙伴,相对于以内容为关注核心的微博而言,微信的模式更加侧重于人际交流,更接近于社交平台。一些饭店连锁集团已经与微信直连,其会员在微信公众账号上称为微信会员,与饭店会员信息的绑定,开创了用户手机预订饭店的新模式,同时也让饭店找到一条扩大直销规模的新渠道。伴随着微信而来的还有企业的二维码"名片",这将提升消费者的参与度。

视野拓展

饭店网络营销

一、饭店网络营销的基本形式

(一)以饭店网络营销的具体功能来分

网络营销包括网上市场调查、网上形象塑造、网络产品展示、网络促销、网络分销、网络公共、网络客户服务等形式。

(二)以饭店网络营销的目标群体来分

网络营销包括 B2C 营销、B2B 营销、C2B 营销和 C2C 营销四种形式。

(1)B2C 是饭店对单个顾客的营销方式,主要是为潜在顾客提供影响其购买行为和购买决定的商业信息。

(2)B2B 是饭店针对供应商和赞助商等机构或公司的营销方式,它主要是维持和不断改善公司之间的合作伙伴或战略伙伴关系,从而使合作双方或各方达到互惠互利、双赢或多赢。

（3）C2B 是单个顾客对多个饭店产品进行自由选择、组合和定价,由饭店竞标接盘。

（4）C2C 是单个顾客根据饭店提供的产品信息和参加活动的提示,自行安排参加活动的行程。

（三）从饭店利用网络资源和技术的深度和广度来分

1. 饭店企业网站

包括公司官方网站、门户策略网站、为某市场区域所创建的小网站、企业内部网(Intranet)／外联网(Extranet)、区域网等。

2. 搜索引擎营销

其形式包括搜索引擎最优化(SEO)和搜索引擎营销(SEM)。

3. 发散式和聚合式网络营销

其形式包括 e-mail 营销、侵入式营销、内容聚合营销等。

4. 品牌延伸

其形式包括网络广告、关联(上下文)广告、赞助／交叉品牌营销／会员营销等。

5. 社区营销和社会性媒体营销

其形式包括电子商务／点评网站和社会性网络、论坛、博客营销,微博营销,SNS(社交性网络)营销,微信营销,即时通信和现场工具等其他应用等。

6. 正在兴起的与网络相联的媒体形式

其形式包括网络电视（IPTV）、互联手机、网游、游戏机等。

二、饭店网络营销的优势

（一）有效控制饭店的成本费用

网络营销采取的是新的营销管理模式,它通过互联网改造传统的酒店营销管理组织结构与运作模式,并通过整合其他相关部门如生产部门、采购部门,实现对酒店成本费用最大限度控制。利用互联网进行信息交换,代替以前的实物交换,降低了管理中交通、通信、人工、财务和办公室租金等成本费用,可最大限度地提高管理效益。

（二）便于了解、统计顾客信息

现在网上预订一般都要求顾客填写一些有关个人信息的表格,以收集统计顾客信息,使饭店能及时了解到顾客对其产品的反映情况,迅速对其产品、价格等做出调整。饭店还可以通过网络统计出访问网站和特定内容的人数。这样,饭店可以更好地开发合适的新产品,锁定目标市场,满足顾客的需求。

（三）全方位地展示饭店产品

网络营销便于饭店与顾客在网上进行双向交流,其所传递的信息数量和精确度往往超过其他营销方式。因此,饭店可以将产品介绍、价格信息和销售信息等置于网上,全方位地展示饭店产品的外观、性能、品质以及内部结构,从而有助于消费者随时根据自己的需求有选择地了解饭店产品,实行理性消费。

(四)有利于与顾客建立稳固的长期关系

网络营销采取的是以客人为导向,一对一的、个性化的、互动性极强的促销方式,避免了工作人员强势推销的干扰,通过信息提供与交互式交谈能与客人建立长期良好的关系。

网络营销能满足客人对购买方便性的需求,减少了客人购买时距离和时间的消耗,提高客人的购买效率。

由于网络营销能为饭店节约促销等费用,使产品成本和价格的降低成为可能,让客人能以更低的价格购买产品。

(五)为饭店创造更多的市场机会

网络世界没有空间限制,它的触角可以延伸到世界每一个地方。利用网络从事营销活动,可以让饭店远及传统销售所不能达到的市场;同时,网络能够超越时间约束进行信息交换,让饭店全天候为各地的客人提供服务,为饭店开辟了更多的市场。

 **特别提示**

从品牌到用户的微酒店运营[①]

微信的普及,带动了一系列产业的发展,同时也为传统行业拥抱互联网搭建了桥梁,微酒店、微教育等新名词如雨后春笋脱颖而出。对众多中小企业而言,品牌被用户认知并引导用户了解,可以提高品牌商业价值,为其后续获得营销利润铺路。

通过微信公众平台可以使微企业实现从品牌推广到用户服务,并且定位精准、成本较低,这对饭店业来说是一次难得的机会,那么如何成功运营呢?

一、刚性需求——在线预订和全景看房

饭店微信公众平台的运营,提供在线预订和全景看房服务是首要的。在线预订功能是饭店行业必须具备的,可以有效解决旅客与饭店之间信息的不对称问题。强大的微信公众平台可以提供客服预订、餐饮预订功能,为旅客在吃住方面提供了

---

① 资料来源:MSN 中文网,http://it.msn.com.cn/343509/847369623431b.shtml。

便利的条件;而旅客在选择饭店之前,对饭店的环境、屋内设施要求较高,通过微相册展示与360度全景结合,旅客可以全面了解饭店环境设施,犹如亲临现场体验,可以提高信赖度,刺激旅客预订。

二、线上线下闭环——微支付

预订饭店的旅客在线支付部分定金,可以尽量避免部分订房旅客无条件退房,而导致出现客房剩余的现象;同时也可使饭店与消费者之间增加信赖度;此外,在线支付、线下体验可以节约用户线下排队付款时间,提高了饭店的服务质量,实现口碑营销。

三、品牌推广——微官网

"再小的个体,也有自己的品牌。"微信的口号言简意赅地突出了品牌的重要性。微信公众平台的品牌推广可以借助于微官网平台,一个高大上的微官网可以提高饭店档次,将饭店文化、房内设施细节、氛围等展示在微官网中,旅客在选定酒店的过程中,会留下更好的印象,信赖度提升,品牌影响力自然会加深。

四、互动服务——智能客服系统和菜单栏

在产品同质化时代的环境下,服务是赢得顾客的关键,微信公众平台提供了与用户随时互动的机会,通过智能客服系统设定关键词回复,借助第三方平台开发自定义菜单,通过菜单栏有效引导,及时了解客户需求,解决客户疑难。

五、会员系统——微会员与微活动融合

会员系统有利于加强饭店与客户之间的联系,通过会员活动有奖参与的机制,增强与客户之间的互动性,提高用户忠诚度,增大回头顾客率。

目前,微酒店的运营成功案例并不少见,速8、7天等都实现了巨大的盈利。而对于众多饭店而言,借助于低成本的微信平台运营是一种有效的推广渠道。前期多进行品牌推广,在推广品牌的同时做好服务,最终实现饭店盈利和品牌的双丰收。

任务评价

网络营销任务评价见表2-10。

表2-10 网络营销任务评价表

工作任务	工作过程	成绩评定
职业素养	(1)按时出勤,课堂表现好(10分)	
	(2)仪容仪表符合职业规范(5分)	
	(3)具备良好的团队合作精神(5分)	

续表

工作任务	工作过程	成绩评定
产品策略	(1)能够准确说出饭店网络营销实际操作的四大策略以及设计网页与内容时应注意的要点(15分)	
	(2)能根据情境对饭店的网页设计做出分析(10分)	
价格策略	能够说出饭店客房网络营销价格策略的三个方面(5分)	
渠道策略	能够介绍如何利用网络平台来促进饭店会员的联系和交流(5分)	
促销策略	(1)能够介绍几种常用的网站促销方法(10分)	
	(2)能根据情境对饭店提出相应的网络促销建议(10分)	
微博营销	(1)能够说出饭店如何利用微博开展营销和扩大品牌影响力(10分)	
	(2)能熟练使用饭店微博,会用轻松有趣的语言撰写饭店微博信息(15分)	
成绩评定	指导教师签字: 年　　月　　日	总分
学习体会	(1)完成工作任务后的收获 (2)在完成工作任务过程中遇到的问题及建议	

课后练习

一、填空题(每空 1 分,共 20 空,共 20 分)

1.可以用_____法,与客户约定下次见面时间。

2.洽谈结束前,要确认客房、餐厅、会场及康乐设施的使用,明确客人要求和价格、_____等事项。

3.拜访客户的程序是自我介绍、_____、_____、介绍产品_____、_____、约定下次拜访。

4.集团客户产品销售分为_____、_____、_____三个阶段。

5.递送名片时,一定注意用_____,将印字的_____朝着对方。

6.销售拜访前,饭店销售人员应提前准备好有关推介资料,如_____、会议价目表、租用设备价目表、_____、洽谈记录卡以及有关饭店产品和服务的各种资料。

7.约访常见方式有_____约访和_____约访。

8.赠品(礼品)的英文是_____。

9.饭店客房网络营销的价格策略应做到_____、_____、_____。

10.会议预订情况如有变化,应及时填写_____并通知有关部门。

二、单选题(每题2分,共5题,共10分)

1.搞好网页设计和构建虚拟产品,是饭店(　　)的关键。
　　A.产品策略　　　B.价格策略　　　C.渠道策略　　　D.促销策略

2.(　　)是网站与网站间的合作形式,即分别在自己的网站上放置对方网站的标志或名称并设置对方网站的超级链接,使得用户可以从合作网站中发现自己的网站,达到互相推广的目的。
　　A.搜索引擎营销　　B.交换链接　　　C.社区营销　　　D.口碑营销

3.饭店服务营销的核心内容是(　　),它能直接影响饭店的经济利益。
　　A.硬件产品　　　B.管理制度　　　C.员工素养　　　D.优质服务

4.(　　)指在单位产品总成本上再加上一定比例的预期利润或税金作为产品售价。
　　A.成本加成定价法　　　　　　B.保本点定价法
　　C.边际贡献定价法　　　　　　D.目标利润定价法

5.(　　)是指饭店根据自身经营状况和市场需求情况而领衔定价的一种定价方法。
　　A.随行就市定价法　　　　　　B.主动竞争定价法
　　C.目标利润定价法　　　　　　D.期望定价法

三、多选题(每题2分,共2题,共4分)

1.忠诚顾客带给饭店的利益主要体现在(　　)。
　　A.重复购买　　　　　　　　　B.对价格变动不敏感
　　C.服务宽容度高　　　　　　　D.单次消费金额高

2.饭店营销中准客户应具备以下(　　)条件。
　　A.消费需求　　B.消费能力　　C.消费决定权　　D.社会地位

四、判断题(每题1分,共8题,共8分)

1.销售拜访是指销售人员定期到各大公司、企业、旅行社进行销售拜访,宣传推销酒店,介绍饭店最新的营销活动,有时会赠送礼品给客户。(　　)

2.营销套册是指一整套系列性的饭店营销宣传资料,包括宣传小册子,但不包

括简介。   (   )

3.合同散客是指通过旅行社购买住房单,然后凭单到饭店入住的客人,旅行社已事先和饭店签订住房协议。   (   )

4.旅行团一般由10人以上组成,由领队带引。   (   )

5.酒店可以利用网络技术,构建虚拟产品,帮助客人在购买前能了解产品。   (   )

6.利用网站上的广告横幅、文本链接、多媒体发布广告,是一种出现较早的网络营销手段,但不能面向访问者强制推出。   (   )

7.由于在互联网上客房价格随时都可能受到同行业饭店的冲击,所以不应在网上建立客房价格自动调节系统。   (   )

8.电子邮件营销是指饭店通过自行建立邮件列表开展的营销活动。   (   )

五、名词解释(每题4分,共2题,共8分)

1.成本加成定价法

2.主动竞争定价法

六、简答题(每题5分,共6题,共30分)

1.在饭店网络营销中,开发设计更优质的网站架构与内容,应注意哪些方面?

2.饭店如何利用微博开展营销和扩大品牌影响力?

3.销售协调员与宴会销售协调员的区别是什么?

4.饭店会议销售专员会前检查的要点有哪些?

5.请列出集团客户信息收集的常见途径。

6.约访客户时有哪些注意事项?

七、案例分析(每题10分,共2题,共20分)

(1)一位客人来到某饭店,在办理入住手续时,向接待员提出房价七折的要求。按饭店规定,只向住房六次以上的长住客提供七折优惠。这位客人声称自己曾多次入住,接待员马上在电脑上查找核对,结果没有发现这位先生的名字,当接待员把调查结果当众说出时,这位先生顿时恼怒起来。此时,正值总台入住登记高峰期,由于他的恼怒、叫喊,引来许多好奇的目光。

请问:遇到类似问题时应该如何处理?

(2)张玲是饭店的会议产品销售人员。本周张玲的销售任务是去拜访一房地产公司的公关策划部经理(张明,男,32岁,喜欢运动,手机1361833××××),希望能与该房地产公司逐步达成合作关系,承接该房地产公司的员工培训、公关活动、员工聚餐等活动项目。

请你为张玲制订一份详细的销售访问计划,填写饭店销售访问计划表。

模块三　主题活动策划

模块概览

在现代饭店的经营发展过程中,主题营销活动起着不可替代的作用。可以说饭店的经营活动就是由一个个连续不断的主题营销活动组成的。主题营销活动在为酒店创造可观的经济收益的同时,也为饭店创造出一定的社会效益。如何策划一系列有效的主题营销活动成为饭店管理中的重要工作。本模块介绍了婚宴策划、节假日主题活动策划、地方特色活动策划、展会策划、商务宴会策划五种饭店典型主题活动策划的方法。

学习目标

1. 知识目标

能描述饭店婚宴、节假日主题活动、地方特色活动等五种不同类型主题活动的客户需求分析方法、活动的设计构思方法及活动策划书的撰写和活动的评估方法。

2. 职业素养目标

具有良好的沟通、表达、交际、组织、谈判、运筹能力及团队合作意识。

3. 技能目标

通过学习和训练,能够根据客户需求进行婚宴、节假日主题活动、地方特色活动等五种不同类型饭店营销活动的策划,能根据实际情况撰写五种类型营销活动的策划书,并能熟练运用PPT进行婚宴策划成果的展示及有效的评估。

任务一　婚宴策划

任务描述

本任务要求学生掌握饭店婚庆宴会的基本知识及策划方法,能根据服务对象的实际需求进行婚宴的策划,撰写婚宴策划书,能运用恰当有效的方式对策划方案进行展示,并能对策划方案进行评估。

情境导入

新年刚过,张玲已经在营销部工作半年有余。经过几个月的业务实践,她已经掌握了营销部的基础业务,成为了一名宴会销售专员,专门负责宴会营销。现在正值三月时节,又到了饭店宴会的重头戏——婚宴预订的繁忙期。这不,张玲刚上班,销售部的办公电话就响了起来,是一位男士,他想预订婚宴,并约定下午来店面谈。下午一点,张玲准时来到了约定地点——饭店大堂。准新人参观场地后,张玲将他们引到了接待室,随之进行婚宴洽谈。

任务分析

两位准新人提出了特殊的婚礼要求,要举行一场户外西式自助婚礼。接到任务后,张玲虚心请教了市场营销部的主管李阳。李阳有策划户外西式自助婚宴的经验。张玲查看了以往饭店户外自助婚宴策划活动的策划书,并且上网搜索了相关的资料,了解饭店婚宴策划的相关知识,明确了主题婚宴营销策划的四个步骤(见图3-1)。

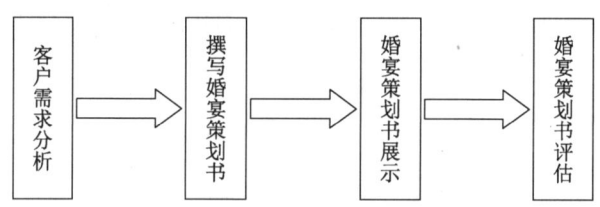

图3-1 主题婚宴营销策划的四个步骤

相关知识

一、婚宴基本知识

(一)婚宴的概念

婚宴是人们在举行婚礼时,为宴请前来祝贺的宾朋和庆祝婚姻美满幸福而举办的喜庆宴会。在中国,婚宴通常称为吃喜酒。在西方,婚宴通常是在结婚典礼结束之后举行。

(二)婚礼的类型

(1)按地域划分:中式婚礼、西式婚礼、中西结合式婚礼等。

(2) 按场地划分：室内婚礼、户外婚礼（包括草坪婚礼、庄园婚礼、沙滩婚礼、游轮婚礼、田园婚礼、山顶婚礼等）。

(3) 按主题划分：童话婚礼、海洋婚礼、电影婚礼等。

(4) 按规模划分：家庭婚礼、集体婚礼等。

(5) 按颜色划分：红色婚礼、白色婚礼、粉色婚礼、蓝色婚礼等。

（三）婚礼的特点

1. 西式婚礼

指的是欧美教堂婚礼。采用这种婚礼形式的新人，至少有一位是基督教徒。其主要元素是教堂、神父、圣经、圣水、婚誓、婚戒、唱诗班等。

2. 草坪婚礼

是由外国教堂婚礼演变而来的婚礼，通常选择一片绿地或郊外别墅花园，在阳光、草地之中新人与亲朋好友共同投入大自然的怀抱，共享别致的婚礼氛围，是让亲友团见证新人结合的仪式。

3. 童话婚礼

是主题婚礼的一种。唯美浪漫的童话故事，经典温馨的主题，让新娘找到白雪公主般的甜美与幸福。

4. 集体婚礼

作为一种新式婚礼，相对中国的传统旧式婚礼而言，是西风东渐的舶来产物。集体婚礼，对于新人来说最大的好处就是省心、省力、省钱、有意义，它已成为中国婚礼流行婚礼的趋势之一。

5. 粉色婚礼

是以颜色来划分的婚礼形式，是根据新人对婚礼色彩的要求而进行量身定制的婚礼色调，以满足新人的要求为目标。

二、婚宴策划方法

（一）婚宴客户需求分析

1. 婚宴客户需求分析的概念

婚宴客户的需求分析是指通过饭店宴会销售人员与新人之间的有效沟通，对客户所要购买的婚宴产品的目的、用途、功能、形式等进行发掘，将客户心里模糊的认识以精确的方式描述并展示出来。

2. 婚宴客户需求分析的方法

婚宴客户需求包含显性需求及潜在需求，显性需求诸如气氛、环境、菜品、服务的需求；潜在需求诸如自我实现、寻求尊重、物有所值等。与客户沟通时要让客户畅所欲言，表述出所有需求，营销人员通过详细记录及快速反应，及时发现客户潜在需求,并加以分析和引导。

3.婚宴客户需求分析的内容

包括婚宴的形式、目的、重要性、类型,一份清晰的婚宴客户需求单,内部、外部客户,联系人,洽谈记录等。

(二)婚宴策划书的撰写格式(后附婚宴策划书)

1.策划书名称、目录

如"××婚宴策划书",置于页面中央。第二页附有策划书目录。

2.活动背景

这部分内容应根据婚宴的特点选取重点内容阐述,根据不同婚宴类型阐述的项目包括:饭店基本情况简介、主要执行对象、近期状况、组织部门情况、活动开展原因、社会影响及目的动机等。阐述中应考虑内在优势、弱点和机会、威胁等因素,对其作好全面的分析(SWOT 分析),并通过预测制订计划。

3.婚宴目的及意义

婚宴活动的目的、意义应用简洁明了的语言表述清楚。在陈述目的要点时,该活动的核心构成或策划的独到之处及由此产生的意义都应该明确写出。

4.婚宴名称

根据婚宴的具体内容、影响及意义拟定能够全面概括婚宴的名称。

5.婚宴目标

此部分需明示要实现的目标(目标选择需要满足重要性、可行性、时效性)。

6.婚宴活动开展

作为婚宴策划的正文部分,表现方式要简洁明了,使人容易理解。在此部分中,不仅仅局限于用文字表述,也可适当加入统计图表等。对策划的各工作项目,应按照时间的先后顺序排列,绘制实施时间表有助于核查。另外,人员的组织配置、活动对象、相应权责及时间地点也应在这部分加以说明,执行的应变措施也应该在这部分加以考虑。

7.婚宴经费预算

婚宴的各项费用根据实际情况进行周密计算后,用清晰明了的表格形式列出。

8.活动中应注意的问题及细节

内外环境的变化,不可避免地会给方案的执行带来一些不确定性因素,因此,当环境变化时是否有应变措施、损失的概率是多少、造成的损失多大等也应在策划中加以说明。

9.婚宴负责人及主要参与者

注明组织者、参与者姓名、单位(如果是小组策划应注明小组名称、负责人)。

(三)婚宴策划成果展示的手段

1.方法途径

(1)书面计划表,口头展示:有力的资源依据,例如 OHTS、PowerPoint 的运用,图表及海报的运用,三维效果的运用。

(2)人工模型的使用,为听众做合适的展示。

2.个人技巧

展示及交流技能、时间管理技能、协商技能、销售技能。

(四)婚宴策划效果评估

评估婚宴策划书主要包括以下因素。

(1)婚宴策划书是否帮助新人实现需求。

(2)婚宴策划书信息来源是否正确有效。

(3)是否存在策划不完善的问题。

(4)是否通过数据的运用来支撑与完善策划书。

(5)是否具有实战性及可操作性,是否存在制约性。

☞ 案例分析

婚宴订重了

2000年一个周末的晚上,某酒楼宾客满座,生意甚是火爆。服务员忙得不亦乐乎,连领班张丽都加入了服务的行列,今天就她一个领班在岗,另一个领班李梅休息。这时,门口进来的一男一女两位年轻人,不住地向酒楼厅堂张望,不时地窃窃私语。过了一会儿,两人像决定了一件重大事件一样会心地笑了。张丽看到他们便走过来,微笑地打起招呼:"晚上好,就餐吗?""您好,我们非常喜欢你们的酒楼大堂,想订婚宴。"张丽微笑地说道:"可以啊,请问吉日是哪一天啊?""下月18日,可以吗?"张丽想了一下说道:"我想想,应该可以吧。婚宴预订都是我们两个领班接待,另一位领班今天休息,预订表在她柜子上贴着呢。不过我印象中那天没人预订,二位放心订吧。""太好了!真是谢谢了。我们找了好几家场地了,都订出去了。""现在是婚宴旺季,交定金吧。可以在婚宴一周前来订菜。"两个人交了500元定金就高兴地离开了。第二天李梅上班时,张丽傻眼了:那天有人预订,没办法,张丽硬着头皮给准新人打电话说明情况。经过交涉,张丽自己赔付了1000元违约金。

【案例点评】

(1)婚宴预订是酒楼常见业务,不能有半点疏忽,凭经验和热情是远远不够的,必须记录准确。这真是一次深刻的教训呀!

(2)该酒楼的管理确实有待加强。2000年的酒楼管理还未形成现代化酒店管理,负责婚宴预订的领班只有依靠"土手段"处理业务,因此造成了事故。这虽说是2000年发生的案例,但今天仍有借鉴意义。

【案例思考】
(1)你从该案例中得到了什么启示?
(2)在你看来,2016年会出现这种预订差错吗?

知识拓展

一、营销人员获取客户需求信息的方式

(一)用提问的方法了解客户需求

要了解客户的需求,提问题是最直接、最简单而有效的方式。通过提问可以准确而有效地了解到客户的真正需求,为客户提供他们所需要的服务。在实践中有以下几种提问方式可以灵活运用。

1.提问式问题

单刀直入、观点明确的提问能使客户阐述你所不知道的情况。

2.封闭式问题

封闭式的问题即让客户回答"是"或"否",目的是确认某种事实。

3.身份性问题

在与客户开始谈话时,可以了解一些客户身份等问题。

4.描述性问题

让客户描述情况,谈谈观点,这有利于了解客户的兴趣和需求。

5.澄清性问题

澄清客户的疑惑,回答客户提问。

6.针对性问题

询问客户对所提供的服务是否满意,这有利于提醒客户再次惠顾。

7.询问其他问题

与客户交流的最后,还可以问他还需要哪些服务。

(二)通过倾听客户谈话了解客户的需求

在与客户进行沟通时,必须集中精力,认真倾听客户的谈话。要站在对方的立场尽力去理解客户所说的内容,了解客户在想什么,客户的需要是什么。要尽可能多地了解客户的情况,以便为客户提供满意的服务。

(三)通过观察来了解客户的需求

营销人员需将以往完美的策划方案展示给客户以便借鉴,同时以往不完善的策划活动经验,巧妙地提示给客户加以规避。在洽谈及后期沟通中,通过观察客户的反应、神态、眼神、动作、手势等,了解客户心理状态,深入感知客户需求,以达到超前服务的目的。

二、饭店婚宴经典菜单——百年佳偶宴

喜庆满堂——迎宾八彩蝶

鸿运当头——大红乳猪拼盘

浓情蜜意——鱼香焗龙虾

金枝玉叶——彩椒炒花枝仁

大展宏图——雪蛤烩鱼翅

金玉满船——蚝皇扒鲍贝

年年有余——豉油胆蒸老虎斑

喜气洋洋——大漠风沙鸡

花好月圆——花菇扒时蔬

幸福美满——粤式香炒饭

永结连理——美点双辉

百年好合——莲子百合红豆沙

万紫千红——时令果盘

早生贵子——枣圆仁子羹

如意吉祥——芦蒿香干

良辰美景——上汤时蔬

花好月圆——美点双辉映

万紫千红——合欢水果盘

三、婚宴作业流程

婚宴从饭店与准新人的第一次沟通到最后的收尾是一个涉及较多环节的复杂工作。婚宴的策划是针对准新人需求而进行的一个重要环节,最能体现营销人员的专业素养。一般婚宴作业流程如下(见图3-2):

(1)洽谈。

(2)预约。

(3)确认及签订订席合约书。

(4)场地摆设与规划。

(5)发布婚宴通知单。

(6)再次确认。

(7)各部门工作计划的拟订。
(8)宴会场地布置。
(9)服务工作执行。
(10)结清账单。
(11)跟踪服务。
(12)建档。

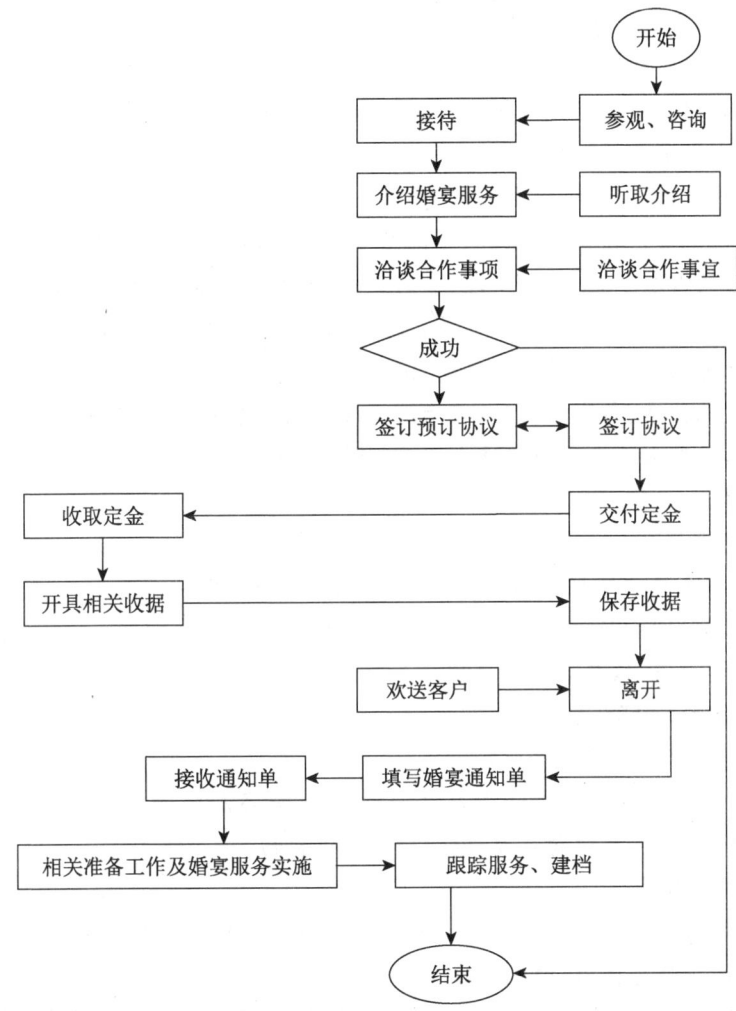

图3-2 某星级饭店婚宴操作流程

视野拓展

"宁聚我心、明爱一生"西式自助婚宴策划书

一、策划目的

在每个人的心目中,步入婚礼殿堂的那一天,是一生中最隆重的日子。婚礼的意义在于一对对男女从此拉开了婚姻的序幕。"一个完美神圣喜庆难忘的婚礼"是每一对准新人及家属的愿望。不仅如此,每一次婚宴的举行也是扩大饭店影响力、争取潜在客户的最好契机。因此,我们在结合客户需求的基础上,不断思考、创意,努力为客户呈现一场完美婚礼,实现饭店与客户的双赢。

二、客人需求分析

婚宴产品从本质上来说是一种有形和无形的产品,顾客在选择这个产品之前对婚宴价格、饭店位置、饭店服务、菜品质量等方面具有较高的期待值。根据心理学家马斯洛的需求理论,受到欢迎、受到尊重,满足心理需求、生理需求、安全需求、饮食需求,能品尝到营养、丰富、方便、卫生的食品是最现实的需求。婚宴在这些需求基础之上融入了文化、尊贵、时尚、浪漫、圣洁的新需求,意在寻找一种爱的共享——与爱人共享、与家人共享、与亲朋共享。为了展现新人的伉俪情深,婚宴的名称是从二位新人的名字中各选一字而巧妙设计的。

三、方案

(一)基本信息

(1)婚宴主题:"宁聚我心、明爱一生"西式自助婚宴。

(2)婚宴时间:2016.10.5 上午 10:30—14:00。

(3)婚宴地点:饭店后花园草坪。

(4)婚宴标准 588 元/人。

(5)结账方式:当晚现金结账。

(6)特殊要求:有老人与小朋友参加婚宴,需要多加照顾,提供细致服务;有少量外宾参加,要询问其饮食习惯,以便合理安排食物。

(二)现场布置

会场布置以粉、白、绿色为主,主要装饰品有白色地毯、白色、粉色、金色缎带、绿色纱缦、绢花铁艺拱门、白色长廊等。

白色象征着婚礼的纯洁和神圣,是西式婚礼的不二选择。采用局部绿色调布置更添高贵、浪漫,使婚宴气氛中增添了独特的梦境感,意喻新人幸福的梦想终于在这一天成为现实。

粉色轻盈飘逸、暖意柔和、浪漫唯美,与新娘的气质交相辉映,十分符合新娘天

马行空、喜爱幻想的特质。

运用彩色花瓣及白色羽毛布置婚礼现场,在婚礼中并不常见,是大胆的创意之一。为达到理想的效果,对羽毛的色泽、材质和造型都有一定的要求。

粉色是传统中国婚礼当中经常使用的颜色,象征着温馨、浪漫。本案中西式婚礼添加中式传统粉色,再渗入欧式风格的饰品作点缀,打造另类温馨庆典。

金色是永恒的流行色,不仅标榜了时尚,也继承了传统的富贵之气。在红与白两个对比鲜明的色彩中间以金色进行调和,成为二者的过渡点睛之笔。

1. 迎宾牌

使用长脚立式迎宾牌,缀以用珠光白色或淡绿色缎带包扎好的长春藤和白色羽毛,制成瀑布式下垂样式,用料需丰满。

迎宾牌上为精美写真"2016年,我们结婚啦!"下附新郎、新娘图案和文字。

2. 迎宾台

长方形桌子2张,上面铺白色桌布,置精美台花1个,全新2本粉色嘉宾签到簿,签字笔2支。全新透明玻璃长形立式容器1~2个(装礼金红包),容器下部系金色宽缎带。迎宾台上摆放宾客名单卡片(奶白色),宾客到场签到后,持写着自己姓名的卡片跟随引座员前往自己的席位就座。迎宾台上若还有多余的空间,可摆放1~2盘喜糖、喜烟。

3. 宴会会场

宴会会场铺白色地毯。从入口处开始,间隔摆放2~3个精美绢花拱门,形成一条通道,一直延伸至中央舞台处。(引座员要注意提示来宾不要碰触及损坏拱门绢花。)

4. 餐桌椅等

餐桌使用米白色台布,座椅也使用米白色椅套,绿色轻纱围椅。米白色餐巾(叠好以后横躺着放,不要立起)。另外每桌摆放一份台花,台花四边摆放宾客名单卡,上写明了每一桌安排好的宾客名单。宾客名单卡用奶白色精美纸张制作。

5. 舞台风格

背景以红、白、绿三色宽缎带布置,间隔从上方垂下,拖曳于舞台上。其间点缀以穿了白色羽毛及彩色珠子的银色长线,从上方垂下,或长或短,距离或宽或窄。舞台顶端搭个架子,用常春藤缠绕,垂下各色缎带和羽毛珠帘。舞台四周摆放金色或白色艺术立柱,柱顶摆放各色花球,垂下常春藤。新人婚照展架可以立在舞台前沿。

6. 舞台设备

舞台上侧设置投影仪和投射屏幕,另一侧摆放音响设备,提供无线麦克风2~3个。

7.饭店外广场及大门区

饭店大门广场上悬挂喜庆拱门,花园入口区设置新人婚纱照和指示牌、签到台。两名工作人员迎接宾客,配合家属工作,并依据嘉宾不同的身份,由工作人员为宾客戴花并引座。

(三)餐具

餐具包括刀叉勺及各式酒杯,同时提供黑木筷子。

(四)菜单设计

(1)餐前食品:南瓜鳕鱼蛋糕、虾仁吐司、蔬菜沙拉、鱼子酱新土豆、墨西哥鸡翅。

(2)开胃菜:辣番茄酱烤鱿鱼、海鲜米丸、黑豆蛋糕配沙司、鸡肉卷红胡椒羹。

(3)沙拉:苹果土豆沙拉、海鲜沙拉、水果沙拉。

(4)主菜:烤牛胸肉、洋葱花生牛肉、旁柴炖羊肩肉、浇汁火腿、烤猪排、青胡椒酱炒火鸡、蔬菜鱿鱼炒鲈鱼、烤鲇鱼、黑胡椒明虾球。

(5)蔬菜:切丝蔬菜、菠菜蛋奶酥、夹心南瓜、柠檬芦笋。

(6)甜点:水果奶油蛋糕、巧克力麦片粥、姜味奶油冻。

(五)婚宴仪式

(1)开场音乐,司仪道开场白,并代表新郎、新娘感谢嘉宾。

(2)鼓乐邀请家长、证婚人、主婚人就座。

(3)请出新郎、新娘。

(4)新郎手捧玫瑰出场至小平台迎接新娘。

(5)新娘在伴娘簇拥下出场。

(6)新郎给新娘献花并亲吻玉手。

(7)新郎牵起新娘的手在侯相簇拥下从花廊穿过走向会场中央。

(8)新郎、新娘就位。

(9)花童为新郎、新娘戴花环,新郎、新娘亲吻花童。

(10)新郎致答谢词并介绍新娘。

(11)新娘致答谢词。

(12)证婚人监督新郎、新娘婚誓,新郎、新娘相互许愿。

(13)新郎、新娘签字。

(14)红娘致辞,新郎、新娘拜谢红娘。

(15)新郎、新娘拜高堂长亲,合影。

(16)新郎、新娘互戴戒指。

(17)新郎、新娘交换礼物,互致新婚赠言。

(18)新郎、新娘对拜。

(19)新郎、新娘鞠躬感谢领导亲友来宾光临婚礼。
(20)新郎、新娘同开香槟并斟满杯。
(21)新郎、新娘、亲友共举金杯,恭贺新婚,婚礼结束。

(六)服装要求

服务员身着西式服装,显得格外端庄,充满活力。

(七)礼仪服务

从接待语言、礼仪、操作程序、服务节奏的控制到熟悉菜单,都进行反复操作,保证了这次宴会礼仪到位,服务到位,菜肴质量到位。

(八)休息室布置

提供人性化设计沙发,茶几上放置牡丹花、紫色康乃馨、满天星、百合等鲜花,提供茶水及毛巾,灯光明亮,方便新娘补妆。

(九)策划进程(见表3-2)

表3-2 策划进程表

日期	策划项目	负责人
2016.3.5	接受客户预订	张玲
2016.3.6	婚宴策划碰头会	李阳、张玲、刘强、李丽
2016.3.10	形成婚宴策划书一稿	张玲
2016.3.11	婚宴策划碰头会	李阳、张玲、刘强、李丽
2016.3.15	形成婚宴策划书二稿	张玲
2016.3.20	与新人商讨策划书	张玲
2016.4.5	形成婚宴策划书三稿	张玲
2016.4.10	再次与新人商讨策划书	张玲
2016.5.5	确定方案	张玲
2016.9.1	婚宴策划碰头会	李阳、张玲、刘强、李丽
2016.9.10	婚宴参与人员责任分工	李阳、张玲、刘强、李丽
2016.10.1	婚宴策划碰头会	李阳、张玲、刘强、李丽
2016.10.2	确定全部工作准备完毕,对所有参会工作人员培训指导	李阳、张玲、刘强、李丽及相关部门人员
2016.10.4	布置好会场及舞台灯光音响	李阳、张玲、刘强、李丽

(十)人员安排及分工

1.服务人员

婚宴活动需要餐厅人员17名,其中,总负责1名;主桌1名;酒水员2名;自助餐台服务员2名;迎宾员2名;场地服务员4名;化妆间服务员1名,为休息厅服务;衣帽间服务员1名,为衣帽间服务;传菜员4名;备餐间服务员1名;盥洗室服务员1名,为客人上毛巾及清理;收银员1名。

2.厨房人员

由厨师长统一安排。

3.其他部门服务人员

婚宴活动需其他部门人员5名:其中保安1名;车辆疏导员1名;电工1名;音响师1名,由后勤派出;医务人员1名,由医务室派出。

4.其他部门支持

为使婚宴举办圆满成功,需要其他部门支持与帮助。

(十一)营销活动

(1)餐费标准:588元/位。

(2)主要享受项目(略)。

(3)主桌备精美鲜花。备嘉宾签名册,新娘换衣室1间。

(4)婚礼程序策划,提供白色地毯、音响、音乐、灯光、鲜花。

(5)提供婚礼附属商品服务。

(6)以上标准外提供新人当晚蜜月标准房1间、新人次日西餐厅早餐、新房内鲜花1盒。

(7)以上标准外另加新人午夜喜点、新婚次日饭店专车送新人(限市区内)、新娘手捧花制成的卡贝艺术画一幅、周末中餐厅餐券。

(十二)行动计划

酒店各部门应严格按照行动计划表(见表3-3)规定的工作内容和日期完成相应的工作。

表3-3 行动计划表

部门	工作内容	时间
市场营销部	负责背景板及指示牌制作	2016年9月25日
	负责海报的制作	2016年9月28日
	负责现场的布置及协调	2016年10月4日
	负责现场摄影	2016年10月5日

续表

部门	工作内容	时间
餐饮部	食品的采购	2016年10月4日
保安部	做好安全工作 负责车辆保安工作 做好停车场的停车安排 了解车辆出入路线 协助司机停车	2016年10月5日

(十三)宴会费用核算

宴席费用:$588×200+588×200×15\%=135\ 240$(元)

场地费:3000元

婚庆费:30 000元

总计:168 240元

附件:宴会合同书

宴会合同书

甲方:

乙方:

宴会主题:

举办地点:

举办日期:　　　　　时间:　　　　AM/PM 至　　　　AM/PM

主办方:

联系地址:

联系人:

联系人地址:

联系电话:　　　　　　　　　　　家庭/办公电话:

预计人数:　　　　　　　　　　　保证人数:

宴会举办时间:　　　至 宴会所需菜肴: 服务方式: 价格/每人:	房间: 酒类: 服务方式:

续表

菜单： 服务时间： 服务类型： 价格：	调制酒水： 价格/每人：

桌布：　　　　　　餐巾：　　　　　　花边：
鲜花：
月牙式餐桌：
场地租金：
背景音乐：　　　曲　　　小时　　时间：　　至
表演：　　　　　　　　　　　　　价格：
摄影师：　　　　　　　　　　　　价格：
物品寄存室：　　　　　　　　　　休息室：
停车场：　　　　　　　　　　　　保安：
特殊制服与表演服装：
地毯：　　　　开瓶费：　　　　加时费：　　　　小费：

未尽事宜另行协议。
本合同一式三份，甲乙双方各执一份，一份备案。
本合同经双方签字后生效。

甲方签字：　　　　　　　　　　　　　　乙方签字：

20＿＿＿年＿＿＿月＿＿＿日

任务评价

婚宴策划任务评价见表3-1。

表3-1　婚宴策划任务评价表

工作任务	工作过程	成绩评定
活动构思	思维有逻辑性、创新能力强（10分）	

续表

工作任务	工作过程	成绩评定
策划书的撰写与实施	(1)与人交流:掌握沟通技巧,具有亲和力,能很好地与被访问者交流,顺利获取信息(10分)	
	(2)策划书撰写内容全面,格式正确(10分)	
	(3)策划书具有可行性(10分)	
	(4)安排任务、完成任务有计划性,能按照工作进度表实施(5分)	
	(5)能适应多变的环境(5分)	
策划书展示	(1)展示方式恰当、直观(5分)	
	(2)能有效地掌握展示技巧(5分)	
	(3)与合作伙伴友善,相互尊重,善于切磋商讨,共同完成任务(10分)	
	(4)能运用多种形式展示策划成果(10分)	
效果评估	(1)策划活动的正确性(5分)	
	(2)策划活动的可行性(5分)	
	(3)能客观准确地做出自我评价,并修正方案(5分)	
	(4)应对各种变化的能力(5分)	
成绩评定	指导教师签字: 　　　　　　　　　　年　月　日	总分
学习体会	(1)完成工作任务后的收获 (2)在完成工作任务过程中遇到的问题及建议	

任务二　节假日宴会策划

任务描述

本任务要求学生熟练掌握节假日主题活动策划的基本知识及策划方法,能根据服务对象的实际需求进行节假日宴会的策划,撰写策划书,能运用恰当有效的方式展示策划方案,并能对策划方案进行评估。

情境导入

圣诞节现在越来越受到人们的关注,已形成新的消费热点。年终岁末,企业年会增多,庆祝类活动增多,××饭店欲通过举办联谊酒会提升饭店品牌形象,扩大饭店的影响力。饭店经理找到营销部员工张玲,着手准备圣诞节主题策划活动。

思考:假如你是张玲,你该如何进行策划?

任务分析

节假日宴会营销策划一般分为四大步骤:活动构思、撰写策划书、策划成果展示、效果评估。

一、活动构思

1.活动目的

一是在短期内提升经济效益,二要以营销活动为契机,挖掘潜在客户,培育长期客源市场。

2.确立主题

确立实施节假日宴会策划活动的主题。

3.形成思路

寻求解决问题的思路、方法或方案,经过梳理总结,形成策划思路。

二、撰写策划书

1.拟出计划

拟出节假日宴会策划工作所涉及事项、时间、人员分工等计划。

2.撰写策划书

按照节假日宴会策划的主题、思路和基本内容来撰写。

3.讨论完善

请相关人员发表意见,修改和完善策划书。

三、策划成果展示

选择合适的策划成果展示方式,展示节假日宴会策划方案。

四、效果评估

科学地评价节假日宴会策划方案。

> 相关知识

一、节假日主题宴会基本知识

(一)节假日主题宴会的概念

节假日主题宴会是指人们为欢庆法定节假日或民间节日,为沟通感情而举行的宴会活动。

(二)主要节假日

1.国际性节假日

(1)元旦。

(2)五一劳动节。

(3)六一儿童节。

2.中国传统节假日

(1)春节。

(2)清明节。

(3)端午节。

(4)中秋节。

(5)重阳节。

(6)国庆节。

3.西方传统节假日

(1)圣诞节。

(2)复活节。

(3)情人节。

(4)母亲节。

(5)父亲节。

(6)万圣节。

(7)感恩节。

4.职业类节假日

(1)教师节。

(2)秘书节。

(3)记者节。

(4)护士节。

(三)节假日主题宴会的特点

1. 节庆气氛浓厚

在布置宴会厅时可选取有节日特点的装饰物,例如春节可悬挂彩灯、张贴春联;圣诞节用圣诞树,圣诞老人出场,员工戴圣诞小红帽等。

2. 菜单突出节假日特点

根据不同节日的特点以及节假日所处的季节,推出符合传统习俗又标新立异的菜单,吸引宾客前来消费。

3. 配合娱乐演出

如组织乐队演奏;邀请歌星、影星前来助阵;组织有奖竞猜、席间抽奖;派发礼物等。

二、节假日主题宴会策划常识

(一)节假日主题宴会场景设计

下面以某酒家举办的圣诞自助晚宴为例予以介绍。

1. 场地选择

圣诞节是西方最重要的节日。圣诞晚宴一般会安排表演、抽奖等助兴的活动,以烘托节日的气氛。圣诞晚宴的场地可以选择室内进行,也可以选择室外进行,但是场地一定要宽敞。

2. 搭设表演台

为了方便举行席间娱乐节目,在宴席厅的正前方留出空地搭设表演台。表演台的大小、高度,以方便表演者表演和客人观赏为宜。要调试好灯光和音响设备。

3. 装饰物

(1)高大、悬挂满彩灯和礼物的圣诞树。

(2)红色的圣诞花。

(3)蛋糕屋。

(4)拉雪橇的驯鹿和背着礼物袋的圣诞老人。

(5)"圣诞节快乐"(MERRY CHRISTMAS)的条幅或霓虹灯。

(6)白色的雪花。

(7)彩带、气球、小玩具、礼品盒等。

(资料来源:周宇.宴席设计实务[M].北京:高等教育出版社出版,2010.)

(二)节假日主题宴会台形设计

一般小型、中型西式宴席可采用一字形、回字形等台形,大型西式宴席也可选用中式的圆桌及中式宴会形式。

(三)餐台设计

1.色彩

圣诞晚宴一般选用白色和蓝色相搭配的台布、餐巾、椅套,突出圣诞夜的平安和祥和。

2.桌面盘花

选用大型艺术插花或蛋糕屋、圣诞礼品等作为餐台的装饰。

3.餐具选择

为烘托圣诞节气氛,应选用较高档的银制餐具,与整个场景相呼应。

(四)节假日宴会菜单设计

下面以圣诞节为例介绍两套菜单。

1.圣诞节宴会菜单一

风味干果四款,特色甜点二款,风味咸点二款,迎宾八味,冷菜,一品大果盘。

赠送:啤酒8瓶,红酒1瓶,大可乐、雪碧各1瓶。

热菜:上汤鱼翅盅、一品烧海参、XO酱鲍鱼、雪菜蒸鲈鱼、香辣焗飞蟹、金钱龙眼肉、新疆烤羊排、纸包黑椒肉、油焖大虾、当红炸仔鸡、红梅扒鱼肚、盐烤大银杏。

2.圣诞节宴会菜单二

干果四款,甜点二款,咸点二款,迎宾八味,时令果盘。

赠送:啤酒8瓶,红酒1瓶,大可乐、雪碧各1瓶。

热菜:上汤鱼翅拼海参、葱油鲍鱼片、姜葱焗肉蟹、青松虾球、剁椒鲈鱼、南瓜烧肉、烧烤大羊排、芥蓝鱼肚、清炒菜胆。

(五)节假日主题宴会服务设计

下面以某家酒家举办的圣诞自助晚宴为例予以介绍。

1.席前准备工作

(1)做好节日前宴会推销及预订工作。在节日前一个月就应做好宴会菜的设计,并打出广告。由于圣诞平安夜(12月24日)的晚宴越来越受人们的欢迎,所以一定要做好预订工作,根据宾客的要求及人数,合理安排。

(2)节前宴会厅的布置。在宴会厅门口及中央布置圣诞树,宴会厅大门上悬挂"圣诞节快乐(MERRY CHRISTMAS)"的条幅或霓虹灯。用彩带、气球、小玩具、礼品盒等装饰整个宴会厅,但不可过于凌乱,注意色彩的搭配。

(3)搭设表演台。为了方便举行席间娱乐节目,在宴会厅的正前方留出空地,搭设表演台。表演台的大小、高度,以方便表演者表演和客人观赏为宜。调试好灯光和音响。

(4)台形设计。根据宴会厅大小及宴会人数,设计餐台及自助餐台台形。通常,一个自助餐台的食品可招待80个客人,若预订人数超过120人,就要准备两个自助餐台。一些特色食品可单独设自助餐台,如布置一个圣诞甜点小屋、烧烤屋等。

(5)礼品准备。为给每位用餐的宾客一个惊喜,可准备足够的、精美但价格适中的小礼品,如各式圣诞玩具、圣诞装饰品、假面具、小帽子等。如晚宴期间有有奖竞猜或幸运抽奖节目,应准备好一些大奖以吸引宾客前来消费。礼品费用可计入宴会成本或请供应商赞助。

(6)人员配备。配备足够的人手负责迎宾、自助餐台和酒吧台,提供席间服务等。选一名服务员装扮成圣诞老人,以烘托节日气氛。

2.席间服务

(1)迎宾。由迎宾员和圣诞老人一起在宴会厅口迎接客人。圣诞老人向每位来宾贺节日快乐,并发放礼物。迎宾员引领宾客入席。

(2)席间娱乐。由主持人宣布宴会开始,并演奏圣诞音乐,唱圣诞歌曲。在宴会期间穿插各种娱乐节目,并抽出幸运大奖,将宴会气氛推向高潮。

(3)宴会服务。服务员坚守各自岗位,严格按照自助餐服务程序提供服务。在宾客参加娱乐活动时,更要照顾好客人,及时收撤食用过的餐盘及食品,保证宴会食品供应充足,餐台整洁美观。

(4)席后送客。客人用餐完毕,陆续离去,迎宾员和圣诞老人应提前在门口送客,并可与客人合影留念。

(资料来源:刘澜江,郑月红.主题宴会设计[M].北京:中国商业出版社,2013.)

(六)节假日宴会应急预案

1.应急机构设置

(1)组建应急处置小组。

(2)小组各成员职责。

① 组长:负责突发事件应急处置的组织、指挥、协调。

② 副组长:负责突发事件应急措施落实情况的检查、指导。

③ 成员:负责所辖区应急措施的落实、救援组织和善后处置,协助小组长处置各类突发事件。

(3)有关部门组织安保、消防队。

2.各类突发事件应急预案

(1)治安应急预案。

① 当餐厅内发生斗殴事件时,应立即制止劝阻及劝散围观人群。

② 如双方不听劝阻,有难以控制的趋势时,应迅速报告公安机关并通知饭店相关部门人员。

③ 如因斗殴损坏餐厅物品,应由斗殴者赔偿。如有伤者则予以急救后交警方处理。现场须保持原状,协助警方辨认滋事者。

④ 如斗殴者乘车离去,应记下车牌号码、颜色、车型及人数等特征,交警方处理。

(2) 火灾应急预案。

① 火灾现场第一发现人发现烟火时,立即拨打饭店消防值班室电话向消防值班人员报告,并说明自己的姓名、职务、失火地点、火势大小。

② 用最近的灭火器材阻止火势蔓延。

③ 当餐厅发生火警时,管理人员须立即赶赴现场查看,确认发生火灾后应立即通知酒店消防控制中心和总值班经理。

④ 消防值班室工作人员接到火灾确认信息后,应马上告知总机通知突发事件应急处置小组成员到消防值班室组成灭火指挥部。同时,通知保安部组织安保员开展疏散、灭火、救援工作。

(3) 食品中毒应急措施。

① 在餐厅内发现任何人有中毒症状,无论是误服或故意服毒,应立即报警,并向总经理汇报。

② 拨打急救中心电话"120"呼救,等待医务人员救援。

③ 经警方同意后查看中毒者证件等物品,由警方通知中毒者的单位或亲友。

④ 保护中毒者所在现场,不要让任何人触摸宴会厅和厨房内的食物。

⑤ 将中毒者的私人物品登记、保管或按警方要求交给警方签收。

⑥ 发现投毒者或可疑人员时立即截留,交警方处理。

⑦ 把客人用餐的菜肴和餐具及残渣封存,交警方化验、鉴定。

(4) 客人醉酒应急预案。

① 发现醉酒客人,应立即向保安部报告并做好跟踪工作。餐厅或其他营业场所应立即停止对醉酒客人的酒精饮品的供应。

② 安定醉酒客人情绪,提供必要的服务。

③ 尽快将醉酒客人带离酒店或送回房间,如有随行人员在场请随行人员协助并通知其家属、单位。

④ 如醉酒客人出现昏睡不醒、口唇发紫、心跳加快,甚至抽搐、昏迷现象,要立即送医院治疗。

⑤ 一旦出现客人醉酒闹事事件,在场服务员要及时报告保安部,引导围观人员撤离现场,收藏岗点所有的物品及现金等,以防损坏饭店物资和用硬物将人砸伤。

⑥ 如事态严重,发生伤害事故,保安部应及时与当地派出所联系。

⑦ 检查现场遗留物,查清饭店设施是否遭受损失及损失程度、数量,报给相关部门处理。

(5)酒店停电应急预案。

① 服务员应保持镇静,先稳定好客人的情绪,并迅速开启应急灯,点燃蜡烛。

② 提醒客人坐在原地位置,并看管好自己的物品。

③ 餐厅经理在第一时间报告工程部经理,查明停电原因。如果是饭店内部停电,马上组织维修;如果是区域停电或其他原因一时无法维修,应向宾客表示歉意,向客人做好解释工作。

④ 给客人结账时,核对好单子,没有上的菜给客人退菜,并一一道歉。

⑤ 当班领班拿上手电,站到餐厅出口,指引客人离店。

(6)煤气、天然气泄漏应急预案。

① 厨房如发现有天然气或煤气泄漏,员工应立即关闭该区域的总阀门,并通知厨师长或部门领导,打电话给值班经理报告情况。

② 餐厅在场最高领导统一指挥,必要时疏散人员,保持冷静,关闭照明灯,也不要脱换衣服,以防静电产生火花。禁用电器设备(包括手机、对讲机、电话等)。

③ 立即报告保安部,联系燃气公司,并拨打119请求救援。

④ 如发现中毒者、受伤者,应立即小心妥善地抬离现场,送往医院救治。

三、节假日主题宴会策划

策划节假日主题宴会分为四大步骤:活动构思、撰写策划书、策划成果展示、效果评估。

(一)活动构思

1. 活动的目的

一是在短期内提升经济效益,二要以营销活动为契机,挖掘潜在客户,培育长期客源市场。

2. 确立主题

节假日宴会营销主题是营销活动的核心与灵魂,主题选择的好坏直接关系到营销活动的成败。通常说来,由于节假日宴会都有一定的文化内涵与特点,饭店开展营销活动的节假日一旦确定,其营销主题或者说营销活动的基本框架和方向实质已经大体确定。

3. 形成思路

寻求解决问题的方法或方案,经过梳理总结,形成策划思路。

(二)撰写策划书
1.拟出计划
拟出节假日宴会策划工作所涉及事项、时间、人员分工等计划。
2.撰写策划书
按照节假日宴会策划的主题、思路和基本内容来撰写。
(1)策划目的。
通过举办节假日主题宴会活动稳定客源,扩大潜在客户,树立、维护酒店形象,提升酒店的销售额。
(2)市场分析。
① 分析节假日营销市场的优势。
② 分析节假日营销市场的劣势。
③ 分析节假日营销市场的机遇。
(3)设备设施。
进行节假日主题宴会策划要充分考虑到饭店的设备设施条件,根据已有的设备设施进行最优化设计、最大化利用,如果涉及的设施设备较多,最好注明设施设备的用途。
(4)现场布置设计。
① 音乐的选择要符合宴会的主题,烘托出节假日主题宴会的氛围。
② 舞台要足够宽敞,为节假日宴会活动提供足够的空间。
③ 服务质量是宴会的一个重要因素。酒水服务员、音乐调控师、酒店门童等都提供着不同的服务,所以要事先安排好,如上菜的流程、快慢节奏等。
(5)菜单设计。
节假日主题宴会菜单的设计应紧扣宴会主题。菜式的特色、品质必须反映节假日主题的内涵和特征。菜单、菜名及技术要求应围绕节假日主题中心展开。
(6)现场服装要求。
工作人员的服装要能够体现出节假日的特色,营造出节假日的氛围。
(三)策划成果展示
运用多媒体设备或制作成海报进行展示。
(四)策划效果评估
科学地评价节假日宴会策划方案。
(1)策划活动的正确性。
(2)策划活动的可行性。
(3)能客观准确地评价并修正方案。
下面是一西餐厅的圣诞节活动策划方案。

圣诞节活动策划方案

酒店名称：缘起咖啡西餐厅石家庄店。

操作目的：通过圣诞节这个特殊的节日和西餐行业消费旺季，提高缘起咖啡西餐厅知名度和人气指数，结合省会西餐市场发展现状，采用严谨的营销策略执行操作，以"免费品尝咖啡"为引线，以圣诞节为主题贯穿整个活动，制定适合缘起咖啡西餐厅占领省会市场可行性操作系统及实施方案，使缘起咖啡西餐厅在2006年岁末成功运作，开创省会西餐厅行业新篇章。

一、策划目的

缘起咖啡西餐厅石家庄店于2005年10月成立。作为全国著名品牌连锁店，缘起咖啡西餐厅融合了现代商务多功能气息，致力于打造具有中国特色的西餐品牌文化时尚。

根据目前现状，缘起咖啡西餐厅石家庄店因开业前期市场宣传力度不大，餐厅客流量较少，无法体现社会影响力和品牌美誉度。临近冬季，正是餐饮市场火爆阶段，缘起咖啡西餐厅应尽快开展多种活动，以吸引客源，达到在春节前稳步经营、快速营利的目的。金喜文化传播有限公司经过市场调研，以独到的创意、多年酒店成功操作的经验，为缘起咖啡西餐厅石家庄店策划了"缘起咖啡"圣诞节活动。此次活动延伸宣传范围，加大宣传力度，力图为扩大缘起咖啡西餐厅石家庄店的社会知名度、品牌美誉度、消费认知度打下坚实基础。

二、活动时间

2006年12月10日—2006年12月25日。

三、活动主题

成功沟通，始于缘起。

四、组织形式

主办单位：缘起咖啡西餐厅石家庄店。

承办单位：金喜文化传播有限公司。

五、活动可操作性分析

缘起咖啡西餐厅石家庄店位于石家庄市建设北大街与光华路交会处，紧邻棉一立交桥北，地处中浩商务中心、东海国际大厦、老百姓大药房、米氏家具城、华普超市、北国超市等大型商业机构构成的省会北部商业旺圈。交通位置优越、便利，区域内无同行竞争对手。因此，缘起咖啡西餐厅有着得天独厚的环境优势，在此基础上，企业尽可放心利用周边有利环境设施进行大规模宣传。

随着石家庄市东南部商业经济的快速发展，人们把目光聚集在北部。石家庄市北部承载着经济流通的重要责任，城乡、外省与本土资源的优势互补，信息的相互交流，填补了北部市场的空白。所以，缘起咖啡西餐厅圣诞节活动的实施，具有一定的可操作性，能够促进缘起咖啡西餐厅走多功能型西餐发展道路，打造北部餐饮市场新标杆。

六、活动内容

(一)"真情缘起"——免费品尝咖啡活动方案

时间：2005年12月10日—12月15日。

地点：缘起咖啡西餐厅门前广场。

内容：由主办单位在缘起咖啡西餐厅门前广场摆一操作台，操作台背景为缘起咖啡西餐厅企业形象主题、标语。消费者可以在操作台前品尝醇香浓郁的缘起咖啡。

4名礼仪小姐身披绶带，绶带文字内容：为圣诞节快乐和成功沟通，始于缘起。两名礼仪小姐负责为消费者现场烹制咖啡，向消费者讲述缘起咖啡西餐厅的文化历史；另两名礼仪小姐向消费者派发宣传页（宣传页主要内容：告知消费者圣诞节期间缘起咖啡西餐厅菜品的优惠措施，赠送精美礼品，敬请消费者光临）。

活动寓意：通过免费品尝咖啡，体现缘起咖啡西餐厅近距离走近消费者的亲和力，提升品牌的美誉度，把消费者带入"缘起咖啡"深层次的境界。

金喜文化传播有限公司为商家提供展台的设计方案和宣传页的设计制作，商家派礼仪小姐进行促销活动。

(二)"缘起咖啡"圣诞亲善大使赠送礼物活动

时间：2005年12月23日—12月25日。

地点：缘起咖啡西餐厅二楼。

内容：圣诞树上的雪花悄然飘落，风中传来醉人的乐曲，当夜色铺满天空，平安夜的歌声响起时，人们在缘起咖啡西餐厅相遇。

为提高节日的人气指数，特邀五位圣诞亲善大使为在缘起咖啡西餐厅消费的宾客赠送圣诞礼物。圣诞礼物上标有"缘起咖啡"的主题标语（成功沟通，始于缘起）和祝福语（缘起咖啡祝宾客圣诞节快乐）。圣诞亲善大使欢快的歌声，为宾客送来了圣诞祝福。

活动寓意：品牌与消费者零距离接触，能够给消费者留下深刻的印象，起到提升"缘起咖啡"品牌的广告效应。

(三)"缘起咖啡"中外嘉宾圣诞大联欢活动方案

时间：2005年12月24日20:00。

地点："缘起咖啡"西餐厅二楼。

邀请嘉宾：部分外籍老师及留学生。

内容：12月24日晚，在缘起咖啡西餐厅举行中外嘉宾圣诞大联欢活动。届时，部分外籍老师及留学生在二楼餐厅欢聚一堂,共同庆祝圣诞节。整个饭店充满圣诞节日的气氛,使他们有重归故里的感觉。他们品尝家乡的美食,聆听悠扬的钢琴曲,感受法国的浪漫、英国的含蓄、美国的奔放……感受西餐文化带来的愉悦享受。

寓意:通过外籍嘉宾的参与引发缘起咖啡西餐厅圣诞节活动的高潮,吸引新闻媒体的广泛关注,整个活动气氛热烈、高雅,倡导时尚消费理念。"缘起咖啡"西餐文化得到了渲染,突出了"缘起咖啡"深厚的文化底蕴。

七、形象宣传制品促销投放策略

1. 台历

在"缘起咖啡"西餐中选出12道经典菜品,每一道菜品设计在每个月中,并做相应打折活动,在圣诞节前全部派发完毕。消费者可持菜品彩图到"缘起咖啡"西餐厅消费,享受优惠政策,如免费点钢琴曲、菜品打折消费等。

2. DM 宣传单页

宣传"缘起咖啡"圣诞节活动优惠措施,如赠送咖啡和纪念礼品、免费品尝部分菜品,通过夹报的形式和现场品尝咖啡时派发。

3. 钢琴曲点单

制作策略:消费者就餐时可聆听优美的钢琴曲,并根据自己的兴趣点自己喜爱的乐曲,钢琴师即可弹奏出悦耳动听的乐曲。

4. 咖啡品尝操作台

制作策略:重点突出企业形象、企业文化、企业理念,更大范围地吸引消费者,通过"缘起咖啡"简明的主题词,使消费者认可"缘起咖啡"。

5. 易拉宝

制作策略:介绍"缘起咖啡"经典咖啡起源、企业理念。易拉宝摆放于二楼餐厅显赫位置,增添活动气氛。

6. 吊旗

制作策略:主题标语为"成功沟通 始于缘起"悬挂于二楼餐厅顶部。

7. 大型菜品展牌

制作策略:采用不锈钢制作,具有稳定性强、可随意更换内容、保存时间长的特点。主要内容为企业理念,企业经典招牌菜菜品名称、价位。摆放于二楼餐厅楼梯旁边,便于消费者挑选菜品。

八、活动意义

(1)此活动在省会咖啡西餐行业尚属首例,消费者可以在活动期内享受各种优惠(如免费品尝手工咖啡,获得优惠券、打折卡等),塑造"缘起咖啡"品牌知名度和美誉度。

(2)引领消费者从中低档消费向高档消费转型,彰显企业尊贵色彩,弘扬品牌文化，推动西餐行业健康有序发展。

(资料来源：周宇.宴席设计实务[M].北京：高等教育出版社，2010.)

📖 案例分析

节日宴

近几年来，节假日成为饭店营销的商机，各大饭店都十分重视开发节日期间的餐饮市场。天心大酒店在主题宴会营销上别出心裁，策划了一个贯穿除夕、元宵节、情人节三个节日的主题宴会促销活动。除夕夜推出团圆宴，将宴会厅营造出喜庆、祥和的气氛，在宴会厅举办精彩、刺激的家庭游戏，赠送每桌一张全家福照片。元宵节推出元宵节团圆宴，举办现场做元宵、猜灯谜活动。情人节举办烛光晚宴，酒店赠送玫瑰花、巧克力，消费者还可以参加抽奖获免费客房。由于饭店在营销方面具有创新，因此活动非常成功。

【案例点评】

天心大酒店在主题宴会营销活动中的成功，是与饭店对消费者深入研究分不开的。饭店借助节假日策划出一系列的营销活动，向顾客提供节日消费的产品，大大激发了顾客的消费欲望；同时饭店对产品进行了整合，为顾客提供了多项具有附加值的优惠产品。

【案例思考】

你从该案例中得到了什么启示？

📚 视野拓展

中外节日简介

一、圣诞节的由来

圣诞节是一个宗教节日，因为人们把它当作耶稣的诞辰来庆祝，因而又名耶诞节。每年12月25日，世界所有的基督教会都举行特别的礼拜仪式。

圣诞节也是西方世界以及其他很多地区的公共假日，世界上的非基督徒只是把圣诞节当作一个世俗的文化节日看待。

（一）节日起源

太阳神诞辰

12月25日是274年罗马皇帝奥勒良指定的罗马帝国官方庆祝叙利亚太阳神苏里耶和伊朗太阳神米特拉的节日。叙利亚太阳神崇拜最早是由古罗马国王安东尼努斯引入古罗马帝国的,并取代了主神朱庇特,并在奥勒良国王时期成为国家节日。12月25日这一天是为了庆祝太阳的重生或回归,因为这一天是一年中白天最短的日期,用中国的概念是指罗马历法的"冬至"日。这一天以后,白天会逐渐变长。崇拜太阳神的异教徒都把这一天当作春天的希望、万物复苏的开始。庆祝太阳回归的这一天在世界范围内不同的地区都是作为重要节日庆祝的,这一天都成为了太阳被拟人化后诞生的日子。早期基督教会为了利用这一天假日,也试图把异教徒的风俗习惯基督教化,就把耶稣生日指定在了这一天。所以除去强加的宗教意义,圣诞日其实就是西方的"冬至"日。

圣诞日最早在新石器时代晚期,这一天是原始人类庆祝丰收并杀死牲畜和发酵酒类的日子。北欧土著萨米人在这一天祭祀他们的太阳神北威。苏美尔、巴比伦等古美索不达米亚地区在这一天庆祝太阳神马尔杜克打败黑暗;印度教则在这一天祭祀太阳神苏里耶;而伊朗民族和袄教徒的这一天是庆祝太阳神米特拉战胜黑暗的节日"耶尔达节",也是伊朗历第十月的第一天,标志着冬季的开始。古代斯拉夫民族认为老太阳神霍尔斯在一年中黑夜最长的12月22日被黑暗之神打败后死亡,于是斯拉夫人为此跳了霍洛舞,一天后,即23日太阳神霍尔斯死而复生,成为新太阳神古里大。在爱琴文明里,这一天被称作里纳节,也是希腊提洛历的第一天,是纪念酒神狄奥尼索斯被女祭司美娜德撕碎并吃掉又转生成婴儿。这个节日影响到了古罗马共和国并成为了纪念酒神的布鲁马利亚节。同时,古罗马也在12月23日至27日的5天里以纪念罗马神话的农业神萨图尔努斯的名义进行聚餐。因此近现代耶经学者们认为这些关于太阳的印欧神话是耶稣信仰的起源。牛顿认为圣诞节是按冬至日确定的,16世纪的法国修辞学教授杜朴斯和哲学家伏尔尼则指出耶稣的一生都是按太阳通过黄道的轨迹塑造的,这一点与叙利亚、埃及和波斯的太阳神一致,耶稣是在冬至日出生,随着处女座上升,再随着牡羊座出现直到春分日复活,耶稣有关羊的比喻实则是暗示太阳经过牡羊座。

(二)节日习俗

西方人以红、绿、白三色为圣诞色,圣诞节来临时家家户户都要用圣诞色彩来装饰。红色的有圣诞花和圣诞蜡烛。绿色的是圣诞树。圣诞树是圣诞节的主要装饰品,用砍伐来的杉、柏树枝制成塔形的常青树,树上悬挂五颜六色的彩灯、礼物和纸花。

红色和白色相映成趣的是圣诞老人,他是圣诞节活动中最受欢迎的人物。西方儿童在圣诞夜临睡之前,要在壁炉前或枕头旁放上一只袜子,等候圣诞老人在他们入睡后把礼物放在袜子内。

世界上圣诞习俗众多,国与国之间差别很大。大部分人熟悉的圣诞物品及活动,如圣诞树、圣诞火腿、圣诞柴、冬青、槲寄生以及互赠礼物,都是基督教传教士从早期 Asatru 异教的冬至假日 Yule 里吸收而来。

1. 圣诞卡

圣诞卡在美国和欧洲很流行，是为维持远方亲朋好友关系的方式之一。许多家庭随圣诞卡带上年度家庭合照或家庭新闻，新闻一般包括家庭成员在过去一年的优点、特长等。

2. 圣诞袜

圣诞袜卡通版最早以前是一对红色的大袜子，大小不拘。因为圣诞袜是用来装礼物的，所以是小朋友最喜欢的物品，晚上他们会将自己的袜子挂在床边，等待第二天早上收礼。

3. 圣诞帽

是一顶红色帽子，据说晚上戴上睡觉除了睡得安稳外，第二天还会在帽子里发现心爱的人送的礼物。在狂欢夜圣诞帽更是全场的主角，无论你去到哪个角落，都会看到各式各样的圣诞帽。

4. 庆祝活动

圣诞节庆祝活动是从将临期开始的，将临期是 11 月尾基督降生预期。将临期教会会有特别的活动或仪式。一般包括诵唱将临节颂歌，还会向儿童发送糖果和巧克力。在圣诞节前，教会会在教堂安排许多圣诞活动，唱诗班也会在教堂里演唱圣诞歌曲。在平安夜和圣诞节有许多特别活动，包括子夜弥撒。

其他宗教教徒也会在圣诞假日期间庆祝他们各自的节日。最明显的例子就是犹太教的光明节。在 21 世纪的今天，世界上许多家庭在光明节开始互赠礼物了。

5. 圣诞大餐

正像中国人过春节吃年饭一样，欧美人过圣诞节也很隆重——全家人围坐在圣诞树下，共进节日美餐。

圣诞大餐吃火鸡的习俗始于 1620 年。这种风俗盛于美国。英国人的圣诞晚宴大餐是烤鹅。澳大利亚人爱在平安夜里，全家老小约上亲友成群结队地到餐馆去吃一顿圣诞大餐，其中火鸡、腊鸡、烧牛仔肉和猪腿必不可少，同时伴以名酒，吃得大家欢天喜地。

在传统的圣诞餐桌上，烤火鸡是不可缺少的菜式。在一些亚洲国家，或许每年只有圣诞节这一天才吃火鸡，以庆祝佳节；但在欧美，尤其是美洲大陆，火鸡却是很普通的一种肉食，而且对于感恩节和圣诞节这两大节日，火鸡更是传统的食品。

火鸡是美洲特产，在欧洲人到美洲之前，已经被印第安人驯化。火鸡的名字在英文中称"土耳其"。因为欧洲人觉得火鸡的样子像土耳其的服装：身黑头红。欧洲人很喜欢吃烤鹅。欧洲人移民到美洲之后吃火鸡，竟然发现火鸡比鹅好吃。北美洲有很多火鸡，于是烤火鸡成了美国人的大菜，重要节日中必不可少。这种风俗已有300多年的历史了。据说在1602年的圣诞节,大批来自英国的移民抵达美洲大陆的普利茅斯山。当时,那里物产贫乏,只有遍布山野的火鸡,于是他们便捉火鸡作为过节的主菜。圣诞大餐里除了火鸡外,还有火腿、甘薯、蔬菜、葡萄干布丁、水果饼和鸡尾酒等食物和饮料。

二、春节的来历

春节传统名称为新年、大年、新岁,但口头上又称度岁、庆新岁、过年。古时春节曾专指节气中的立春,也被视为是一年的开始,后来改为农历正月初一开始为新年,一般至少要到正月十五(上元节)才结束。春节俗称"年节",是中华民族最隆重的传统佳节,汉武帝时期之前,各朝各代春节的日期并不一致,自汉武帝太初元年始,以夏历(农历)正月为岁首,年节的日期由此固定下来延续至今。1911年辛亥革命以后,开始采用公历计年,遂称公历1月1日为"元旦",称农历正月初一为"春节"。

春节是传统节日,其历史悠久、流传面广,具有极大的普及性、群众性、全民性的特点。春节是除旧布新的日子,春节虽定在农历正月初一,但春节的活动却并不止于正月初一这一天。从腊月二十三(或二十四)小年节起,人们便开始"忙年":扫房屋、洗头沐浴、准备年节器具等,所有这些活动,有一个共同的主题,即"辞旧迎新"。年节也是祭天祈年的日子,古人谓谷子一熟为一"年",五谷丰收为"大有年"。西周初年,即已出现了一年一度的庆祝丰收的活动。后来,祭天祈年成了年俗的主要内容之一;而且,诸如灶神、门神、财神、喜神、井神等诸路神明,在年节期间,都备享人间香火。人们借此酬谢诸神过去的关照,并祈愿在新的一年中能得到更多的福佑。年节还是合家团圆、敦亲祀祖的日子。除夕,全家欢聚一堂,吃罢"团年饭",长辈给孩子们分发"压岁钱",一家人团坐"守岁"。元日子时交年时刻,鞭炮齐响,辞旧岁、迎新年的活动达到高潮:各家焚香致礼,敬天地、祭列祖,然后依次给尊长拜年,继而同族亲友互致祝贺。年节更是民族娱乐狂欢的节日。元日以后,各种丰富多彩的娱乐活动竞相开展:耍狮子、舞龙灯、扭秧歌、踩高跷、杂耍诸戏等,为新春佳节增添了浓郁的喜庆气氛。因此,集祈年、庆贺、娱乐为一体的盛典年节就成了中华民族最隆重的佳节。而时至今日,除祀神祭祖等活动比以往有所淡化以外,年节的主要习俗,都完好地得以继承与发展。

春节是中华民族文化的优秀传统重要载体,蕴含着中华民族文化的智慧和结晶,凝聚着华夏人民的生命追求和情感寄托,传承着中国人的社会伦理观念,所以,我们一定要大力弘扬春节所凝结的优秀传统文化,突出辞旧迎新、祝福、团圆平安、兴旺发达等主题,努力营造家庭和睦、安定团结、欢乐祥和的喜庆氛围。

三、重阳节的来历

农历九月九日,为传统的重阳节,又称"老人节"。因为《易经》中把"六"定为阴数,把"九"定为阳数,九月九日,日月并阳,两九相重,故而称重阳,也叫重九。重阳节早在战国时期就已经形成,到了唐代,重阳节被正式定为民间的节日,此后历朝历代沿袭至今。重阳节名称见于三国时代,据曹丕《九日与钟繇书》中载:"岁往月来,忽复九月九日。九为阳数,而日月并应,俗嘉其名,以为宜于长久,故以享宴高会。"

四、中国情人节起源

七夕节被称为中国的情人节,原名为乞巧节。七夕乞巧中国情人节,这个节日起源于汉代,东晋葛洪的《西京杂记》有"汉彩女常以七月七日穿七孔针于开襟楼,人俱习之"的记载,这便是古代文献中所见到的最早的关于乞巧的记载。

"七夕"最早来源于人们对自然的崇拜。从历史文献上看,至少在三四千年前,随着人们对天文的认识和纺织技术的产生,就有了牵牛星、织女星的记载。古人对星星的崇拜远不止是牵牛星和织女星,他们认为东西南北各有七颗代表方位的星星,合称二十八宿,其中以北斗七星最亮,可供夜间辨别方向。北斗七星的第一颗星叫魁星,又称魁首。后来,有了科举制度,中状元叫"大魁天下士",读书人把七夕节称"魁星节",又称"晒书节",保持了最早七夕来源于星宿崇拜的痕迹。

五、西方情人节的来历和传统习俗

2月14日是情人节,如今它被人们作为情侣的节日来庆祝,相爱的人之间互赠糖果、鲜花或其他礼物。关于情人节的来历,有许多不同的传说,一直流传至今。

在罗马,据说情人节源自于5世纪,是为了纪念一位天主教牧师圣瓦伦丁(SaintValentine)。在情人节确立前800年,罗马人就已经有了一项在2月中旬举行的异教徒庆典活动,年轻人通过庆典来纪念卢帕克斯神。这项庆典的特点是进行抽签,让年轻的男子从盒子里抽取十几岁少女的名字,通过这种方式分配给每一位年轻男子的女孩就成了他那一年的女伴。

年轻人是情人节当之无愧的主角,他们要在这一节日里郑重其事地为恋人选择礼物、赠送鲜花,表达自己的爱慕之情。痴情的姑娘可能会按照古老的传说,在情人节前夜把月桂树叶放在枕头上,盼望在梦中同自己的心上人相会。

现在的情人节已经不单是情人们的节日,也是朋友之间传递感情和友谊的日子,是一个大众化的节日。情人节这一天,不仅仅情侣们互赠卡片和礼物,人们也给自己的父母以及其他受自己尊敬和爱戴的人赠礼物和卡片。情人节如今是一个充满爱情和友谊的欢乐节日。

六、感恩节的来历

每年11月的最后一个星期四是感恩节。感恩节是美国人独创的一个古老节日,也是美国人合家欢聚的节日,就像中国人的中秋节一样,因此美国人提起感恩节总是倍感亲切。

感恩节的由来要一直追溯到美国历史的发端。1620年，著名的"五月花"号船满载不堪忍受英国国内宗教迫害的清教徒102人到达美洲。1620年和1621年之交的冬天，他们遇到了难以想象的困难，处在饥寒交迫之中。冬天过去时，活下来的移民只有50来人。这时，心地善良的印第安人给移民送来了生活必需品，还特地派人教他们怎样狩猎、捕鱼和种植玉米、南瓜。在印第安人的帮助下，移民们终于获得了丰收，在欢庆丰收的日子，按照宗教传统习俗，移民规定了感谢上帝的日子，并决定为感谢印第安人的真诚帮助，邀请他们一同庆祝节日。

在第一个感恩节的这一天，印第安人和移民欢聚一堂，他们在黎明时鸣放礼炮，列队走进一间用作教堂的屋子，虔诚地向上帝表达谢意，然后点起篝火举行盛大宴会。第二天和第三天又举行了摔跤、赛跑、唱歌、跳舞等活动。第一个感恩节非常成功，其中许多庆祝方式流传了300多年，一直保留到今天。

初时感恩节没有固定时期，由各州临时决定，直到美国独立后，感恩节才成为全国性的节日。每逢感恩节这一天，美国举国上下热闹非常，人们按照习俗前往教堂做感恩祈祷，城市、小镇到处都有化装游行、戏剧表演或体育比赛等。劳燕分飞了一年的亲人们也会从天南海北归来，一家人团团圆圆，品尝美味的感恩节火鸡。

感恩节的食品富有传统特色。火鸡是感恩节的传统主菜。通常是把火鸡肚子里塞上各种调料和拌好的食品，然后整只烤出，由男主人用刀切成薄片分给大家。此外，感恩节的传统食品还有甜山芋、玉米、南瓜饼、红莓苔子果酱等。

感恩节宴会后，人们有时会做些传统游戏，比如南瓜赛跑，比赛者用一把小勺推着南瓜跑，规定不能用手碰南瓜，先到终点者获胜。比赛用的勺子越小，游戏就越有意思。

感恩节是不论何种信仰、何种民族的美国人都庆祝的传统节日。

四、主题宴会台面用途及风格

主题宴会台面用途及风格见表3-4。

表3-4 主题宴会台面用途及风格

序号	主题宴会类型	台面风格	适用宴会
1	仿古宴	采用仿古代名宴的餐具、酒具，台面布局、场景布置，礼仪规格高	红楼宴、宋宴、满汉全席、孔府宴
2	风味宴	具有鲜明的民族餐饮文化和地方饮食色彩	火锅宴、烧烤宴、清真宴、海鲜宴、斋宴、民族宴

续表

序号	主题宴会类型	台面风格	适用宴会
3	正式宴会	主题鲜明,政治性强,目的明确,场面气氛庄重高雅,接待礼仪严格	国宴、公务宴、商务宴、会议宴
4	亲(友)情宴	主题丰富,目的单一,气氛祥和、热烈,突出个性	毕业宴请、家庭便宴
5	节日宴	传统节日气氛浓重,注重节日习俗	圣诞节、元旦、春节、元宵节、国庆节、中秋节、情人节、重阳节等宴请
6	休闲宴	休闲,气氛雅静舒适	茶宴
7	保健养生宴	倡导健康饮食主题,就餐的环境、设施与台面设计有利于客人的健康需要	食补药膳宴、美容宴
8	会展宴	宴会的台面设计与会展主题相符,就餐形式多种多样	各种大型会展主题宴会、冷餐会、鸡尾酒会

五、设计节假日宴会注意事项

(一)设计专门的节假日宴会菜单

针对不同节假日的特点及各个节假日所处的季节而设计的菜单,既沿袭了传统习俗,又新颖独特,这是吸引宾客前来消费的主要亮点。

(二)留出宽敞的娱乐场地

为了使宾客在节日宴会中更加尽兴,餐厅除了设计专门的宴会菜单、提供优质的服务外,往往还根据不同场合组织一些娱乐节目。如在宴会期间组织乐队演奏,邀请著名歌星、影星前来助兴,组织有奖竞猜、席间抽奖,派发神秘礼物等。所以在宴会场地布置时要搭建演出台、主席台或在宴会厅中央留出娱乐表演场地。

(三)服务员要注意仪容仪表

节日期间人们心情愉快,服务人员应面带微笑,热情地迎接每一位来宾。为了烘托气氛,服务员甚至可进行节日装扮。例如在圣诞节,服务员可戴上一顶圣诞小红帽,还可选一名身材高大、和蔼可亲的服务员装扮成圣诞老人,为来宾发放圣诞礼物,同客人合影留念等。但要注意,服务员的装扮不可过于怪诞,以免引起客人反感。

任务评价

节假日宴会策划任务评价见表3-5。

表3-5 节假日宴会策划任务评价表

工作任务	工作过程	成绩评定
活动构思	思维有逻辑性、创新能力强(10分)	
策划书撰写	(1)与人交流:掌握沟通技巧,具有亲和力,能很好地与被访问者交流并顺利获取信息(10分)	
	(2)提交及时,策划书内容全面、准确、格式正确(10分)	
	(3)具有可行性(10分)	
	(4)安排任务、完成任务有计划,并遵循已达成的工作进度表(5分)	
	(5)能适应新的和多变的环境(5分)	
策划书展示	(1)展示方式恰当、直观(10分)	
	(2)能有效地掌握展示技巧(5分)	
	(3)与合作伙伴友善,相互尊重,善于切磋商讨,共同完成任务(5分)	
	(4)接受各种信息的能力(5分)	
效果评估	(1)评估策划活动的正确性(10分)	
	(2)评估策划活动的可行性(5分)	
	(3)能客观准确的自我评价,并修正方案(5分)	
	(4)善于接受各种信息的能力(5分)	
成绩评定	指导教师签字: 年　月　日	总分
学习体会	(1)完成工作任务后的收获 (2)在完成工作任务过程中遇到的问题及建议	

任务三　地方特色活动策划

任务描述

本任务要求学生认识地方特色活动的内涵,了解饭店举办地方特色活动对饭店销售的促进作用。掌握举办地方特色活动的策划方法,策划书的撰写、策划案的展示等,并能客观科学地评估策划案。

情境导入

张玲在饭店市场营销部工作已近半年。近期饭店餐饮销售急剧下降,为此饭店管理层认真研究市场状况后,决定承办由政府主办的具有沈阳地方特色的韩国周活动。张玲的任务是参与饭店承办韩国周开幕式暨韩国美食文化节的策划。

任务分析

接到任务后,张玲虚心请教了市场营销部主管李阳,查看了以往饭店大型活动的策划书,并且上网搜索了相关的资料,明确了地方特色大型活动策划的四个步骤(见图3-3)。

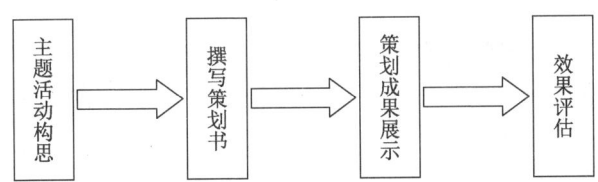

图3-3　地方特色活动策划的步骤

相关知识

一、地方特色活动的基本知识

(一)地方特色活动与地方特产

地方特色活动是以地方特色文化为核心,具有地域性、传统性、民俗性、独特性等重要特征的地方性文化活动。

地方特产指带有一定地域特色,某一地区(地方)特有的产品,包括食品,工艺品等一系列和人们生活相关的商品。

(二)地方特色活动的特征

1. 地域性

地方特色活动是地域特征的产物,受当地民俗影响,从而形成具有地域性特征的活动。

2. 民俗性

富有当地特色的地方性民俗活动,如地方节日活动、传统民俗活动等。

3. 传统性

具有地方性文化特色,体现当地地方文化传承的民风民俗传统活动。

4. 独特性

当地的地方特色活动具有独特的代表性。

(三)地方特色活动的形成

1. 自然环境的产物

地方特色活动一般以当地自然环境为基础,不同的自然环境形成了不同的民俗民情,从而形成具有地方特色的活动。

2. 文化创造的结果

地方特色活动是当地人们智慧与创造力的结晶,是对物质与精神文化的创造。

3. 文化传播的影响

地方特色活动作为地方非物质性文化代表,其特色形成也离不开文化的传播。

(四)地方性特色活动的分类

1. 地方性特色活动

如衡东美食节、台湾美食节等。

2. 国际性特色活动

如韩国周、希腊风味节等。

3. 民俗文化性特色活动

如老北京文化节、满族风情节等。

二、地方特色活动策划的方法

地方特色活动策划方案的撰写一般分为主题活动构思、撰写策划书、策划成果展示、效果评估四个步骤。

(一)主题活动构思

1. 活动目的

通过举办地方特色活动,邀请新老客户参加,为新老客户提供增值服务,增加入店率,提高销售额,扩大饭店知名度,提升饭店品牌形象,扩大饭店影响力,挖掘潜在客户,增加客源。

2. 调查分析

结合市场需求,收集、分析、整理行业数据和市场资料,对收集到的资料进行归纳和分类,撰写举办地方特色活动可行性分析报告。

3. 明确目标

通过举办地方特色活动带动饭店多元化营销。饭店通过广告宣传扩大知名度,以促销政策吸引消费者,促进销售。饭店通过举办地方特色活动为消费者独特的消费环境,提高消费者的忠诚度和认同率,为增加饭店利润奠定基础。

4. 确立主题

根据地方特色活动的特点确立主题。

5. 形成创意

经过市场调查、分析、讨论形成解决问题的思路、方法或方案,形成最终的创意。确定地方特色活动营销的目标市场、销售的范围、举办的形式、营销渠道、财务预算等,撰写地方特色活动策划书。

(二)撰写策划书

1. 拟出计划

拟出策划工作涉及的时间、地点、人员分工等工作计划。

2. 撰写策划书

策划书包括以下内容。

(1)策划目的。

策划书是饭店举办地方特色活动的依据,饭店通过举办地方特色活动能够收到什么样的预期效益。

举办地方特色活动的营销活动能够扩大酒店的知名度,宣传企业形象,树立饭店品牌形象,提升销售额和饭店利润。

(2)市场分析。

① 市场分析分为市场宏观营销环境分析和饭店微观营销环境分析,分析营销环境是饭店开展营销活动的前提条件,对市场环境的正确分析,能指导酒店营销人员制定出正确的市场营销策略。

② 市场宏观营销环境分析主要针对消费需求、经济环境、同类竞争对手。

③ 市场微观营销环境分析主要针对饭店内部环境、饭店合作商、饭店顾客群体。

(3)设备设施。

举办地方特色活动涉及的部门较多,对饭店的设施设备也有着严格的要求,因此要在举办活动前列出所需的设施设备。如果涉及的设施设备较多,要注明设施设备的用途,供采购或租赁参考。

(4)活动方案。

地方特色活动方案主要包括以下内容。

① 确定活动主题。

活动主题要具有地方特色,能够吸引消费者的眼球,立意新颖,同时能够体现酒店经营风格。

主题的选择直接关系到营销活动的成败。地方特色具有一定的文化内涵与特性,主题一旦找准后,营销活动的构架就基本确定了。主题的选择可以分为三个方向:地方元素延伸、地方文化延伸、地方特产延伸。

a.主题元素延伸:主要是对当地所具有的特性元素进行提炼,从中选择一种或几种元素进行延伸,比如湖南地方主题,可以进行龙舟主题的延伸,端午节还可以延伸艾草、菖蒲、药酒、香囊和五彩线等元素。

b.地方文化延伸:主要针对当地具有代表性的地域性历史事件的文化延伸,并将延伸的文化与主题有机地联系在一起。比如在以湖北为地方特色主题的营销策划中,可以将三国时期的历史事件融入其中,同时推出一些三国时期的餐具和与饮食相关的器皿。

c.地方特产延伸:是将地方特产进行的一系列展示、营销,用以吸引客人。

② 制定活动标准。

要根据活动的规模、形式、成本等因素综合定价。

定价时要考虑消费者易于接受。价格的制定要符合价值规律,要具备市场竞争力,同时要有利于目标市场的深度挖掘。

③ 现场设计。

a.地方特色活动现场的设计要紧紧围绕地方特色这一主题,要将地方特色、地方文化等地方性元素进行有机结合,既让客人能够接受,又要激发客人的好奇心和求知欲。

b.地方特色活动现场设计要避免繁冗复杂,以方便客人活动、方便服务人员对客服务为原则。

c.在策划书中要尽可能提供活动所需设备、物品的具体参数,最好能够描述出初步效果,这样可以避免设计与实际效果脱节。

④ 菜单设计。

a.菜单设计主要包含地方主题的菜肴、地方特色的菜肴、地方特产食品等具有地方代表性的菜肴和食品。菜单的表现形式要贴近地方特色的主题,比如韩国周活动,菜单可以用韩国特色饰物或画面来衬托。

b.菜单内容要层次清晰、简单明了,菜品较多时,为了方便客人了解和记忆,要对菜品进行分类,同时要突出特色。如果在活动中有外卖食品,可将外卖食品单独制作出菜单。

⑤ 现场服装要求。

举办地方特色活动时,服务人员穿具有当地特色的民族服饰或传统服装,用来烘托气氛,吸引眼球。如果服饰较多,要提前做预算。

⑥ 礼仪服务标准。

在服务中采用一些简单易行的当地风俗礼仪进行接待服务,让客人了解更多的民俗文化,增强活动的地方特色,将特色活动与地方文化紧密结合。

⑦ 活动的效果。

举办地方性特色活动提升饭店入住率、业内影响力及饭店形象,提升管理能力、经营能力、服务能力及销售能力。

⑧ 活动流程。

在活动流程的设计中要突出地方特色的主题,活动环节要环环相扣,每一个活动环节都能够具有代表性。活动流程的控制时间要明确,以便各部门执行。

针对活动中的突发事件,在策划中要有相应的应急预案,并将责任明确到每个部门和每个人。

⑨ 特惠客户。

活动举办期间,饭店针对 VIP 客户、协议客户、供应商、特邀嘉宾等有一定的优惠政策,人员数量由销售部或市场部统一掌握。

⑩ 确定活动时间。

活动时间要经过周密的研究,要将可能影响饭店销售的时间点或时间段避开,减少活动对饭店正常业务的影响。时间如有变更,要及时通报各部门,以免出现失误。

⑪ 活动地点。

策划时要考虑活动实施的场地,要充分利用有效空间,合理利用饭店现有场地,避免酒店资源的浪费。

如有分会场,要确定每个会场的活动项目,工程部门能够根据举办的活动项目进行装饰,工作人员能够明确自己的职责。

⑫ 确定销售任务。

确定活动方案后,市场部、销售部要会同财务部制定成本核算后的销售任务,再将销售任务进行分配。

确定销售任务后,通过酒店不同部门的营销渠道进行销售,销售中要加大宣传推广力度,突出活动的独特性,注重对老客户的营销,最好能够得到老客户的支持。

⑬ 活动宣传方案。

在制订活动宣传方案时要将各种宣传方式进行综合比较。

首先要考虑宣传方案的成本,其次考虑宣传的有效性和广度与深度,最后考虑其他综合性因素。可以将不同的宣传方式进行有机的结合。

宣传方案要确定各种宣传媒体的传播方式和方法,包括纸质媒体的种类、数量、版式等,电视媒体的播出频率、时间段等。

⑭活动效果预测。

活动效果预测是饭店对举办地方特色活动的经济效益和社会效益的双重估量,通过预测找出饭店经营管理的优势与劣势。

⑮活动费用预算。

活动预算需要工程部、采购部、财务部等部门通过预算分析、制定预算、预算审核等几个步骤来共同完成。预算中要尽可能将所需费用列入预算计划,报价尽可能接近市场价格。

为方便起见,预算可以分类,各部门将所需费用汇总,最后由财务部进行成本核算。

(三)效果展示

策划书撰写结束后,要采用适当方式展示,包括运用多媒体设备或制作成海报进行展示。

(四)效果评价

1. 对活动策划书的评价

包括对策划书的评价,对策划书展示的评价,对策划活动主题的评价,对策划活动具体步骤和执行办法的评价。

评价的标准:

(1)目的明确,能很好地激发消费者参与的热情。

(2)活动内容重点突出,活动层次清晰。

(3)能借助地方特色活动的举办扩大饭店的声誉,提高饭店的销售额,提高饭店工作人员的营销能力。

(4)策划有新意,能突出地方特色,有亮点,有特色,能吸引眼球,能够引起客人共鸣,能够创造新的消费点。

2. 对活动可行性的评价

结合本地客源情况和饭店的实际情况进行活动的可行性评价。可行性评价的标准:

(1)选择地方特色的区域与饭店所处区域的差异性。

(2)选择地方特色的民族差异性。

(3)地方特色选择的合作商以及特产商品和原料的供应商。

(4)地方特色活动策划的创意性。

3. 对策划方案的全面评估和实施

(1) 策划方案完成后,要进行实施前的全面评估。通过全面评估让全体实施工作人员理解策划方案的精神,熟悉策划方案要求,掌握策划方案的实施方法、步骤和技巧。

(2) 实施。要严格按照策划方案实施。在活动开展前进行有计划的宣传,设计制作宣传品,扩大企业影响力,吸引更多的目标客户。进行活动所需设备、用品的采购和安装。做好活动服务人员的安排计划。

视野拓展

韩国周主题活动策划书

一、策划目的

国际城市交流活动越来越受到地方政府的关注,已经成为地方政府宣传城市形象、促进城市旅游业发展的重要手段之一。韩国周活动在沈阳已经举办多年,取得了很好的效果,推动了中韩文化的交流、中韩友好城市之间的互动。承办韩国周活动能够借助政府力量扩大饭店知名度,宣传企业形象,吸引消费者,促进销售,提升饭店品牌形象。

二、市场分析

本次活动承办商××饭店,是一家五星级饭店。饭店营销部在进行活动策划前做了大量的市场调查和市场分析工作。

从地理位置上来看,××饭店处于繁华的商业街区,举办富有地方特色的大型活动可以吸引当地客人。目前是旅游旺季,举办具有沈阳本地特色的活动能够吸引外地客人入住饭店。

××饭店承办大型活动的优势:饭店营销团队成员比较年轻,有活力,有创新意识;饭店餐饮部的特色比较鲜明,有菜品开发团队以及国内合作的饭店联合团队;饭店举办过多次大型特色营销活动,取得了很好的效果。

三、设备设施

饭店宴会厅有完善的设备设施。根据宴会的不同类型,将使用不同的设备设施。本次活动要烘托韩国周的氛围。主会场建造一个6米×6米的舞台,作为中韩歌舞演出的活动空间,舞台的背板采用8米×4.5米的主背板,舞台前设聚光灯和追踪灯,让舞台表演更加生动鲜明。饭店的其他几个宴会厅作为分会场,同时进行韩国周活动。

韩国周活动设备设施预算见表3-6。

表 3-6　韩国周活动设备设施预算表

项目名称		规格	数量	单位	单价(元)	总价(元)	备注
舞台及 truss	舞台（包括台阶）	70.56 平方米	3	套	300	21 168	航空铝,可升降,22mm 厚舞台玻璃
	truss	200 延米	6	套	1500	9000	60cm 航空铝材质
	主背板	8米×4.5米	1	套	3000	3000	搭建桁架大喷1号
灯光设备	变电柜		1	台	400	400	380 伏变电柜
	摇头灯		10	台	300	3000	彩艺 1200 型
	红头灯		6	台	100	600	专业红头灯
	追光灯		2	台	300	600	欧司朗
	par 灯		20	台	100	2000	
舞美特效设备	彩虹机		2	台	1500	3000	氮气阻燃纸,电视台专用
	CO_2		6	台	400	2400	
	冷焰火		12	组	200	2400	可打5米高,30秒
	泡泡机		2	台	200	400	
	冷烟旋转器		4	台	200	800	与《同一首歌》设备相同

注:所有设备均需租赁,价格为预估价格。

四、韩国周活动主题方案

（一）活动主题

主题:"××饭店与中韩文化同行"。

（二）活动标准

本次韩国周主、分会场的参观、美食节门票采取阶梯票价形式销售,门票价格分别为 888 元、1288 元、1888 元人民币(包含酒水)。门票价格划分的标准为来宾观看演出时座位的角度。

饭店为所有来宾赠送韩国周美食纪念礼盒,同时附送饭店消费优惠券和韩国周吉祥物纪念品。

（三）现场布置

现场风格主要体现了"中韩友好"的欢庆氛围。会场整体以白色为主,主会场正中央处摆放一个巨大背板,展现韩国周活动的宣传海报,突出主题。主会场搭建一个 6 米×6 米的舞台,摆放主持人台、麦克风架,并设乐队演奏区。舞台四周摆放鲜花,射灯照射,烘托宴会的气氛。各分会场分别搭建两个4.8米×3.6米的舞台,舞台四周装饰为韩式吉祥物品。

现场效果以红、蓝、白为主色调,突出大韩民族的民族特色。灯光效果绚丽明亮。

(四)菜单设计

菜单按照饮食区域摆放位置进行设计。菜单设计以韩式风格和色调为主要设计元素。所有菜肴名称都写在食物所对应的吉祥物上,同时各区域安排专门负责介绍菜品的服务人员。

1.冷饮

青梅汁、香蕉奶、矿泉水、西柚汁、米酒、芦荟汁、石榴汁、玄米露、葡萄汁、杧果汁、桃汁、梨汁、草莓果肉、松汁。

2.热饮

枣茶、柚子茶、大麦茶、咖啡。

3.水果

凯特杧果、都乐菠萝、美国脐橙、海南香蕉、泰国火龙果、秦岭猕猴桃、新疆哈密瓜、新疆西瓜。

4.沙拉

培根土豆沙拉、清新田园沙拉、甜蜜水果沙拉、海鲜鸡丁沙拉。沙拉调味酱:法式汁、草莓橙香汁、千岛汁、意大利汁。

5.开胃头盘

雪梨泡菜、白菜泡菜、海胆刺身、三文鱼刺身。

6.滋补靓汤

牛排骨汤、牛肉辣汤、牛尾汤、人参炖鸡汤、豆腐脑辣汤、泡菜汤、明太鱼汤、海带汤、大酱汤、狗肉煲。

7.美味火锅

海鲜火锅、牛肉火锅、鱼片火锅、蘑菇火锅、泡菜火锅、火腿豆腐火锅。

8.营养主菜

烤五花肉、烤调味猪扒、烤胸叉肉、烤牛舌、牛排、烤牛里脊、烤鸭肉、烤羊肉、烤鸡肉、鱼露烤多春鱼、烤秋刀鱼、烤黄花鱼、烤鳗鱼、烤带鱼、炸蔬菜鱿鱼、炸什锦蔬菜、炸大虾、泡菜炒肉、泡菜青椒鱿鱼、炒八爪鱼、鲍鱼炒芦笋、翡翠虾球、大蒜蒸甲鱼、蒸鸡蛋、炖牛尾、鲅鱼炖泡菜、葱油蒸帝王蟹、炖牛排、鸡肉炖土豆、煎沙尖鱼、拌明太鱼、生拌牛肉、煎豆腐、蔷薇豆腐、发菜烩鲜菇、泡菜包肉。

9.丰盛主食

韩式拌饭、石锅拌饭、人参牡蛎石头饭、鲍鱼鱼翅糯米饭、紫菜寿司、甜萝卜寿司、炒年糕、开心面、拉面、炸酱面、辣什锦拌面、炒粉丝、煎打糕、韭菜饼、海鲜葱饼、泡菜饼、南瓜饼、土豆饼、绿豆饼。

（五）服装要求

此次活动的主题为"中韩文化同行"，在服装的选用上，要突出韩国周活动的核心"韩服"，以体现活动的目的。服务人员穿着韩式便服和韩式T恤衫进行现场服务。服务人员的服装要干净、整齐，这样才能更好地为客人进行服务。

（六）礼仪服务

当客人进入饭店的大堂后，由饭店的礼仪服务人员引领到电梯口，来到宴会厅，然后由迎宾员验票入场，宴会厅内的服务人员进行相关的餐前服务。

（七）活动流程

1. 来宾到场（14:30—15:00）

2. 韩国周开幕式及表演（15:00—16:00）

（1）主持人宣布韩国周活动开幕。

（2）两国友好城市市长剪彩并讲话。

（3）中韩歌手演唱中韩传统歌曲。

（4）中韩传统乐器演奏。

（5）中韩现代艺术展演。

（物资准备：主舞台、主背景板、音响设备、彩带、灯光设备、剪彩用品。）

3. 韩国周服饰展（16:00—16:30）

（1）中韩传统服装秀。

（2）中韩传统礼仪展示。

（3）韩国传统舞蹈表演。

（4）现代舞表演。

（物资准备：主舞台、分会场舞台、主背景板、音响设备、灯光设备、服饰展示架。）

4. 韩国周民俗文化展（16:30—17:00）

（1）中国东北民俗展示。

（2）韩国传统民俗展示。

（3）观众互动，赠送韩国传统吉祥物。

（物资准备：主舞台、分会场舞台、主背景板、音响设备、灯光设备、物品摆放架、民俗物品。）

5. 韩国周美食文化节（17:00—20:00）

（1）韩国传统歌舞表演。

（2）韩服模特展示韩国传统食品。

(3) 互动游戏。

(4) 品尝活动。

(5) 美食节外卖。

(物资准备：主舞台、主背景板、音响设备、灯光设备、食品展示台、游戏用品、纪念奖品。)

(八) 参会人员

VIP 客户、供应商、特邀嘉宾、散客，约 360 人。（注：10 日确定参会人数，报到市场部。）

(九) 活动时间

2016.8.16　18:00—22:30。

(十) 地点

××酒店二楼宴会厅。

(十一) 消费标准

每位餐价分别为 888 元、1288 元、1888 元人民币（包含酒水）。

(十二) 活动宣传方案

1. 报纸

《××晨报》活动主题宣传整版，1 期。

《××日报》1/2 版，1 期。

《××晚报》1/2 版，1 期。

2. DM 宣传彩页

(1) 数量规格：8500 份，大 8 开正背，157 克铜版纸。

(2) 投递：《×××报》夹投 8000 份，市场部派发 500 份。

(3) 促销：设 100 元代金券，餐饮十足抵用，活动期内有效，可用于门票购买、美食节外卖及美食节期间到店就餐使用。

(4) 内容：一面是饭店整体促销政策，一面是饭店图片展示、简介和饭店优惠券。

3. 广播

交通广播，每次 45 秒，共播放 30 天，每天 2 次。

4. 分众传媒

高档写字楼等，每次 30 秒，共 30 天，重新设计。

5. 精美笔记本

(1) 数量：500 本。

(2) 设计：内页印有饭店标识、韩国周图片，5 寸 80 页，韩式复古装饰。

(3) 发放：发给市场部、餐饮部、客房大客户及客人。

6.POP 展架

2个,一个换画面,一个带架。

7.明信片

400份,250克铜板腹膜压痕,发放大客户供应商、派发宣传。

8.礼品券

200张,250克铜版纸。

(十三)广告费用预算

(1)晨报存有广告费约1万元。

(2)宣传彩页印刷费3500元。

(3)投递费320元。

(4)交通文艺台置换3000元。

(5)展架画面100元。

(6)贺卡600元。

(7)门票320元。

(8)礼品券150元。

(9)吉祥物9000元。

(十四)氛围营造

(1)饭店正门外摆放拱门、彩球、韩国腰鼓等装饰。

(2)大堂内立石头爷爷模型。

(3)泡沫板韩式建筑装饰。

(4)橱窗喷字漆,韩服男女各2套。

(5)餐饮韩式吉祥物400份,客房韩式吉祥物200份。

(6)现场游戏互动小礼物100份。

(7)饭店门前随机派发韩国周纪念品共350份。

(十五)总体费用预算(见表3-7)。

表3-7 总费用预算表

项目名称		尺寸	数量	单位	单价(元)	总价(元)	备注
搭建物料							
舞台及truss	舞台(包括台阶)	70.56平方米	3	套	300	21 168	航空铝,可升降,22毫米厚舞台玻璃
	truss	200延米	6	套	1500	9000	60厘米航空铝材质
	主背板	8米×4.5米	1	套	3000	3000	搭建桁架大喷1号

续表

项目名称		尺寸	数量	单位	单价(元)	总价(元)	备注
灯光设备	变电柜		1	台	400	400	380伏变电柜
	摇头灯		10	台	300	3000	彩艺1200型
	红头灯		6	个	100	600	专业红头灯
	追光灯		2	台	300	600	欧司朗
	par灯		20	台	100	2000	
舞美特效设备	彩虹机		2	台	1500	3000	氮气阻燃纸,电视台专用
	CO_2		6	台	400	2400	
	冷焰火		12	组	200	2400	可打5米高,30秒
	泡泡机		2	台	200	400	
	冷烟旋转器		4	台	200	800	与《同一首歌》设备相同
音响	音响设备		1	套	15 000	15 000	百灵达40路调音台1台,舒尔SM58话筒2只,C-Mark原装音箱2套(4个音箱),U端无线话筒,电缆及专业周边设备(均衡器、效果器、激励器、功放等)
装饰物	石头爷爷模型		4	个	1500	6000	估算价格,具体尺寸材质待定
	吉祥物		600	个	15	9000	
	纪念品		450	个	10	4500	

续表

项目名称		尺寸	数量	单位	单价(元)	总价(元)	备注
综合物品	拱门		1	套	1000	1000	鲜花,常规尺寸
	签到板	4米×2.4米	1	套	1500	1500	搭建桁架大喷1号
	签到笔		6	支	5	30	赠送,高级专业签到笔
	停车指示牌	1米×2米	2	个	500	1000	木结构
	导视牌	1米×2米	4	个	150	600	易拉宝
	工作证		30	个	5	150	赠送
	气球		200	个	2	400	赠送,专业气球,可塑造型
演职人员	摄影师		1	人	600	600	电视台专业摄影师(含设备)
	摄像师		1	人	800	800	电视台专业摄像师(含设备)
	男主持人		1	人	5000	5000	电视台著名主持人
	女主持人		1	人	5000	5000	专业双语主持人
	礼仪模特		10	人	400	4000	定制服装
	服装模特		20	人	400	8000	定制服装,气球互动
	韩服模特		10	人	400	4000	定制服装
	乐队		6	人	2000	12 000	电视台相关节目签约演员,杂技团、交响乐团专业演员
	韩国舞蹈演员		20	人	1000	20 000	
	歌手		20	人	3000	60 000	
	中国舞蹈演员		20	人	1000	20 000	
	现场编导		1	人	5000	5000	
	小计1					232 348	

续表

项目名称	尺寸	数量	单位	单价(元)	总价(元)	备注
执行费用						
编号	项目名称		数量	单位	单价	总价	
1	物料运输费及人工		1	项	5000	5000	
小计2					5000	
项目费用总核算						
编号	项目名称		数量	单位	总价		
1	以上一、二部分费用合计		1	项	237 348		
2	组织策划费（以上费用合计的10%）		1	项	2373		
合计					239 721	
3	税费(5.55%)		1	项	13 304.52		
总计					253 025.52	

注：此预算不包含印刷品、花束以及礼品报价。

案例分析

案例1　北京M饭店餐饮销售额排名居首

北京M饭店在饭店定期举办不同主题的美食文化节，一楼餐厅创办的地方特色主题餐厅，每天客流量很高，餐厅服务员的服饰也都极具地方特色。M饭店的餐饮销售额在北京饭店业持续排名首位，也是北京唯一一家餐饮销售额比客房销售额还要高的酒店。

【案例思考】

1. 你从该案例中得到了什么启示？
2. 简述饭店地方特色主题营销对饭店销售的重要性。

案例2 定期更换乐队的酒吧

南京金士力喜来登酒店有一个爱尔兰酒吧。酒吧有时会请一个小型乐队来演出。但是酒吧跟任何一个乐队的签约时间都是三个月。原来,这个酒吧的消费群体是相对固定的,主要是一些住店客人,还有一些常住南京的外籍客人,因此熟客很多。如果乐队演出没有变化的话,客人就会有一种审美疲劳感,所以乐队每三个月换一次。那么,餐饮经营能不能也每三个月换一个菜单?显然是不可能的。餐厅可以推出每周的特色菜,推出每天的特色菜,但这也是一小部分。因此,很多饭店就通过组织各种各样的美食节或美食推广活动,在保留传统特色产品的基础上,增加新产品,这样给人耳目一新的感觉。另外,增加一些文艺活动,也是产品创新的手段和方法。

【案例思考】
1.这个酒吧定期更换乐队的目的是什么?
2.简述饭店特色主题活动对饭店营销的作用。

视野拓展

韩国饮食习惯和风格、禁忌

一、韩国饮食习惯

韩国人对饮食很讲究,有"食为五福之一"的说法。韩国菜的特点是"五味五色",即由甜、酸、苦、辣、咸五味和红、白、黑、绿、黄五色调和而成。韩国人的日常饮食是米饭、泡菜、大酱、辣椒酱、咸菜、八珍菜和大酱汤。八珍菜的主料是绿豆芽、黄豆芽、水豆腐、干豆腐、粉条、椿梗、藏菜、蘑菇八种。韩国人特别喜欢吃辣椒,辣椒面、辣椒酱是平时不可缺少的调味料。这与韩国气候寒冷湿润、种植水稻,需要抗寒抗湿有关。

泡菜是韩国具有民族特色的冬季必备副食品。每年11月,家庭主妇把白菜、萝卜洗净晾干之后,加辣椒、蒜、葱、海鲜等各种调味料,用大缸腌制起来,密封半个月至1个月后食用。每个家庭主妇都有腌制泡菜的独特手艺和秘方,因此泡菜的口味,每家各不相同。

韩国人爱吃牛肉、鸡肉和鱼,不喜欢吃羊肉、鸭子及油腻的食物。狗肉是他们喜欢吃的肉食之一。韩国多泉水,泉水干净清凉甘美,因此韩国人一般不喝茶和开水。韩国人都习惯在矮桌上吃饭,小桌上摆有饭碗、汤碗、盛酱的小碟,以及装小菜的盘子。吃饭也使用筷子和汤匙。韩国著名的乡土名菜主要有各种生鱼片、木浦臭酶鱼、光州炖乳猪、烤牛肉、生拌牛胃(即牛百叶)、人参鸡、神仙炉(即悦口子汤,类似中国的火锅)。韩国人的饮食离不开腌制品,种类很多,主要为泡菜和腌鱼。韩国人喜爱喝汤。汤是韩国人饮食中的重要组成部分,是就餐时不可缺少的。韩国汤种类很多,主要有大酱汤、狗肉汤等。韩国人常吃甜点、糕点和面食,主要有麦芽糖、油蜜果、打糕、蒸糕、发糕、甲皮饼、油煎饼、冷面等。

韩国人的日常饮品,包括酒类和软饮料两大类。三亥酒是一种浊酒,它的历史可追溯至新罗、百济、高句丽时期,因系农家酿制,俗称农酒,酒精度低,清凉可口;此外,还有保存期长的清酒和适宜冬天酿制的甘酒。软饮料主要有民间自制的花茶和柿饼汁,前者与中国的花茶同名而实质不相干,后者多在元旦时饮用。

二、韩国的风俗与禁忌

(一)社交礼仪

韩国人崇尚儒教,尊重长老,长者进屋时大家都要起立,问他们高寿。和长者谈话时要摘去墨镜。早晨起床和饭后都要向父母问安;父母外出回来,子女都要迎接。吃饭时应先为老人或长辈盛饭上菜,老人动筷后,其他人才能吃。乘车时,要让位给老年人。

韩国人见面时的传统礼节是鞠躬,晚辈、下级走路时遇到长辈或上级,应鞠躬、问候,站在一旁,让其先行,以示敬意。男人之间见面打招呼互相鞠躬并握手,握手时或用双手,或用左手,并只限于点一次头。鞠躬礼节一般在生意人中不使用。和韩国官员打交道一般可以握手或是轻轻点一下头。女人一般不与人握手。在社会集体活动或宴会中,男女分开进行社交活动,甚至在家里或在餐馆里都是如此。在韩国,如有人邀请你到家吃饭或赴宴,你应带小礼品,最好挑选包装好的食品。席间敬酒时,要用右手拿酒瓶,左手托瓶底,然后鞠躬致祝词,最后再倒酒,且要一连三杯。敬酒人应把自己的酒杯举得低一些,用自己杯子的杯沿去碰对方的杯身。敬完酒后再鞠个躬才能离开。做客时,主人不会让你参观房子的全貌,不要自己到处逛。你要离去时,主人送你到门口,甚至送到门外,然后说再见。

韩国人用双手接礼物,但不会当着客人的面打开。不宜送外国香烟给韩国友人。酒是送韩国男人最喜欢的礼品,但不能送酒给妇女,除非你说清楚这酒是送给她丈夫的。赠送韩国人礼品时应注意,韩国男性多喜欢名牌纺织品、领带、打火机、电动剃须刀等,女性喜欢化妆品、提包、手套、围巾类物品和厨房里用的调料,孩子则喜欢食品。如果送钱,应放在信封内。若有拜访必须预先约定。韩国人很重视交往中的接待,宴请一般在饭店或酒吧举行,夫人很少在场。

(二)禁忌及规定

韩国公民对国旗、国歌、国花必须敬重。不但电台定时播出国歌,而且影剧院放映演出前也放国歌,观众须起立。外国人在上述场所如表现过分怠慢,会被认为是对韩国和韩族的不敬。

韩国人禁忌颇多。逢年过节相互见面时,不能说不吉利的话,更不能生气、吵架。农历正月头三天不能倒垃圾、扫地,更不能杀鸡宰猪。寒食节忌生火。生肖相克忌婚姻,婚期忌单日。渔民吃鱼不许翻面,因忌翻船。忌到别人家里剪指甲,否则两家死后结怨。吃饭时忌戴帽子,否则终身受穷。睡觉时忌枕书,否则"读无成"。忌杀正月里生的狗,否则三年内必死无疑。与年长者同坐时,坐姿要端正。由于韩国人的餐桌是矮腿小桌,放在地炕上,用餐时,宾主都应席地盘腿而坐。若是在长辈面前应跪坐在自己的脚底板上。无论是谁,绝对不能把双腿伸直或叉开,否则会被认为是不懂礼貌或侮辱人。未征得同意前,不能在上级、长辈面前抽烟,不能向上级或长辈借火或接火。吃饭时不能随便发出声响,更不许交谈。进入家庭住宅或韩式饭店应脱鞋。在大街上吃东西、在人面前擤鼻涕,都被认为是粗鲁的。照相在韩国受到严格限制,军事设施、机场、水库、地铁、国立博物馆以及娱乐场所都是禁照对象,在空中和高层建筑拍照也都在被禁之列。

 **特别提示**

如何选择举办地方特色活动的主题

选择主题要满足客人求新求异的心理需求,不论是从饭店装潢、装饰,还是员工服饰上,都要尽可能与举办地方特色主题相一致,要给客人的好奇心以最大的满足。选择主题要满足客人对异域美食的生理需求,地方主题活动要有与之相配套的特色主题菜单,菜肴的选择要保持地方特色的原汁原味,给客人最地道的美食享受。选择主题要满足客人对异域文化的审美需求,从店内装饰到店外宣传要有主题活动的特色元素,也可以根据主题活动选择的地域特点和文化特色,制作一些精美的小礼品赠送给客人留作纪念,并通过客人进行扩大宣传。选择主题要符合饭店举办能力和接待能力的实际情况,根据饭店的承接规模举办地方特色主题活动,包括饭店的服务能力要足够完成地方特色主题活动的服务接待。选择主题要将举办活动的相关培训配套,主题选定后,要在活动举办前进行全员培训,培训内容包括举办的目的、举办的方式、活动涉及的地域文化和民俗禁忌等。

任务评价

地方特色活动策划评价见表3-8。

表3-8 地方特色活动策划评价表

班级：　　　组别：　　　姓名：　　　指导教师：　　　课时：

工作任务	工作过程	成绩评定
活动构思	思维逻辑性强、创新能力强(10分)	
策划书的撰写	(1)选择主题满足客人求新求异的心理需求(10分)	
	(2)选择主题满足客人对异域美食的生理需求(10分)	
	(3)选择主题满足客人对异域文化的审美需求(10分)	
	(4)选择主题符合酒店举办能力和接待能力的实际情况(10分)	
	(5)提交及时，策划书内容全面、准确，格式正确。安排任务、完成任务有计划，并能按照工作进度表进行(10分)	
策划书展示	(1)展示方式恰当、直观(5分)	
	(2)能有效地掌握展示技巧(5分)	
	(3)与合作伙伴友善，相互尊重，善于切磋商讨共同完成任务(5分)	
	(4)能用多种形式展示策划成果(5分)	
效果评估	(1)评估策划活动的正确性(5分)	
	(2)评估策划活动的可行性(5分)	
	(3)能客观准确地自我评价，并修正方案(5分)	
	(4)接受各种信息的能力(5分)	
成绩评定	指导教师签字： 　　　　　　　年　月　日	总分
学习体会	(1)完成工作任务的收获 (2)在完成工作任务过程中遇到的问题及建议	

任务四　展会策划

任务描述

本任务要求学生掌握饭店展会活动的基本知识及策划方法，能够进行展会活动的策划，撰写展会策划书，并能运用恰当有效的方式进行展示和评估。

情境导入

东北某市第11届秋季国际珠宝展览会是本地区规模最大的珠宝直销盛会。本着为生产商、进口商、出口商、经销商、代理商及广大消费者搭建交流交易平台的宗旨,促进本地区珠宝产业发展,将于2016年9月19-22日在某五星级大饭店盛大开幕。展会邀请了印度、斯里兰卡、新加坡、缅甸和中国台湾、香港等国家和地区以及中国内地珠宝首饰优秀企业近500家,展示最新珠宝首饰,直销东北市场,扩大珠宝首饰消费群体。刚到销售部工作不久的张玲接受了主管交给的珠宝展览会策划任务。

任务分析

展会营销策划书的撰写一般分为四大步骤:活动构思、撰写策划书、策划成果展示、效果评估(见图3-4)。

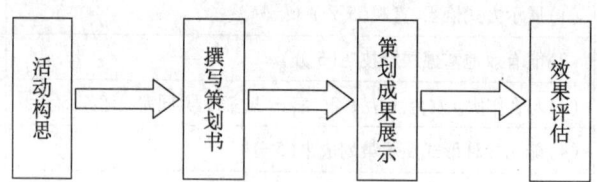

图3-4　展会营销策划书的撰写步骤

相关知识

一、展会基本知识

(一)展会的概念

展会是为展示产品和技术、拓展渠道、促进销售、传播品牌而进行的一种宣传活动。展览会的名称在实际应用中非常繁杂,英语国家中有 general exhibition, industrial exhibition, agricultural exhibition, consumer exhibition, international exhibition, regional exhibition, local exhibition, private exhibition, major exhibition, minor exhibition, solo exhibition, peripatetic exhibition, exposition, show, trade show, moveable show, road show, boat show, plane show, catalogue show 等。

在中文里,展会名称有博览会、展览会、展览、展销会、博览展销会、看样订货会、展览交流会、交易会、样品陈列、庙会、集市、墟、场等。另外,还有一些展会使用非专业名词。比如:日(澳大利亚全国农业日 Australian National Field Days),周(柏林国际绿色周 Berlin International Green Week)、市场(亚特兰大国际地毯市场 International Carpet and Rug Market)、中心(汉诺威办公室、信息、电信世界中心 World Center for Office-Information-Telecommunication)等。

(资料来源：http://baike.baidu.com/link?url=uuYXs7JVn6R0IbQjG-wGb1QDPZm8D90jDPDJ0D2R1ipC5lD8pS8OCnIR9izDjV_lez8_qF_9ySr_2qAmXkNU7。)

(二)展会的分类

展会的分类应考虑两个方面：一是展会的内容，即展会的本质特征，包括展会的性质、内容、所属行业等；二是展会的形式，即属性，包括展会规模、时间、地点等。

1. 按照展会性质划分

分为贸易和消费两类。

(1)贸易性质的展会是为制造业、商业等行业举办的展会。展会的主要目的是交流信息、洽谈贸易。

(2)消费性质的展会是为公众举办的展会。消费性质的展会基本上都展出消费品，目的是直接销售。

展会的性质由展会组织者决定，可以通过参观者的成分反映出来：对工商界开放的展会是贸易性质的展会，对公众开放的展会是消费性质的展会。

具有贸易和消费两种性质的展会被称作综合性展会。经济越不发达的国家，展会的综合性倾向越重；反之，经济越发达的国家，展会的贸易和消费性质分得越清。

2. 按展会内容划分

分为综合展会和专业展会两类

(1)综合展会指包括全行业或数个行业的展会，也被称作横向型展会，如重工业展、轻工业展。

(2)专业展会指展示某一行业甚至某一项产品的展会，如钟表展。专业展会的突出特征之一是常常同时举办讨论会、报告会，用以介绍新产品、新技术。

3. 按展会规模划分

分为国际、国家、地区、地方展以及单个公司的独家展。

规模是指展出者和参观者所代表的区域规模而不是展会场地规模。不同规模的展会有不同的特色和优势，应根据企业自身条件和需要来选择。

4. 按展会时间划分

分为定期和不定期两类。

(1)定期的展会有一年四次、一年两次、一年一次、两年一次等。

(2)不定期展会则视需要和条件举办，分长期和短期。长期可以是三个月、半年，甚至常设，短期展一般不超过一个月。

5. 按展会场地划分

分为室内场馆和室外场馆。

(1) 室内场馆多用于展示常规展品，如纺织展、电子展。

(2) 室外场馆多用于展示超大、超重展品，如航空展、矿山设备展。

在几个地方轮流举办的展会被称作巡回展。比较特殊的是流动展，即利用飞机、轮船、火车、汽车作为展场的展会。

(资料来源：中国有机农业网：http://www.cnoa360.com/news/21937539.html.)

(三) 展会的特点

展会活动是组织者通过综合运用各种媒介，利用实物产品展示和各种现场操作、表演、演示等来传递组织信息、推销组织形象、展示组织成果，达到完成商品订单、吸引投资、宣传先进事迹、普及科学技术知识、提高城市知名度、促进城市旅游发展和商业繁荣等目的。尽管展会的种类繁多，但概括起来有以下五个显著的特点。

1. 传播效果生动、直观

展会现场往往经过组织者的精心策划，利用真实的实物（产品）辅以现场的表演、演示、实际的操作、图文、讲解来传达信息，非常直观、生动、形象，增强了公众对组织者和产品的可信度（"眼见为实"），加深了印象，传播的效果是其他形式无法取代的。

2. 可与公众实现双向交流

展会给组织者和公众提供了双向交流的机会。一方面，组织者可以通过展会展示自己的产品、组织形象，另一方面通过与公众的交流和互动可以了解到公众对产品和组织的关注点、市场需求以及反馈意见与建议，以便更好地改进产品，加强经营管理、创新开发新产品。

3. 传播方式的多样性

任何一个成功的展会活动都不可能只靠一种单调的媒介来进行传播与展示，而是往往综合运用了实物、文字、声音、图像、人体等多种媒介来进行展示。公众更容易被高雅的环境、精心布置的展台、形象的实物展示、耐心生动的讲解、热情的服务、优美的操作表演等综合的媒介的运用所吸引。

4. 沟通形式高效集中

展会可以在同一时间集中展示了许多行业的不同产品，也可以集中同一行业的多种品牌产品，这样一方面方便了公众对产品的购买与选择，另一方面也更便于公众与组织者进行交流。

5. 新闻媒介报道的热点

展会活动是一种综合性的大型活动，经常会成为新闻媒体报道的热点。展会开展之前往往会进行宣传,在报刊上做广告、开新闻发布会,请名人、政界要人、演艺明星前来捧场,以此来扩大影响,以期达到最佳效果。

二、展会策划方法

展会策划书的撰写分为四大步骤:活动构思、撰写策划书、策划成果展示、效果评估。下面以珠宝展示活动为例介绍珠宝展示会的策划。

(一) 活动构思

1. 提出问题

明确要解决的问题。对珠宝展会执行方案、营销宣传、展会财务预算等进行策划。

2. 调查分析

收集、整理内外部资料、数据和市场情况,包括文字、图片及视频等资料。对收集到的资料分类编排、结集归档并进行分析研究,撰写立项可行性研究报告。

3. 确立主题

明确本次珠宝展会策划活动的主题,撰写珠宝展会策划书。

4. 明确目标

明确本次珠宝展会策划活动要达到的目标。

5. 形成创意

形成解决问题的思路、方法或方案。经过市场调查、分析、讨论形成最终的创意,确定本次珠宝展会的目标市场、展会的规模、展品的选择、评估观众的数量和展会面积的大小,以及展会的营销宣传、展会财务预算等各项费用预算。整个策划方案要具备可行性。

(二) 撰写策划书

1. 拟出计划

拟出本次珠宝展会策划工作所涉及的具体事项、时间、人员分工等周密而详细的计划。

2. 撰写策划书

一般来说,展览会的预备阶段的文案包括以下内容。

(1) 展会立项策划书。

所谓展会立项策划,就是根据掌握的各种信息,对即将举办的展会的有关事宜进行初步规划,设计出展会的基本框架,提出计划举办的展会的初步规划内容,主要包括展会名称和地点、办展机构、展品范围、办展时间、展会规模、展会定位、招展计划、宣传推广和招商计划、展会进度计划、现场管理计划和相关活动计划等。

展会立项策划书是为策划举办一个展会而提出的一套办展规划、策略和方法,它是对以上各项内容的归纳和总结。

展会立项策划书主要包括以下内容。

① 办展市场环境分析：包括对展会题材所在产业和市场的情况分析，对国家有关法律、政策的分析，对相关展会的情况的分析，对展会举办地市场的分析等。

② 提出展会的基本框架：包括展会的名称和举办地点、办展机构的组成、展品范围、办展时间、办展频率、展会规模和展会定位等。

③ 展位价格定位及初步预算方案。

④ 展会工作人员分工计划。

⑤ 展会招展计划。

⑥ 展会招商计划。

⑦ 展会宣传推广计划。

⑧ 展会筹备进度计划。

⑨ 展会服务商安排计划。

⑩ 展会开幕式和现场管理计划。

⑪ 展会期间举办的相关活动计划。

⑫ 展会结算计划。

（2）展会立项可行性研究报告。

这是在对展会立项进行可行性分析的基础上完成的研究报告。其要对展会立项是可行还是不可行做出系统的评估和说明，并为最终完善该展会项目立项策划的各具体执行方案提供改进依据和建议。它是办展机构进行决策的重要依据，因此，该报告的写作必须做到材料真实充分，分析客观科学，判断准确有理。如果展会立项策划通过可行性分析，证明举办展会的市场条件具备，项目具有生命力，各种执行方案策划合理，项目在经济上可行，风险较小，有一定的经济效益和社会效益，就可以通过该展会立项策划，决定举办该展会了。

展会项目立项可行性研究报告主要包括以下几项内容。

① 市场环境分析：是从计划举办的展会项目的外部因素出发来分析举办该展会的条件是否具备，包括宏观市场环境（人口环境、经济环境、技术环境、政治法律环境、社会文化环境等）；微观市场环境（办展机构内部环境、目标客户、竞争者、营销中介、服务商、社会公众等）；市场环境评价（采用SWOT分析法，即内部优势、内部劣势分析和外部机会、外部威胁分析）。

② 展会项目生命力分析：是从计划举办的展会项目的本身出发，分析该展会是否有发展前途，包括项目发展空间、项目竞争力和办展机构优劣势分析。

③ 展会执行方案分析：从计划举办的展会项目的本身出发，分析该展会项目立项计划的各种执行方案是否完备，是否合理，是否能保证该展会计划目标的实现，同时还要避免"个体合理、群体冲突"现象的出现。

④ 展会项目财务分析:从办展机构财务的角度出发,分析测算举办该展会的费用支出和收益是否经济可行,并为即将举办的展会制定资金使用规划,包括价格定位和成本预测。举办一个展会的成本费用一般包括:展会场地租金、展馆空调费、展位特装费、标准展位搭建费、展馆地毯及铺设地毯费用、展位搭装加班费等;展会宣传推广费(包括广告宣传费、展会资料设计和印刷费、资料邮寄费、新闻发布会的费用等)、招展和招商费用、相关活动费用(包括技术交流会、研讨会、展会开幕式、嘉宾接待、酒会、展会现场布置、礼品、展会临时工作人员等费用);办公费用和人员费用,税收;其他不可预测的费用。

另外还有收入预测。举办一个展会的收入一般包括展位费收入、门票收入、广告和企业赞助收入、其他相关收入。同时要进行盈亏平衡分析、现金流量分析、风险预测(市场风险、经营风险、财务风险、合作风险)。

⑤ 存在问题:通过以上可行性分析发现展会项目立项策划存在的各种问题,在可行性分析以外发现的可能会对展会产生影响的其他问题等。

⑥ 改进建议:根据展会的办展宗旨和办展目标,在上述分析的基础上,提出对展会项目立项策划的改进建议,指出成功举办该展会应该努力的方向等。

(3) 参展说明书。

参展说明书是办展机构将展会筹备、开幕以及参展商参加展会时应注意的其他问题汇编成册,以方便参展商进行参展准备的一种小册子。编制参展说明书是展会筹备过程中的一项基础性的工作。

办展机构在确定了展会的有关日期安排,指定了展会承建商、展会运输代理和展会旅游代理以后,就可以着手编制展会的参展说明书了。

从某种意义上讲,参展说明书是帮助参展商进行参展筹备的纲领性文件,也是办展机构对展会布展、展览和撤展等各环节进行有效管理的指导性文件,参展说明书所包含的内容涉及举办展会的各个环节。它对参展商的指引、对展会现场的管理和对观众参观展会都起到一定的作用。

参展说明书的内容包括:①前言。②展览场地基本情况。③展会基本信息。④展会规则。⑤展位搭装指南。⑥展品运输指南。⑦会展旅游信息。⑧相关表格。

编制参展说明书的基本原则为:①实用。②简洁明了。③详细全面。④美观。⑤专业。⑥国际化。

(4) 展会招商方案。

在制定招商策略和方案时,要清醒地了解自己的资源、优势和能够给予应招者的条件,并与应招者共同探讨总体的市场策略,告知真实的市场支持,才能让双方长期合作。举办招商会,建议通过正规的招商引资机构进行策划和组织,这样能保证受众的确定性而不会盲目。在举办招商会以前要做一系列的宣传和策划工作，建议专家参与。

展会招商方案的基本内容有：①制定招商方案的依据。②展会招商分工。③展会通讯录及观众邀请函的编印和发送计划。④招商渠道和措施。⑤招商宣传推广计划。⑥招商预算。⑦招商进度安排。

（5）展会招商函。

招商函面对的是参展的企业主。商务邀请函的基本内容包括：会展活动的名称、举办城市、地点、时间、背景、目的；主办机构和组织机构；会展活动的内容和形式、特点等；主要参加或参与对象；会展活动的相关收费标准；联络方式以及其他需要说明的事项。

（6）展会进度计划。

展会进度计划是在时间上对展会的招展、招商、宣传推广和展位划分等工作进行的统筹安排。它明确在展会的筹办过程中，到什么阶段就应该完成哪些工作，直到展会成功举办。展会进度计划安排得好，展会筹备的各项准备工作就能有条不紊地进行。

（7）观众邀请函。

观众邀请函区别于招商函，观众邀请函面对的是专业的买家方即新老客户，因此邀请时要新老客户一起邀请。展会邀请函的书写是有技巧的，一封简单易懂、声情并茂的邀请函能够给顾客一个温馨的感受。邀请函内容包括：①标出展区位置，可以附上一个展会平面图。②时间说清楚。③列出主要产品和有竞争优势的产品的信息。

（8）参展合同（可不写）。

展销会是指举办者与参展者，在固定场所和一定期限内，用展销的形式，以现货或者订货的方式销售商品的集中交易活动，所以展会合同首先是经济合同。展会合同的主体是举办方与参展的经营方，合同的主要内容是举办方为参展经营方提供展位，所以就内容与主体而言，展会合同的实质是展位的出租合同。

（9）展会组织工作方案。

展会的组织工作方案是实施展览项目并具有操作性功能的工作文本。展览会组织工作方案一般由"项目背景""举办宗旨""展会名称""主办、承办、支持机构""展会主题与标识""展览范围""举办时间、地点""规模预期与效益目标""组织措施"等内容构成。展会财务预算应作为组织工作方案的附件。展会组织工作方案撰写完成后，应在组织机构内部进行讨论。根据讨论形成的意见，可对方案做进一步的修改或补充，使之便于实际操作。长年定期举办的展览会，由于操作经验丰富，各项组织工作有章可循,一般不需要制订详细的组织工作方案。但需要针对新的市场形势和上届展会存在的问题,提出新的思路和改进措施;同时,需要编制新的财务预算。在中国,政府及其部门、协会等非政府组织参与主办的展览会,往往需要具体承办展会的机构提供展览会的组织工作方案。在此情况下,展会的承办机构都必须提供组织工作方案文本,而且方案撰写的内容还要考虑主办机构的意见或需要。

(10)展会费用预算表。

展会初步预算是对举办展会所需要的各种费用和举办展会预期获得的收入进行的初步预算。

在策划举办展会时,要根据市场情况给展会确定一个合适的价格,这样对吸引目标参展商参加展会十分重要。

(11)展会宣传推广方案。

①展会推广方案中要对宣传推广资金进行预算。

在实际操作中,展会宣传推广预算可以先按宣传推广渠道的不同来分别制定,然后再将各渠道的预算汇总成会展宣传推广的总预算。

②确定展会宣传目标。

确定展会宣传对象,明确目标受众为首位。如招展、招商或树立展会品牌形象等。在展会筹备前期宣传推广策划的目标偏重于招展,而后期则偏重于招商。

③展会策划宣传推广需要准备的资料。

宣传推广资料主要包括专题报道、展前预览、新产品报道、参观指南、展期新闻、展会回顾等。

④展会策划宣传需要推广的信息。

宣传推广信息策划目的在于确定展会需要向外界传递怎样的信息,如展会的理念、优势和特点及 VI 形象等。

⑤展会策划宣传推广的重要渠道。

为了提高宣传推广的效果,在进行策划时需要考虑拓宽宣传推广渠道,通过电视、报纸、户外广告、网络、数据业务平台等各种渠道,及时地发布真实和丰富的展会信息。

⑥及时评估宣传推广的效果。

(12)广告文案等(可不写)。

广义的广告文案是指广告作品的全部,包括广告的文字、图片、编排等内容。这是因为最初的广告作品,主要是平面广告作品。狭义的广告文案是指广告作品中的语言文字部分。广告文案的语言要求:准确、简洁;生动、新颖;风趣、幽默;通俗上口,便于记忆。

(资料来源:网址:http://zhidao.baidu.com/question/127860329.html.)

当然,每个不同的展会策划书里最终选择哪些内容,展会策划书的内容如何来归纳概括,还要根据每个不同展会的具体情况来决定,但是基本上都离不开以上这些方面内容。

3.讨论完善

请相关人员发表意见,修改和完善策划书。

(三)策划成果展示

策划书撰写结束,要选择合适方式展示策划成果,可运用多媒体设备或制作成海报进行展示。展会策划成果展示更适合于用PPT的形式,下面介绍展会策划PPT制作和展示的技巧。

1.PPT制作应注意的问题

PPT的制作首先要把握"三不"原则:不超过三种字体、不超过三种色系、不超过三种动画。另外,PPT的制作要注意以下几点。

(1)PPT上的文字排版忌满、花、繁,文字要精练,布局不要太密,要突出关键字。

(2)尽量用图表或模式图代替文字性阐述,增强直观性和渲染力。

(3)PPT要简洁,不能动画飞舞、喧宾夺主。

(4)PPT的色彩不能绚丽,不能眼花缭乱,风格要统一。

(5)PPT的文字字号大小合适(不小于30号),能够让最后一排观众看清。

2.PPT展示时常出现的问题

(1)展示者不面向观众,始终盯着PPT,与观众没有眼神、表情交流。

(2)对PPT的内容照本宣科,不做解读。

(3)讲解及PPT动画切换过快,不考虑听众的接受速度。

(4)对PPT内容不熟,内容衔接不够流畅。

(5)没有合理把握时间,导致虎头蛇尾。

3.PPT展示成功的主要因素

(1)引人入胜的内容。

(2)生动贴切的语言。

(3)赏心悦目、精心设计的版面。

(4)展示者较强的语言表达能力。

(5)设备及其他因素。

4.把握好展示的关键环节

关键环节1——展示前:

(1)了解听众的自然结构组成(如年龄、男女比例、规模等)和兴趣点。

(2)理顺策划书整体脉络。

(3)准备好场地与设备。

(4)利用准备好的场地和设备反复演示PPT,确保展示万无一失。

关键环节2——展示中:

(1)展示者本身的整体形象与综合素质,包括展示者得体的衣着,最佳站位,与听众交流的眼神,生动、贴切的语言,合适的语音语调和语速,优雅的肢体语言表达等。这些因素将直接影响到展示的效果。展示之前,展示者可以多加练习。

(2)展示文件不超过10页,展示时间不超过20分钟。

关键环节3——展示后:

展示最后要有结束语,这是展示者传达信息的最后机会,不可忽视,可以重申目的,总结要点,画龙点睛,鼓舞士气。

(四)策划效果评估

策划效果的评估包括对策划方案(策划书)的评估和对活动结果的评估。

1. 科学地评价策划书

对策划书进行评价,对策划活动可行性进行评价,对策划活动正确性进行评价。

一个成功策划的标准包括以下几方面。

(1)目标明确,内容能很好地支撑目的。

(2)重点突出,思路清楚。

(3)能借助展会本身的势能扩大影响。

(4)有创意,有亮点。

2. 策划方案实施的培训及其他工作

(1)策划方案撰写之后,还要进行实施前的培训,让全体工作人员理解策划方案的精神,熟悉策划方案要求,掌握实施方案的工作方法、步骤和技巧。

(2)印刷材料的设计制作。利用展会的会刊、展前快讯、媒体报道等手段进行前期宣传,扩大企业影响力,吸引更多的目标客户。

(3)进行展台设备的调试安装,展台工作人员的配备。

(4)做好展会服务工作,如安排相应的车辆、设计不同的旅游线路、介绍酒店附近娱乐景点。

案例分析

沈阳品牌手机展会以服务宣传创新

2014年沈阳某五星级饭店举办了名牌手机展会暨新品手机新闻发布会,饭店周到细致的服务和全方位的宣传工作给参展商留下了深刻的印象。

为了办好此次展会,饭店成立了专门的展会会议组,配合展会组委会对展会的各个环节进行了精心的策划。组委会为参展商们提供了手机认证、检测机构和电子商务、物流服务等直接服务项目,还提供了手机流行趋势、手机品牌信息咨询等服务项目,提供了大型LED展示屏、多功能智能型商务会议中心和完善的会展设备设施,设置了新闻发布专区、手机展示专区、手机新品展示区、免费抽奖活动区、礼品发放区、线上线下活动专区等,吸引了大量消费者。同时本次展会在当地发行量较大的报纸上大量投放广告,预先为活动造势,利用各门户网站及官方网站对此次活动进行报道,活动中期发布新闻追踪稿。在活动参与各城市举行的路展活动现场举行了模特表演、小提琴表演,并派发精美的礼品,如派克笔、时尚手机链等,吸引了大量消费者,将活动推向了高潮。

【案例点评】

展会的开展能否顺利,关键在于组委会的组织和协调能力以及工作人员的执行力,如果组织有序、协调一致,那么就会保证展会万无一失。

纵观该手机展会活动,其采用的推广手段,不仅创意十足,而且线上和线下活动都非常到位。首先,传统的免费抽奖活动降低了活动参与的门槛,增加了活动传播的范围;其次,在活动参与各城市举行的路展活动现场精心准备了模特表演、小提琴表演,并派发精美的礼品,吸引了大量消费者。展会充分地利用了传统的与新颖的推广手段,最大化地扩大了活动的传播范围。

【案例思考】

1. 你从该案例中得到了什么启示?
2. 如何搞好饭店展会的营销与策划?

视野拓展

世界旅游贸易展会简介

一、世界大型国际旅游贸易展会(见表3-9)

表3-9 世界大型国际旅游贸易展会表

展会名称	举办地点	举办日期
柏林国际旅游交易会	柏林	3月
西班牙马德里国际旅游博览会	马德里	1月

续表

展会名称	举办地点	举办日期
伦敦世界旅游博览会	伦敦	11月
法国巴黎世界旅游博览会	巴黎	2月
意大利米兰国际旅游交易会	米兰	2月
中国香港国际旅游博览会	中国香港	1月
美国芝加哥国际旅游展销会	芝加哥	4月
加拿大多伦多旅游与休闲展览会	多伦多	4月
澳大利亚假日与旅游展览会	悉尼、墨尔本	6月
美国芝加哥国际会议与奖励旅游展览会	芝加哥	9月
瑞典哥德堡国际旅游博览会	哥德堡	3月
美国洛杉矶旅游展览会(每年分春、秋两次)	洛杉矶	4月、10月
日本国际观光会议旅游展销会(每两年一次,在奇数年举行)	东京	11月—12月
德国汉堡国际旅游博览会	汉堡	2月

二、我国参加的主要旅游贸易展会

(1)巴黎世界旅游贸易展会。

(2)伦敦世界旅游展销会。

(3)柏林国际旅游交易会。

(4)芝加哥国际旅游业展览会。

(5)中国香港国际旅游博览会。

(6)瑞典哥德堡国际旅游展览会。

(7)日本国际观光会议。

(资料来源:贺学良,王华.酒店营销管理与实务[M].北京:中国旅游出版社,2012.)

 **特别提示**

一、会展与展会的区别(见表3-10)

表3-10 会展与展会的区别

区别 \ 类别	会展	展会(展销会)
1.概念区别	狭义的会展仅指展览会和会议;广义的会展是会议、展览会和节事活动的统称,涵盖整个行业。会展具有强大的经济功能	是会展活动的基本形式
2.侧重点	重点是"展"	重点是"销"
3.交易方式	参观者看到了某公司的产品下订单会后交易	参观者看到了商品,当场购买,交易一般在会上直接完成
4.交易额	交易额较大	交易额较小
5.技术含量	高端,技术含量较高	展销会比较朴实,基本没太多的技术含量,主要是吃喝玩乐等
6.收益方面	有很大的利润空间,关键在于组织者的能力和产品的优劣	有一定的利润空间,关键在于组织者的能力和产品的推销力度

二、展览会、博览会、世界博览会、交易会的区别(见表3-11)

表3-11 展览会、博览会、世界博览会、交易会的区别

区别 \ 类别	概念	展示的内容	作用
展览会	有一定规模和相对固定的举办日期,以展示组织形象或产品为主要形式	实物展示以及参展商和专业观众之间的信息交流和商贸洽谈	促成参展商和贸易观众之间的交流洽谈
博览会	规模庞大,内容广泛,展出者和参观者众多的展览会	展示技术和商品,档次较高	对社会、经济、文化的发展能产生影响并能起促进作用

续表

区别 类别	概念	展示的内容	作用
世界博览会	主办国政府组织或政府委托有关部门举办的有较大影响和悠久历史的国际性博览活动	不单是展示技术和商品,而且伴以异彩纷呈的表演、富有魅力的壮观景色,日常生活中无法体验的,充满节日气氛	是一般市民娱乐和消费的理想场所。是一个提供机会展示国家产业技术与科技水准的地方,借以展现国家经济实力
交易会	大规模的展销会,但以订单为主	技术和商品	现场展商和观众达成协议为主要的目的

三、饭店服务在会展业发展中的角色转换

(一)会展业对饭店业的影响

随着我国经济的迅猛发展,会展业水平和要求不断提升,参加会展的人数也不断增多,饭店在此期间获得了大量的客源以及可观的收入,会展业对饭店业的发展在空间和效益上起到了一定的带动作用,但是很多饭店对会展业越来越依赖,营业收入的多半都依靠会展业。

另外,目前饭店业的会展业务也相对单一,主要的会展业务大多为会议、宴会、展会等,很多只是传统展览馆举办的会展活动的附属品。

(二)会展时代下的饭店角色的转化

从饭店的硬件来说,为适应饭店开办展会的需要,饭店的装修、设计、改造和经营要更多考虑展会客人的需求,设备设施要进一步现代化、智能化,饭店经营和管理中也要充分利用现代高科技手段。如饭店的商务设施和设备要齐全,在客房内为客人提供光缆高速上网接口,客人可以实行宽带上网;增大会议场地的面积和会议场所的数量,增加会议设施设备和完善的会展设备设施,如配备同声翻译系统、图文传输系统等先进设施,提供多功能智能型商务会议中心等。也可特置专门的会议组,专门负责会议销售和会议服务。

另一方面,饭店要加强软件建设,提升员工的文化素质,丰富行业知识,强化员工的服务意识、职业道德。

视野拓展

2013年某市珠宝展策划书

一、展会立项可行性研究报告

（一）市场调查

1. 我国珠宝首饰业发展概况

近20年，我国珠宝首饰业得到前所未有的发展，从产值1个亿发展到近1000亿元，从业人员从2万人发展到200万人。我国已成为世界上最大的铂金消费国，年销售铂金量达140万~150万盎司；我国是亚洲最大的钻石市场之一，年钻石销售总额达11亿美元；我国还是世界上第四大黄金消费国，年黄金首饰需求达到200吨左右；我国还是世界上最大的玉石和翡翠消费市场。可以说，我国珠宝消费已经在国际上占据重要地位，我国珠宝首饰市场的走向将直接影响国际市场的走向和价格。

我国珠宝首饰业的发展，大体经历了停滞、恢复、发展三个阶段。

20世纪80年代以前我国珠宝首饰业始终处于停滞状态，之后经过近十年的恢复期。从1990年至2000年中国珠宝首饰业开始进入快速发展阶段。一方面珠宝首饰生产能力迅速增长。到20世纪90年代末，全国金饰生产企业已有500多家，珠宝首饰生产企业4000余家，从业人员达200万人。另一方面，珠宝首饰市场需求迅速扩大，2000年全国珠宝首饰销售总额为800亿元人民币，2002年全国珠宝首饰的销售总额达到1000亿元人民币，出口近30亿美元。

我国已连续五年成为铂金消费大国，尤其是女性对珠宝首饰要求越来越高，珠宝市场即将迎来销售高峰。

2. 我国珠宝首饰业的特点

（1）我国珠宝首饰行业发展很快，但珠宝首饰产品没有区别，缺乏特点和特色，同质化现象严重，珠宝首饰制造水平有待提高。在选料、加工、设计等方面，相关人员大多缺乏经验及文化底蕴。因此要不断提高设计、制作能力，完善加工工艺。

（2）在学习国外的技术、工艺、设计的同时，还要挖掘出本民族的产品，生产出具有民族特色的珠宝消费品。

（3）市场竞争还处于低层次的价格竞争，制约了行业的整体发展。以次充好、以假充真等现象时有发生，极大地损害了珠宝首饰行业形象，行业自律任重道远。

（二）展会项目生命力的分析

珠宝展会每年都在全国各地举办，如2010年6月沈阳珠宝展、2011年9月深圳珠宝展、2012年成都珠宝展等每一个展会都为举办方带来了巨大的利益。作为一个展示着时代潮流的展会,珠宝展拥有强大的生命力和盈利能力。

二、展会执行方案

(一)展会名称及主题

名称:2013年某市珠宝展。

主题:传递情之美。

(二)展会地点和时间

地点:某市×××大饭店。

时间:2013年1月4日-1月6日。

(三)展品范围

1.宝石

钻石、翡翠玉石、红蓝宝石、海蓝宝石、祖母绿、玛瑙、水晶、人造宝石、猫眼、欧泊等。

2.首饰

珠宝首饰、钻石首饰、铂金首饰、白金首饰、黄金首饰、K金首饰、玉石首饰等。

(四)办展机构

1.主办单位

某市某展览服务有限公司、某市金银珠宝首饰行业协会、某市黄金珠宝检测中心。

2.承办单位

某市某展览服务有限公司、×××大酒店。

(五)展会进度计划

2012年12月1日-12月15日,展览报名。

2012年12月15日-12月20日,汇总资料,审核展品。

2012年12月20日-12月31日,编印展览会会刊,进行展台设计、制作。

2012年12月28日-2013年1月3日,布展。

2013年1月4日-1月6日,展览时间。

2013年1月4日8:00-8:30,展会开幕式。

2013年1月4日8:30-9:00,参展商入场。

2013年1月4日9:00-17:00,持有特邀观众请柬或特邀观众胸卡的观众入场。

2013年1月4日-1月6日9:00-16:00,对所有观众开放。

2013年1月6日16:10-18:00闭幕式。

2013年1月6日18:00参展商撤展。

(六)现场管理计划

1.会展开幕式现场管理

(1)展会现场布置,接待VIP。

(2)媒体的接待和管理,展会开幕式管理。

(3)开幕式酒会服务管理。

2.会展布展与现场管理

(1)办展机构现场管理。

(2)参展商现场管理。

(3)观众登记和入场管理。

(4)撤展管理。

3.会展现场风险与安全管理

(1)会展现场的风险管理。

(2)重大紧急事件处置。

4.其他管理

(1)广告管理。

(2)物流管理。

(3)餐饮管理。

(4)证件管理。

(5)会展资料的采集与编写。

5.会展设备管理(略)

三、展会营销宣传

(一)展会招展招商

珠宝展招商邀请函如图3-6所示。

2013年某市珠宝展会
邀请函

_____公司:

我公司将于2013年1月4日—6日在某市×××大饭店举办2013某市珠宝展,诚挚邀请贵公司参展。

某市某展览服务有限公司
2012年12月1日

图3-6 珠宝展邀请函

(二)赞助商方案

金牌赞助商2名,赞助费6万元;银牌赞助商4名,赞助费4万元。

(三)展会宣传推广

1.媒体

(1)电视台:某省电视台、中央电视台。

(2)报纸:新民晚报、新闻晨报、新闻晚报、青年报、每日经济新闻、成都商报。

(3)网站:中国会展网、中国展会网、会展风向标网、中外会展网、新华会展网等。

(4)杂志(略)。

2.具体安排

(1)活动前一周,发布展会公告。

(2)活动前几日,活动筹备:① 户外路牌。② 指示牌。③ 彩旗(T形旗)。④ 宣传册。⑤ 报纸广告。⑥ 杂志广告。⑦ 电视广告。

(3)活动当天,报纸头版报道。

(4)活动后,后续报道及宣传。

(5)海报张贴。

四、展会财务预算

(一)财务支出预算(见表3-13)

表3-13 珠宝展财务支出预算表

一、展览场地及相关费用159 400元	
具体费用	(1)展览场地租金费:12 800元/天,共计3天,12 800×3=38 400元 注:① 展馆以2000平方米为起租面积,从布展之日起至撤展日计算租金。室内展馆照明用电、动力用电、空调用电另计 ② 展馆在工作时段内使用,超过工作时段,按小时收取加班费 ③ 展馆免费提供保洁保安
	(2)展馆空调+新风费:18 000元/天,3天共计54 000元
	(3)展馆照明动力用电费:预算为25 000元(3天) 注:押金4000元
	(4)展柜费用:6000元(租用)
	(5)模特费用:36 000元

续表

二、市场调研费 8400 元		
具体费用	(1)问卷调查费用(网络、纸质、打印费用):1200 元	
	(2)数据调查费用(购买数据费用、数据录入费):2200 元	
	(3)实展调研费用:3000 元	
	(4)资料费、复印费、通信联络等费用:500 元	
三、宣传推广相关费用 116 700 元		
具体费用	(1)广告宣传费用共计 108 700 元	① 电视广告:8 万元
		② 纸质广告:23 400 元
		③ 网络广告:5300 元
	(2)新闻宣传费用(尽量节省)共计:8000 元	① 电视新闻 6000 元
		② 新闻发布会 2000 元
四、招展与招商费用 56 300 元		
具体费用包括	(1)招展代理费用共计 51 900 元	① 劳务费(代理公司人员劳务领取范围):30 000 元
		② 差旅费(外出招展人员):10 000 元
		③ 办公费(包括招展资料复印、印刷和办公文具等):1000 元
		④ 电话费:500 元
		⑤ 资料编印和邮寄费:400 元
		⑥ 客户联系费(参展商、专家、相关政府人员):1000 元
	(2)招商费用共计 2400 元	① 信件邮寄费:200 元
		② 招商联系费(赞助商、供应方、合作伙伴):2000 元
		③ 办公费:200 元
	(3)备用费用	用于不可预见的支出费用:2000 元
五、配套活动费用 3700 元		
(1)开闭幕式共计 2200 元		
(2)其他特殊布置费用 1500 元		
六、其他相关费用 5000 元		
七、其他不可预见费用(赔偿费等)30 000 元		
总计:379 500 元		

(二)财务收入预算(见表3-14)

表3-14 珠宝展财务收入预算表

(1)政府拨款:100 000元	
(2)展位费收入:共计360 000元	
(3)会议及相关活动收入:共计80 000元	
(4)赞助收入:共计160 000元	
(5)保险赔偿费:30 000元	
(6)其他相关收入:20 000元	
总收入:750 000元	
收入	750 000元
支出	379 500元
利润	370 500元

附录

2013年某市珠宝展现场管理计划

一、现场管理

(一)展会现场布置

展会开幕前10天为布展时间,并对开幕式现场进行布置。对展览会现场进行规划,对参展商、搭建商、运输商等进行协调和管理。

(二)贵宾接待

事先制订贵宾接待计划,上报有关负责部门和相关人员审定后执行。

(三)媒体的接待和管理

(1)展会开幕前,办展机构要与有关媒体取得联系,为新闻发布会、媒体记者现场采访和报道做准备。

(2)撰写开幕式讲话稿和新闻通稿。确定开幕式方案。

(四)展会开幕式流程

1.迎接来宾,来宾签到

(1)8:00饭店安排迎宾员在门口等待。

(2)8:15-8:45 来宾在签到处签到进入会场。

(3)9:00 开幕式开始。
2.开幕式流程
(1)主持人致开场词。
(2)某市珠宝协会代表讲话。
(3)举办方公司总负责人讲话。
(4)9:30-10:00 模特展示,主持人解说。
(5)10:10-10:30 慈善拍卖。
(6)10:40 主持人致感谢词。
(7)来宾参观。
(8)11:20 分发小礼品,送来宾离场。
(五)开幕式酒会
办展机构要确定开幕式酒会的举办地点、时间、方式及出席酒会的人员、酒会标准等。
二、会展布展与现场管理
(一)办展机构现场管理
(1)展会现场布置。
(2)展会注册及入场管理。
(3)展会证件与门票管理。
(4)展会设备设施管理。
(5)展会现场安全管理。
(6)展会知识产权保护。
(7)展会现场相关活动管理。
(8)展会现场其他服务。
(9)应急处理小组。
(二)参展商的现场管理工作
1.展前
(1)主办单位在推广会展项目的同时对参展企业进行宣传,广泛派发邀请函,在展会签约网站上公布参展企业的名称。
(2)编制含有参展企业名册的会展快讯,派发给专业观众、专业市场。
(3)在展会网站上开辟了供求平台,参展企业在展前、展中、展后都可以在网上注册,发布产品供应信息和采购信息,为买卖双方搭建平台。
2.展中
(1)主办单位为展商提供增值服务,召开专家现场答疑会和各类研讨会,帮助企业解决生产管理中的难题。

(2)举办产销对接洽谈会,为买卖双方牵线搭桥。

(3)举办新技术推介会,推介新技术。

(4)举办参展知识培训会,对参展商开展"如何让展位更吸引人""如何布展撤展""参展手续"等培训。

3.展后

主办单位对参展企业进行走访,听取意见和建议;对展后成果进行跟踪报道,提高展会和企业的知名度。

(三)观众登记和入场管理

为了提高工作效率,将预先登记的观众和现场注册的观众分开,并将现场注册的观众分为两类:即有名片和无名片的,前者凭名片在观众登记处办好相关手续就可以换取胸卡,后者要在工作人员的指导下填写登记表办理手续。

入场管理工作包括:

(1)接待预先登记观众。

(2)接待现场登记观众。

(3)信息收集。

(4)导引与通道维护。

(5)告知观众展会日程。

(6)现场服务管理(商务中心、问讯处)。

(7)紧急事务处理。

(四)撤展管理

(1)展位的拆除。

(2)租用展具的退还。

(3)展品的处理和回运。

(4)展品出馆控制。

(5)展场的清洁。

(6)撤展安全保卫工作。

(五)参展观众的统计

(1)根据办理登记手续的观众统计。

(2)根据门票统计。

(3)参展商统计。

三、会展现场风险与安全管理

(一)会展现场风险类型

(1)从是否可控的角度分类,分为自然威胁和人为威胁。

(2)从风险的内容分类,分为物质损失风险、财务损失风险、法律责任风险、人员损失风险。

(二)会展风险管理

(1)对场地进行安全分析。

(2)与展会的相关部门建立良好的关系。

(3)确定会展活动的利益相关者具有相应的风险意识。

(4)制作安全册、安全标志牌等。

(5)制订媒体管理计划。

(6)预防"闹展"。

(三)重大紧急事件管理

为应对在展会可能发生的重大安全问题,要与消防、公安、卫生等部门取得联系,以便在事件发生后的最短时间内处理。

四、其他管理

(一)现场广告管理

(1)广告载体分类。

(2)广告的规范与招标。

(二)交通、物流管理

在本次展会中,主办方委托××运输公司负责展品运输工作。

(1)展品运输,分为主办方签约物流公司运输与参展商自行运输。

(2)撤展运输。

(3)现场联络点。

(4)线路规划。

(5)确定展品抵达时间。

(6)撤展管理与撤展物品监控。

(三)餐饮管理

(1)指定餐饮服务商,提供现场餐饮服务。(主办方指定××餐饮公司作为本次展会的餐饮供应商。场馆常设的餐饮点也提供服务。)

(2)设立餐饮服务指示牌,向观众详细介绍和推荐场馆及周边的餐饮网点。

(四)证件管理

(1)本次展会主办方印制六种证件,分别发放给参展商、专业观众、工作人员(包括主办机构、承办机构和协办机构的相关工作人员)、筹(撤)展人员、媒体记者及参会嘉宾(包括领导和讲演嘉宾)。

(2)为了保证参展商、专业观众和嘉宾的停车位,场馆管理方发放展会专用停车证。

模块三　主题活动策划

（五）新闻发布管理

本次展会在现场设立新闻中心和新闻办公室，以便参展商和主办单位及时发布各种信息。

（六）会展资料管理

（1）印发宣传资料。宣传资料主要用于展会之前向目标观众和新闻界寄发，展会期间也在各展台分发。

（2）参展商资料。参展商编写的宣传资料由主办方统一编辑刊印。参展资料包括展台介绍、公司介绍、产品目录、产品介绍、价格单等。

（3）展会资料和会议资料的印刷与制作。主办方印发相关宣传品及会议资料，包括展会信息、会议信息等，会后留存建档。

（七）会展设备管理

1．视听设备

本次展会及会议对视听设备（音响、麦克风）要求较为严格，由专业人员安装、操作。

2．放映设备

放映设备是指在会议室演讲时使用的设备，如幻灯机、投影机等，由酒店专业人员负责。

（资料来源：网址：http：//wenku.baidu.com/link?url=wB0iTCQPVrN3eOFMqyxey5LWv9wQTtpTXERXLpC3GpTfTldlmatoVDyNLoCfSrpMCrPU0q8u3rgvmyjEpNEKqdbZOLTgmGf7RWDgncFC23m.）

任务评价

展会策划技能评价见表3-12。

表3-12　展会策划技能评价表

工作任务	工作过程	得分
活动构思	思维逻辑性强，创新能力强（10分）	
策划书撰写	（1）掌握沟通技巧，具有亲和力，能很好地与被访问者交流并顺利获取信息（10分）	
	（2）策划书提交及时，内容全面、准确，格式正确（10分）	
	（3）具有可行性（10分）	
	（4）安排任务、完成任务有计划，并能按工作进度表进行（5分）	
	（5）能适应新的和多变的环境（5分）	

续表

工作任务	工作过程	得分
策划书展示	(1)展示方式恰当、直观(5分)	
	(2)能有效地掌握展示技巧(5分)	
	(3)与合作伙伴友善,相互尊重,善于切磋商讨共同完成任务(10分)	
	(4)善于用肢体语言参与交流(10分)	
效果评估	(1)评估策划活动的正确性(5分)	
	(2)评估策划活动的可行性(5分)	
	(3)能客观准确地自我评价,并修正方案(5分)	
	(4)接受各种信息的能力(5分)	
成绩评定	指导教师签字: 　　　　　　　　　　年　月　日	总分
学习体会	(1)完成工作任务后的收获 (2)在完成工作任务过程中遇到的问题及建议	

任务五　商务宴会策划

任务描述

要求学生掌握饭店商务宴会策划的基本知识及策划方法,能根据服务对象的实际需求进行商务宴会的策划,撰写策划书,能运用恰当有效的方式对策划方案进行展示,并能对策划方案进行评估。

情境导入

远景传媒有限公司成立两周年,为了让社会各界了解远景传媒有限公司的实力和发展远景,为远景传媒有限公司进一步的发展壮大吸纳人才、打造品牌形象,公司决定举办一场商务答谢宴会。饭店销售部让张玲策划本次商务宴会。

假如你是张玲,你该如何进行策划?

任务分析

商务宴会营销策划一般分为四大步骤:活动构思、撰写策划书、策划成果展示、效果评估(见图3-7)。

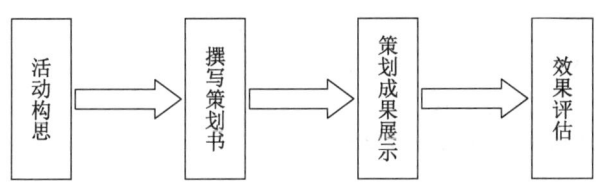

图 3-7　商务宴会营销策划步骤

> 相关知识

一、商务宴会的内涵

商务宴会主要是指各类企业和机构或组织为了一定的商务目的举行的宴会。

(一)商务宴会的特点

(1)注重环境的幽雅、品位,便于双方交谈。

(2)消费以中档或高档为主,菜单设计精美,菜品规格高,服务细致礼貌。

(3)双方边宴饮边洽谈。在环境布置、菜品选择上要迎合双方共同的爱好,使商务洽谈在良好的气氛与环境中进行。

(二)商务宴请的目的

(1)各企业或组织为了建立业务关系、增进了解或达成某种协议而举行。

(2)企业或组织与个人之间为了交流商业信息、加强沟通与合作或达成某种共识而进行。

(三)商务宴请的原则

1.适量原则

宴请的适量原则是指在商务宴请活动中,对于宴请规模、参与人数、用餐档次都要从实际需要出发,切忌炫耀攀比、铺张浪费。

2.4M 原则

宴会的 4M 原则是世界各国商务宴会的礼仪原则,4M 是 4 个以 M 为字头的单词,分别是:

(1)Menu:精美的菜单。

(2)Mood:迷人的气氛。

(3)Music:动人的音乐。

(4)Manners:优雅的礼节。

(四)商务宴会的类型

国际上通用的宴请形式主要有四种:宴会、招待会、茶话会、工作餐。

1. 宴会

通常是指正式、隆重的宴请,在礼仪上分为欢迎宴会和答谢宴会。可以在早、中、晚举行,但以晚宴最为正式。

(1)国宴。指国家元首或政府首脑为国庆庆典或为外国领导人来访而举行的正式宴会,是规格最高的一种宴会。按规定,为外国领导人来访而举行的宴会应挂两国国旗,乐队奏两国国歌及席间乐。主宾双方致辞或祝酒,菜单和席次卡上均印有国徽。

(2)便宴。即非正式宴会(亦称陪餐)。这类宴会形式简便,可不排席位,不做正式讲话,菜肴道数酌减。

2. 招待会

招待会是指一些不备正餐的宴请形式。一般备有食品和酒水饮料,不排固定席位,宾主活动不拘形式。常见形式有:

(1)冷餐会。这种宴请形式的特点是不排席位,菜肴以冷食为主,也可冷热兼备,餐具、酒水、饮料陈放在桌上,供来宾自取。冷餐会可设小桌、椅子,自由入座,也可不设座椅,站立进餐,来宾可自由活动多次取食。冷餐会的地点可在室内也可以在室外花园。这种形式适合招待人数众多的宾客。

(2)酒会。又称鸡尾酒会,较为活泼,便于广泛交谈接触。鸡尾酒是用多种酒配成的混合饮料。酒会上不一定都用鸡尾酒,通常以多种酒品、果料为主,不用或少用烈性酒,略备小吃。服务员用托盘托着酒水和菜点在席间巡回敬送。酒会举行的时间较为灵活,中午、下午、晚上均可。请柬一般均注明酒会时间,来宾可在其间任何时间到达和退席,来去自由,不受约束。

3. 茶话会

是一种更为简单方便的招待形式。席间只摆茶点、水果和风味小吃,也可安排一些短小的文艺节目助兴,场地大小不限,时间长短不拘,气氛轻松活泼。

4. 工作餐

即在会议或工作之中以套餐的形式所提供的便餐,属非正式宴请。按用餐时间可分为工作早、中、晚餐,多在午间提供。

二、商务宴会策划常识

(一)商务宴会场景设计

1. 宴会场地的环境

场地的环境、氛围以大方、温馨为主。

2.宴会场所的要求

要求清洁卫生、空气清新、温度适宜、灯火明亮、安静舒逸、陈列高雅。利用大型花卉、绿色植物点缀环境,可布置活动舞台、背景花台。

3.宴会意境的创造

主题宴会环境创造是为主题内容服务的,必须依据宴会主题和装饰风格来确定环境气氛,充分利用灯光色彩、墙饰标志、家具器皿、花卉盆景、窗帘服饰等手段来表达庄严隆重、豪华高雅、热烈欢快、优雅恬静的意境。

(资料来源:刘澜江,郑月红.主题宴会设计[M].北京:中国商业出版社出版,2013.)

(二)商务宴会席位安排

目前我国大多采用中餐圆桌,有中式及西式两种席次的安排。两种方式不一,但基本原则相同。一般而言,必须注意下列原则。

(1)以右为尊,左为卑。如男女主人并坐,则男左女右,以右为大。如席设两桌,男女主人分开主持,则以右桌为大。宾客席次的安排亦然,即以男女主人右侧为大,左侧为小。

(2)职位或地位高者为尊,高者坐上席,依职位高低定位,不能逾越。职位或地位相同,则必须依官职传统习惯定位。

(3)遵守外交惯例。依各国的惯例,当一国政府的首长,如总统或总理款宴外宾时,则外交部长的排名在其他各部部长之前。

(4)女士以夫为贵,其排名的秩序,与其丈夫相同,即在众多宾客中,男主宾排第一位,其夫人排第二位。但如邀请对象是女宾,因她是某部长,而其先生官位不显,譬如是某大公司的董事长,则必须排在所有部长之后,夫不得与妻同贵。

(5)与宴宾客有政府官员、社会团体领袖及社会贤达参加的宴会,则依政府官员、社会团体领袖、社会贤达为序。

(6)欧美人士视宴会为社交最佳场合,故席位采取分座原则,即男女分座,排位时男女互为间隔。夫妇、父女、母子、兄妹等必须分开。

(7)遵守社会伦理,长幼有序,师生有别。如某君已为部长,而某教授为其恩师,在非正式场合,不能将某教授排在该部长之后。

(8)座位的末座,不能安排女宾。

(9)在男女主人出面款宴而对坐的席次,不论圆桌或长桌,凡是8、12、16、20、24人(余类推),座次的安排,必有两男两女并坐的情形。

(10)如男女主人的宴会,邀请了他的顶头上司(经理邀请了其董事长),则男女主人必须谦让其应坐的尊位,改坐次位。

(三)商务宴会台形设计

1. 中餐宴会台形设计

(1) 合理使用宴会场地安排餐台。

① 一桌宴会。餐桌应放于宴会厅的中央位置,宴会厅的屋顶灯对准桌心。

② 二桌宴会。可排列为横"一"字形或竖"一"字形。主桌应放在宴会厅的正面上位。

③ 三桌宴会。根据宴会厅的形状,可将餐桌排列成"品"字形或"一"字形。

④ 四桌宴会。根据宴会厅的形状,可排列成菱形或正方形。

⑤ 五桌宴会,可排列成"立"字形或"日"字形。以"立"字形排列时,上方位置为主桌;"日"字形则是以中间位置为主桌。

⑥ 六桌时,可排列成三角形、长方形或梅花形。以三角形排列时,顶尖一桌为主桌;梅花形则以中间位置为主桌。

⑦ 七到十桌宴会。将主桌放在餐厅正面上位或居中摆放,其余各桌按顺序排列,横竖成双排或三排。

⑧ 大型宴会,主台可按照"主"字形排列。

(2) 多桌宴会餐桌之间的距离应不少于 1.5 米,餐桌距墙的距离不少于 1.2 米。

(3) 一个宴会厅同时有两家或两家以上单位或个人举办宴会,应以屏风将其隔开,以避免相互干扰和出现服务差错。

(4) 整个宴会餐桌要求整齐划一,尽量做到桌布一条线、桌腿一条线、花瓶一条线。

2. 西餐宴会台形设计

正式西式宴会一般使用长台,大多用长方形餐桌及小方桌拼接而成。餐桌的大小和餐桌的排法,可根据宴会的人数、宴会厅的形状和大小、服务的组织、宾客的要求来进行,并做到尺寸对称、出入方便、图案新颖。

(四)商务宴会餐台设计

1. 中式商务宴会餐台设计

(1) 台布、台裙、椅套、餐巾色彩的选择:为了突出庄严、隆重的气氛,中餐宴会一般选用白色、黄色、红色、金色等颜色的布件来摆台。

(2) 餐具选择:一般选择档次较高的餐具摆台,如选用一些金器、金边的餐盘、金色底座的酒杯等,以烘托宴席气氛。

① 骨碟、汤碗、汤勺、调味碟、筷子、金属汤勺、金属筷架的摆放。从主人位开始按顺时针方向依次摆放骨碟,碟与碟之间距离相等,距桌边 1.5 厘米。汤碗与调味碟摆放在骨碟的正前方,距碟边 1 厘米,汤勺放于汤碗中,勺把向左。在骨碟右侧上方摆放金属筷架,如是动物造型,则头冲左。在筷架左边放金属勺,右边放上筷子,筷子底端距桌边 1.5 厘米。

② 饮具的摆放。在汤碗与调味碟的正前方1厘米处从左至右依次摆放水杯、葡萄酒杯、烈性酒杯。三套杯横向成一直线,杯与杯之间相距1厘米。

③ 餐巾的摆放。中餐宴席餐巾花可选择杯花或碟花。杯花应插在水杯中,再摆放上台。碟花可在完成餐具的摆放后再摆在骨碟上。摆设的餐巾花要品种搭配得当,高低错落有序,主花明显突出,观赏面朝向宾客。

④ 公用餐具的摆放。在正副主人位前各摆一个骨碟,碟内分别用筷架摆放一把公用金属汤勺和一双公筷。勺把向左,筷子手持端向右,筷子放在靠桌心的一侧。

⑤ 公用餐具的摆放。

a. 牙签:摆牙签有两种方法,一种是摆牙签桶,摆放在公用餐具的右侧;另一种方法是摆放袋装牙签,摆放在每个餐位的右侧,袋装牙签一般都印有店名标志,要注意摆正。

b. 烟灰缸、火柴:从主人位右侧开始,每隔两个座位摆放一个烟灰缸,烟灰缸的前端应在水杯的外切线上。烟灰缸的三个架烟孔,其中一个应朝向桌心,另外两个朝向两侧的客人。火柴摆在烟灰缸上,正面朝上。

c. 菜单:10人以下摆放两张菜单,摆放在正副主人席位的右侧,菜单底部距桌边1厘米。12人以上摆四张菜单,摆成"十"字形。高档宴席在每位宾客的席位右侧摆放一张菜单。

(3) 餐台的装饰物选择:可用艺术插花、食品雕刻或工艺品作为餐台的装饰物。

2. 西式宴会餐台设计

(1) 台布、台裙、椅套、餐巾色彩的选择。

西餐宴会一般选用白色、黄色、蓝色、棕色、紫色等颜色的布件来摆台。

(2) 餐具选择。

一般选择档次较高的餐具摆台,如选用银质餐具,以烘托宴席气氛。一般西式宴席餐具摆放的要求如下。

① 摆餐盘(服务盘、展示盘):从主人位开始,按顺时针方向依次将餐盘摆放在每个餐位的正中,距桌边1.5厘米。

② 摆餐刀、餐叉等:从餐盘的左侧由外向内依次摆放沙拉叉、鱼叉、主餐叉;从餐盘右侧由外向内依次摆放沙拉刀、汤匙、鱼刀、主餐刀。除鱼刀、鱼叉向前突出2~3厘米外,其他刀、叉、勺把平齐,距桌边1.5厘米。

③ 甜品叉勺:在餐盘的正前方摆放甜品叉勺。其方法是在餐盘正前方先摆甜品叉,叉把朝左,甜品叉的前方摆甜品勺,勺把朝右。

④ 面包盘、黄油刀:在主餐叉的左侧1厘米处摆面包盘,在面包盘上右侧摆黄油刀。

⑤ 摆放饮具:将水杯摆在餐盘的右上方,再从左至右依次摆放红葡萄酒杯、白葡萄酒杯、白酒杯。三套杯在一条斜线上,与桌边呈45度角,杯与杯之间相距1厘米。

⑥ 摆餐巾：西餐宴席一般选用盘花。将叠好的盘花依次摆放在餐盘上。
⑦ 摆盐瓶、胡椒瓶、牙签桶：按每四人用一套的标准摆放在餐台中线位置上。
⑧ 摆菜单：放于正副主人餐具的右侧，距桌边 1.5 厘米。
⑨ 摆烛台：烛台摆放于餐台中间台布的折缝处。

3.餐台装饰物选择

西餐宴席多选用插花作为餐台的装饰。

（五）商务宴会菜单设计

商务宴会应以端庄大方、正式气派为主流设计思想，宴席菜肴结构系统完整，既满足消费者的需求，又体现出对宴席的高度重视。在菜品的选择上应给人一种气派、前途似锦的感觉。菜肴名称吉祥、高雅，凸显主题，营造商务宴席氛围。商务宴会的讲究一是档次，二是生意人讨彩头，如"鸿运当头"——砂锅鱼头豆腐煲，"大展宏图"——高汤焗龙虾。"鸿运当头"包含有生意红火的意思，是讨顾客欢喜的吉祥菜；而高汤焗龙虾、京葱海参、鲍汁一品煲之类则是档次较高的菜品，是一种身份的象征。

1.商务宴会菜单制定原则

（1）菜单中原料的种类尽可能不重复。
（2）菜单中原料的烹法尽可能不重复。
（3）菜单中菜肴的口味尽可能不重复。
（4）菜单中使用的盛器尽可能不相同。

2.商务宴会菜单设计注意事项

（1）了解宾客禁忌喜好。
（2）确定菜肴的品种。宴会菜单和零点菜单在菜肴的内容上和上菜的程序不一样。
（3）星级饭店宴会菜单的热菜一般是八菜一汤。
（4）来宾人数的变化。人数和价格是宴席菜单设计的两个变量，把握的好坏会影响到宴席菜品的最终质量。
（5）确定上菜的顺序。先冷后热，先菜后点，先炒后烧，先咸后甜，先淡后浓。
① 冷菜：一个主盘配八个围碟，也可以是单独的八个单碟。
② 热菜：两至四道热炒，煎、炒、烹、炸、爆、熘、炝、灼等快速的烹调方法制成。
③ 主菜：也称为大菜，是菜单中的重头戏，一般有干货、海鲜、禽畜类、素菜及鱼类等。通常主菜中先上的多为干货制品，价高质美体现档次，如鱼翅、海参、鲍鱼、干贝等；主菜后的二菜、三菜可以从海鲜、禽肉类中选择，烹调的方式可以是烧、炸、熘、焖等；四菜一般是清蒸鱼类；接着是素菜，素菜至少包括一道蔬菜，正常是两道蔬菜。

④ 甜品：菜肴结束后再上。

⑤ 汤菜：只能有一道。宴席的汤要比团队会议的汤质量要高，大多是浓汤。如是清汤必须是上汤。有些地区先上的汤称为开胃羹。

⑥ 点心：正常是两道，一甜一咸，一荤一素，一醇一酥。

⑦ 主食：一般只上一道，面、饭、粥。

⑧ 水果：宴席一定采用加工过的高质量的水果。

综合来看，商务宴席尤其是中式商务宴的菜单设计要做到以下三点：

第一，从商务宴席人员的特点与需求方面着眼，菜品选择要丰富多样，格调要高雅，切合主题。

第二，从菜肴的结构与数量方面考虑，应采用四段式、五大类别结构，荤素搭配合理，冷菜、热菜、汤、点心、水果一应俱全。

第三，在考虑营养搭配合理的同时，也要使整个宴席菜品保持整体的合理和丰富，同时也要控制成本。

(六) 商务宴会环境设计

1. 气氛

要轻松、舒适、愉快。选用的颜色宜淡雅一些，不必大红大绿。服务工作人员要礼貌、微笑、温柔。菜式的安排要有喻义，如"一帆风顺、合作成功"等。

2. 布置

(1) 备签合同台。

(2) 备横幅。

(3) 备签字笔、笔筒、香槟、照相机。

(4) 放轻松音乐。

三、商务宴会策划方法

商务宴会的策划一般分为四大步骤：活动构思、撰写策划书、策划成果展示、效果评估。

(一) 活动构思

1. 了解活动的目的

了解主办方举办商务宴会的目的，从而更好地进行商务宴会的策划。

2. 确立主题

确立商务宴会策划活动的主题。

3. 形成创意

寻求解决问题的思路、方法，经过梳理总结，形成策划创意。

（二）撰写策划书

1.拟出计划

拟出商务宴会策划工作所涉及的事项、时间、人员分工等计划。

2.撰写策划书

按照商务宴会的基本内容和要求撰写。

（三）策划成果展示

商务宴会策划书撰写结束，选择合适的展示方式展示，可运用多媒体设备或制作成海报进行展示。

（四）策划效果评估

科学地评估商务宴会策划方案。

(1)策划活动的正确性。

(2)策划活动的可行性。

(3)能客观准确地自我评价，并修正方案。

(4)接受各种信息的能力。

视野拓展

商务宴会策划书

一、宴会的预订

（一）宴会预订的方式

(1)直接预订：即面谈，这是宴会预订最直接最有效、最实用的方式。在宴会规模较大、出席宴会者身份较高或宴会标准较高的情况下，宴会举办单位或个人一般都要求当面洽谈，直接预订。饭店宴会销售员或预订员应根据客人的要求详细介绍宴会场地的所有细节及安排，如厅堂布置、菜单设计、席位安排、服务程序等，应尽量满足客人提出的要求。之后洽商付款方式、填订宴会预订单、记录预订者的联系方式等。

(2)电话预订：常用于小型宴会的预订、查询饭店宴会资料、核实宴会细节等，酒店的常客多采用电话预订。此外，大型宴会细节的落实或某些事项的修改也是通过电话形式。宴会销售员或预订员应详细落实客人的资料，填写宴会预订单。

（二）宴会预订的程序

接受预订，热情迎宾，仔细聆听，认真记录，确认以下事项。

(1)宴会的类型，是中餐宴会、西餐宴会还是冷餐酒会。

(2)宴会的举办日期和时间。

(3)出席宴会的人数。

(4)宴会的名称、性质和客人身份等。

(5)宴会的举办人或单位的联系地址和电话。

(6)计划安排的宴会名称。

(7)菜单的主要内容,酒水的种类和质量。

(8)收费标准和付款方式。

(9)宴会的其他要求,如休息室、请柬、席位卡、致辞台等。

(10)预订日期和预订员的签名等。

(三)宴会预订确认单

宴会确认单

感谢您选择××饭店举行宴会。为确保宴会接待品质,切实维护双方的利益,经友好磋商,达成如下协议。

主办人姓名:＿＿＿＿＿＿＿＿　　主办人联系电话:＿＿＿＿＿＿＿＿

主办人地址:＿＿＿＿＿＿＿＿　　宴会办理日期:＿＿＿＿年＿＿＿月＿＿＿日＿＿＿时

宴会形式:□商务宴会　宴会负责人:＿＿＿＿＿＿＿＿

宴会标准:＿＿＿＿＿＿＿＿元/席(10位/席)

预订席位:＿＿＿＿＿＿＿＿席,其中清真席:＿＿＿＿＿＿＿＿席

备用席数:＿＿＿＿＿＿＿＿席

水牌内容:＿＿＿＿＿＿＿＿

预订定金:大写:＿＿＿万＿＿＿仟＿＿＿佰＿＿＿拾＿元　¥:＿＿＿元

结账方式:＿＿＿＿＿＿＿＿＿＿＿＿

备注:＿＿＿＿＿＿＿＿＿＿＿＿＿＿

预订定金及宴会变更安排条款

◇在落实宴会安排并与饭店签订确认单后,请交付10%的预订金。

◇饭店方面有权取消没有缴纳预订金的宴会安排。

◇如在宴会举办日前不足48小时知会饭店宴会做变更安排的,饭店将按宴会预订标准收取全额费用。

◇若遇政府大型接待等不可抗力,导致宴会无法正常接待的,饭店不承担违约责任,但饭店有义务及时知会主办人变更信息,并退还全额预订金。

付款方式

◇宴会结束,结清预订金以外的全部款项(包括预订席位费及宴会产生的所有杂项费用),并请附上预订金收据。

◇如忘记携带预订金收据,则按宴会的总费用如数付清,三日内凭预订金收据办理退款手续。

其他条款

◇宴会安排不再享受任何打折或其他优惠措施。

◇备用席饭店只保证留有座位。备用席菜品保证同预订席菜品同等价位标准,在此基础上存在的菜品出品差异敬请谅解。

◇请爱护饭店公物,不要损坏酒店的物品,否则照价赔偿,赔偿金将作为杂项费用(以主办人确认为准)计入。

◇此确认单以酒店方代表和主办方代表签字并缴付预订金后生效。

增值服务

◇饭店免费制作祝贺条幅一条。

◇饭店免费提供水牌使用。

如您接受上述条款,请予签名,以示确认。真诚希望能为您提供最优质的服务,谨此致意!

主办方代表签名＿＿＿＿＿＿＿＿＿　　饭店经办人签名＿＿＿＿＿＿＿＿＿

饭店方代表确认＿＿＿＿＿＿＿＿＿

注:此确认单一式两份,主办方、饭店方各执一份。

二、宴会主题场景设计

(一)宴会场景选定

此次宴会是××集团为答谢老客户长期的大力支持而举办的,宴会场景要大方、温馨。

(二)宴会场所的选择

(1)本次宴会是25桌以上的大型宴会,宴会场所要选择宽敞、安静的地方,避免嘈杂和拥挤。

(2)本次宴会的房间不应临街,不在施工工地附近,门窗应能隔音,周围没有电话铃声、脚步声等干扰。

(3)可利用自然光源,也可使用人造光源。利用自然光源即阳光,应备有窗纱,以防强光刺目;使用人造光源时,要合理配置灯具,使光线尽量柔和一些。

(4)室内最好能使用空调机和加湿器,以使空气的温度与湿度保持在适宜的水平上。温度20℃、相对湿度40%~60%最合适。一般情况下,要保证空气的清新和流通。

(三)宴会意境的创造

(1)灯光的选择:映衬主题,选择黄色和白色的镁光灯,创造柔和、温馨的氛围,光线不能太暗。

(2)色彩的选择:这是一场重大的答谢宴会,首先要体现庄重,其次要温馨,所以选择红色和紫色为主题颜色。红色既表示庄重又不失热烈,紫色给人温馨的感觉,让被邀客户有宾至如归的感觉。

(3)声音的选择:为了达到主办方要求的高档次宴会的要求,使用萨克斯乐曲作为背景音乐,并以5分贝的音量缓缓播放,这样既不影响客人间的交流,也不影响客人进餐的雅兴,营造高雅的气氛。

(4)装饰物的选择:餐桌采用木质圆桌和顶灯对应,装饰物以象征友谊的康乃馨为主,选择不同的花色。用其他花来配饰。

(四)宴会场景的布置

(1)背景的布置:主墙采用乳白色为主,创造明亮的感觉。在墙边和角落摆放绿色植物作为装饰,营造充满生机的氛围。

(2)主桌的布置:主桌上用鲜花摆成圆形,突出主桌。

三、宴会厅堂台面设计

(一)餐桌的摆放

这是一个25桌的大型宴会,除突出主要领导外还要考虑到其他客人。因此,将主桌放置前面中央位置,既能让主宾看到全景,也能让其他客人看到主宾(见图3-8)。本次宴会采用圆桌,每桌10人。

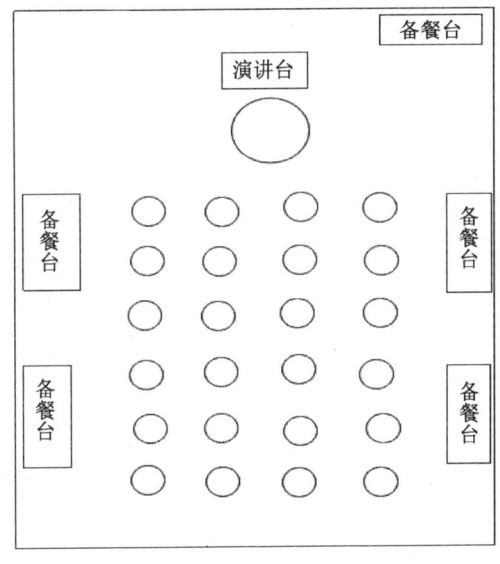

图3-8 餐桌的摆放

(二)席位的安排

主宾席位居上面对门,其他宾客席位对称交叉排列。如图3-9、图3-10所示。

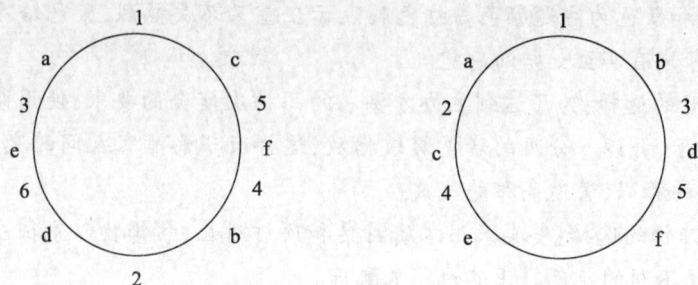

图3-9 席位安排形式一   图3-10 席位安排形式二

注:1号是主宾,2号为主人,3、4、5……,a、b、c……依次排列。

(三)餐台的布置

中餐宴会大多数使用中餐宴会餐具。餐台布置如图3-11所示。

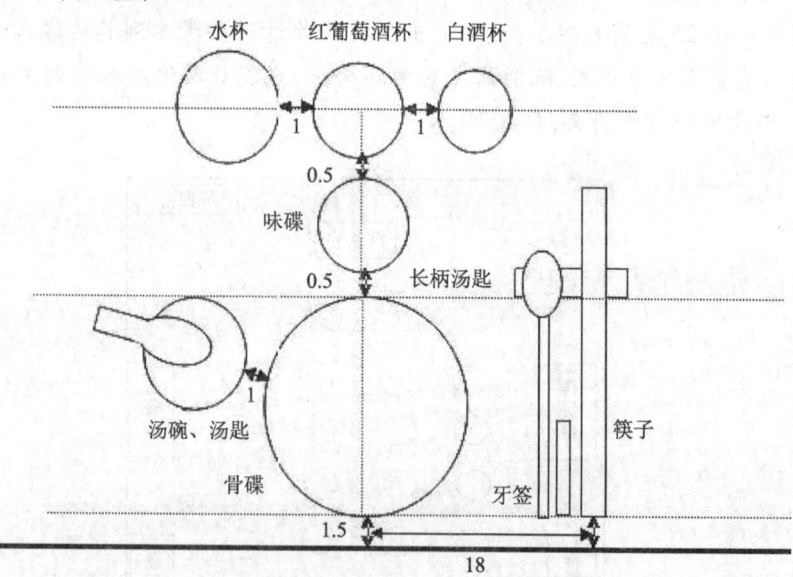

图3-11 餐台的布置

注:要求统一,餐具采用银色,四周附加简易花纹,特殊菜肴采用特制餐具。

四、宴会菜单设计

(一)菜单的规格

因是大型的公司答谢宴会,规格比较高,档次也很高,菜单标准按照3000元/桌,主桌4998元设计。

(二)菜单色彩的选择

菜单的色彩不仅要美丽大方,而且要和宴会厅的色调一致。采用红紫色为主色。

(三)菜式的选择

凉菜:刺身拼盘、蚝皇灵菇和蹄筋、西式手卷沙拉、清酒醉腰桂花、菱角凉糕、盐水北极贝、财运捞汁百灵菇、太阳鱼卷、水晶虾。

热菜(略)

(四)完整菜单展示(略)

五、宴会接待服务方案设计

(一)餐前准备

做好收集信息工作。了解宴会规模、客人的喜好和特殊需求,提前做好相应准备工作。

(二)做好员工的培训工作

增加基本训练和业务知识培训,提高员工服务技能。安排足够的人力,保证宴会质量。

(三)摆台

按照标准的摆台方法摆台,主桌突出。餐具及餐桌上的设施清洁无破损。

(四)以情动人

作为高档宴会,除了舒适的环境、可口的菜肴,还要在"情"字上下工夫,做到热情、友好、好客。

(五)做好设备的检查

如灯光、温度等,确保设备正常运行。

(六)添加增值服务

作为高档宴会,规格较高,规模也很大,为其添加增值服务可以增加新客源和保留老客源。

(七)做好会后跟踪服务

宴会结束后,由宴会销售负责人员亲自拜访或者打电话对客人表示谢意,并征求客人对此次的宴会的意见及所需改进的地方。

六、宴会收尾工作

(1)关闭电源。

(2)检查厅内是否有客人遗留物品及易燃物品。

(3)打扫厅内卫生,桌椅归位。

(4)做好宴会总结工作。

七、紧急情况处理

(1) 如果多上菜,不撤回,并做好记录。

(2) 如果少上菜,及时补上,并做好记录。

(3) 客人如摔坏酒杯,询问客人是否受伤,然后立即收拾,做好登记,并交至收银台。

(4) 客人如将汤菜撒了,如果洒到衣服上,先道歉,然后询问客人是否需要更换衣物。

(5) 如果有客人闹事,要先征询主办人意见,并协助处理。

(资料来源:www.docin.com,《商务宴会方案设计》)

案例分析

"丝绸之路"主题宴会

2015年的初春,一位美国老先生来到某饭店宴会销售部,自称是来自美国的学者,刚在中国的西部游历了数日,回国前想在饭店宴请在京的多位同行业人士及重要贵宾。老先生愿意支付很高的餐价,但希望饭店将宴会厅装饰出中国西部风情,因为他很留恋新疆的天山和草原的驼铃。老先生还说:"我个人不能提出具体的宴会方案,因为我不是饭店专家,但我知道贵店在京城餐饮业享有盛誉,我相信你们一定能令我满意。"客人走后,饭店宴会部设计了几个方案,最后经过比较分析选择了以"丝绸之路"为主题的晚宴。

宴会厅设计成中国西部优美的风景。宴会厅的三个入口处至宴会三个主桌,用黄色丝绸装饰成蜿蜒的丝绸之路;宽大的宴会厅背板上,蓝天白云下一望无际的草原点缀着可爱的羊群;背板前高大的骆驼造型昂首迎候着来宾,形象逼真。宴会厅的东侧,古老的"长城"象征着中国悠久的历史,西侧有一幅天山图的背板。宽大的舞台上,一对新疆舞蹈演员载歌载舞。16桌宴会餐台错落有致地摆放在三条丝绸之路的两侧,金黄色的座椅与丝绸的颜色一致,高脚水晶杯和银制餐具整齐地摆放在白色的台布上,每个餐台中央的艺术插花令人感到宴会高雅的氛围。

面对文化氛围强烈的宴会厅,老先生及随从人员十分惊喜。老先生激动地说:"你们做的一切大大超过了我的期望,你们是最出色的,令我永生难忘。"

宴会的成功不言而喻。几天以后,饭店总经理收到了来自美国的老先生热情洋溢的表扬信。他在信中说,回国后他已经向许多朋友谈起了这个宴会,并高度称赞了饭店宴会部的员工。他认为这些员工是全世界最优秀的,因为这些员工能够理解客人的需求。

【案例评析】

这次宴会之所以成功,宴会场景的成功设计起到了至关重要的作用。主题宴会一定要符合客人的心理需求,根据客人的需要进行设计与装饰。只有明确了客人的需求,才能有针对性地开发宴会产品。另外,气氛要衬托主题,立意要明确。

(资料来源:刘澜江,郑月红.主题宴会设计[M].北京:中国商业出版社出版,2013.)

视野拓展

一、中国现代名宴

(一)开国第一宴

1949年10月1日,在首都北京天安门举行了隆重的开国大典。当晚,中央人民政府在北京饭店举行新中国第一次盛大国宴。开国第一宴菜品质朴、清鲜、醇和,中外宾客对菜点给予了高度评价,为国宴的精练简约定下了基调。

开国第一宴是以淮扬菜为主。菜肴包括7个冷菜(4荤、3素),6个热菜(4荤、2素),1个汤,甜食是八宝饭。喝的是茅台酒和黄酒,烟是中华烟。此宴会的成功举行,为我国的国宴定下了规格:1组冷菜、6菜1汤、3点心、1主食加1水果;菜式精练,口味以南北适宜的淮扬菜为主,根据出席对象的不同,进行适当调整。现在,国家进行了礼宾改制,菜式改为:1组冷菜、4菜1汤、2中点、1西点、1主食加1水果,时间把握在1小时以内。

(二)中华第一桌

中华第一桌是亚太经合组织第九次领导人非正式会议(APEC会议)期间于2001年10月21日在上海举办的宴会。这是一次旷古未闻的世纪盛会,这次会议的各类宴会也很多,共有19次重大宴请,50多次非正式宴请。其中规格最高、要求最严的是中华第一桌,20位世界政坛领袖共聚一桌,在我国的宴会史上是绝无仅有的。

宴会由著名的上海锦江集团承办,宴会安排在上海科技馆四楼近800平方米的宴会厅内,雍容华贵,大气中透着洋气。

预期设计中餐西吃的形式与餐桌"三高潮"——盘龙南瓜雕盖、现场操作片皮鸭和鲜果冰雕盅。菜谱以红木架子作底座,玻璃上刻着英文菜单,上面是古色古香的卷袖,展开是由书法家书写的中文菜单。

中华第一桌对中餐西吃的方法进行了精炼提高。纯西式的菜单结构:冷菜、汤、热菜开胃、小盘(鱼)、大盘(主菜)、点心水果。纯西式的菜肴装盘,每人一份,形式采用西式格局。菜肴制作按纯中式要求,对我国中餐宴会上的冷菜名吃进行了重大改良,原有的6寸盘共吃冷菜围碟,改成2寸盘冷菜名吃围碟。对中菜西吃从观念上给予了全新的改变,更符合了国际餐饮业潮流。

菜名藏头诗别具一格,体现了中国文化的底蕴:相互天地蟠龙腾(冷龙虾)、互助互惠相得欢(鸡耳羹)、依山傍水鳌匡盈(炒虾蟹)、存抚伙伴年丰余(煎鳕鱼)、共襄盛举暖江鸭(烤填鸭)、同气同怀庆联袂(美点盘)、繁荣经济万里红(冰果盅)。七句词出自《史记》《汉书》等经典著作,将菜单每句首字联词,形成了"相互依存,共同繁荣"(2001年中国APEC会议倡导的宗旨和目标)。

(三)世界中餐第一宴

南京市人民政府于2001年9月16日晚为参加在中国南京召开的第六届世界华商大会的嘉宾举行盛大宴会——世界中餐第一宴。在大会主会场——南京国际展览中心2楼的22 000平方米巨大展厅,整齐有序摆放着400多张圆餐桌,宴会主桌有100~150人,整个场面足以让人感到"华商第一宴"的气势。海内外华商和各界嘉宾近5000人一起出席了盛大的欢迎晚宴。宴会规格为6菜1汤,分别由金陵饭店等8家饭店烹饪。整个宴会的服务人员有1000多人,其中跑菜的男服务员就有300多名。为了让不同宗教信仰的华商能同桌用餐,欢迎晚宴不上以猪肉、牛肉为原料的菜点。考虑到席间华商们要起身走动,每张请柬后面都印着餐位平面图,使宾客不致迷路。整个用餐时间约一个小时。世界中餐第一宴的举行,为我国大型中式宴会开创了先河,并为多家饭店密切合作承办大型中式宴会提供了很好的经验。

二、商务宴会菜单示例

(一)6~8人,标准300元

道口烧鸡、干烧鲤鱼、碳烧熏鱼、农家小炒肉、农家蒸菜、乡巴佬烩羊肉、爽口苦菊、生嗜莜麦菜、咸蛋黄焗南瓜、干锅丝瓜。

主食:手撕饼、素汤面。

汤:鱼蓉豆腐羹、米酒蛋花汤。

(二)6~8人,标准400元

江雪小排、干烧鲤鱼、道口烧鸡、茄花虾、长寿菠菜松、泼辣鲜菇肥牛、健齿田七苗、石锅娃娃菜、咸蛋黄焗南瓜、炝炒莜麦菜。

主食:广式葱油饼、素汤面。

汤:太湖银鱼羹、绿茶小汤圆。

(三)8~10人,标准500元

特色烤鸭、川味跳水鲈鱼、道口烧鸡、小炒肉、五彩酿鲜鱿、布袋羊肉、米酒酿木瓜、泼辣鲜菇肥牛、美极葫芦丝、生嗜莜麦菜、健齿田七苗、养生南瓜、小炒野木耳、清凉小炒。

主食：蛋黄酥、手撕饼、素汤面。

汤：三丝烩鱼肚、水果米酒露。

（四）8~10人，标准600元

北京烤鸭、清蒸中华鲟、道口烧鸡、酱香牛腱块、酸奶时蔬、长寿菠菜松、爽口苦菊、蒜香雪花牛肉、芥蓝炒鸡件、茄花虾、布袋羊肉、上汤时蔬、石锅娃娃菜、铁板金砖蔬菜豆腐。

主食：马拉盏、手撕饼、素汤面、米酒小汤圆。

汤：酸辣乌鱼蛋汤。

（五）10~12人，标准600元

北京烤鸭、清蒸中华鲟、菜心拌蜇花、茶树菇炒蛏子、五彩酿鲜鱿、茄花虾、道口烧鸡、乡巴佬烩羊肉、农家蒸菜、养生南瓜、美极葫芦丝、小炒野木耳、米酒酿木瓜、生嗜莜麦菜、爽口苦菊、铁板金砖蔬菜豆腐。

主食：马拉盏、高炉烧饼、醒酒面叶。

汤：老鸡菌皇汤、银耳炖木瓜。

（六）10~12人，标准800元

特色烤鸭、清蒸中华鲟、温拌蝴蝶贝、富贵烩鱼肚、炭烧熏鱼、毛血旺、道口烧鸡、乡巴佬烩羊肉、农家蒸菜、红粉鳝丝、蓝莓山药、白勺金针芥菜、巧拌什锦、石锅娃娃菜、健齿田七苗、铁板金砖蔬菜豆腐。

主食：开封灌汤包、马拉盏、茄汁面。

汤：酸辣乌鱼蛋汤、银耳莲子羹。

（七）10~12人，标准1000元

北京烤鸭、清蒸中华鲟、金钱如意、乡巴佬烩羊肉、卤水双拼、金沙焗明虾、老醋蜇头、红粉鳝丝、旋风耳片、芥蓝炒鸡件、苦菊拌桃仁、仔姜炒牛蛙、美极葫芦丝、石锅凉粉、长寿菠菜松、咸蛋黄焗南瓜、私房酱萝卜、清凉小炒、芹香大拌菜、白灼广东菜心。

主食：农家菜窝窝、开封灌汤包、高炉烧饼、羊肉糊汤面。

汤：三丝烩鱼翅、木瓜炖银耳。

（八）12~14人，标准1000元

特色烤鸭、清蒸中华鲟、秘制猪手、椒盐虾、道口烧鸡、酸辣炒广肚、菜心拌蜇头、茶树菇炒肥肠、旋风耳片、毛血旺、健齿田七苗、锅仔鲜菇肥牛、东北野木耳、西芹百合炒莲角、三叶香拌虫草花、石锅娃娃菜、农家蒸菜、板烧香蕉、美极葫芦丝、铁板金砖蔬菜豆腐、小炒野木耳、虾酱油麦菜。

主食：开封灌汤包、三沙烙、酸汤百叶、农家菜窝窝。

汤：太湖银鱼羹、绿茶小汤圆。

(九)商务套餐(12~16位),标准1200元

北京烤鸭、清蒸桂花鱼、干椒蒜泡北极贝、乡巴佬烩羊肉、卤水四饼、金沙焗明虾、冰藻拌蜇花、富贵烩鱼肚、腊八蒜泡鸭掌、毛血旺、三叶香虫草花、一品银锡鳝、米酒酿木瓜、板烧香蕉、美极葫芦丝、蒜蓉粉丝娃娃菜、苦菊桃仁、翡翠木瓜、长寿菠菜松、生炝广东菜心。

主食:薄皮素包、风味酸菜盒、农家菜窝窝、羊肉糊汤面。

汤:三丝烩鱼翅、南瓜米酒羹。

(十)商务套餐(14~18位),标准1200元

葱油薄饼、三丝烩鱼肚、特色烤鸭、清蒸中华鲟、酱香牛腱块、云天第一排、金钱如意、茄花虾、香辣手撕兔、丝瓜蒸虾仁、老醋蜇头、熬炒柴鸡、旋风耳片、红粉鳝丝、健齿田七苗、石锅娃娃菜、粉蒸时蔬、白灼广东菜心、鸡丝荞麦面、养生南瓜、鱼翅三叶香、煎酿虎皮辣椒、芹香大拌菜、小炒野木耳、四菱豆拌桃仁、板烧香蕉。

主食:三沙烙、农家菜窝窝。

汤:醒酒面叶、绿茶小汤圆。

(十一)商务套餐(14~18位),标准1500元

北京烤鸭、清蒸多宝鱼、刺身三文鱼、串烧虾、江雪小排、富贵烩鱼肚、酱香牛腱块、云天第一排、腊八蒜泡鹅掌、干锅牛三宝、巧拌什锦、一品银锡鳝、东北野木耳、铁板金砖蔬菜豆腐、美极葫芦丝、海味干捞粉丝煲、三叶香虫草花、白灼广东菜心、私房酱胡萝卜、清凉小炒。

主食:马拉盏、开封灌汤包、农家菜窝窝、茄汁面。

汤:云天一品羹、绿茶小汤圆。

(十二)商务套餐(16~20位),标准1500元

特色烤鸭、清蒸左口鱼、卤水猪手、百花鱼肚小米虾、五彩酿鲜鱿、乡巴佬烩羊肉、酱香牛腱块、云天第一排、干椒蒜泡北极贝、毛血旺、青瓜蜇头、茶树菇炒肥肠、苦菊拌桃仁、煎酿虎皮辣椒、木香丝瓜尖、板烧香蕉、健齿田七苗、白灼广东菜心、粉蒸时蔬、咸蛋黄焗南瓜、巧拌什锦、西芹百合炒莲角、美极葫芦丝、铁板金砖蔬菜豆腐。

主食:风味酸菜盒、葱油薄饼、开封灌汤包、羊肉糊面汤。

汤:鱼茸烩翅羹、银耳炖木瓜。

(十三)商务套餐(18~26位),标准2000元

北京烤鸭、清蒸多宝鱼、刺身三文鱼、京葱黄玉参、金钱如意、木瓜虾仁船、酱香牛腱块、锅仔珍菌龙虾球、酱拌蝴蝶贝、煎焗鱼嘴、酱香猪手、乡巴佬烩羊肉、道口烧鸡、红粉鳝丝、蒜香杏鲍菇、茄花虾、三叶香虫草花、小炒野木耳、健齿田七苗、虾酱荞麦菜、美极葫芦丝、板烧香蕉、东北野木耳、咸蛋黄焗南瓜、巧拌什锦、干锅丝瓜、

西芹拌桃仁、白灼广东菜心。

主食:农家菜窝窝、椰香盒、风味酸菜盒、茄汁面。

汤:云天一品羹、西米奶露。

(十四)商务套餐(18~26位),标准2000元

特色烤鸭、清蒸鲟龙鱼、道口烧鸡、京葱烧辽参、秘制猪手、茄花虾、话梅小排、云天第一排、卤水鹅翅、沸腾鸡片、过江肥牛、熬炒柴鸡、秘制十三香、富贵烩鱼肚、炭烧熏鱼、锅仔鲜菇肥牛、农家蒸菜、仔姜炒牛娃、鸡丝荞面、西芹百合炒莲角、大拌菜、板烧香蕉、黄桃芦荟、蒜蓉莜麦菜、爽口丝瓜尖、干锅丝瓜、美极葫芦丝、白灼广东菜心、醋泡花生、小炒野木耳、咸蛋黄焗南瓜。

主食:开封灌汤包(双份)、农家菜窝窝(双份)、葱油薄饼(双份)、茄汁面。

汤:鲍参翅肚羹、银耳炖木瓜。

三、商务主题宴席菜单(公务)

汪辜会谈菜单:

情同手足、龙族一脉、琵琶琴瑟、喜庆团圆、万寿无疆、三元及第、兄弟之谊、燕语华堂、前程似锦。

菜单说明:

1993年4月27日,大陆海协会会长汪道涵和台湾海基会董事长辜振甫进行了举世瞩目的汪辜会谈,海峡两岸共同签署了34份文件,为庆祝这一盛会,在新加坡著名中餐饭店董宫饭店举行了盛大酒会。饭店精心地准备了新颖别致的菜单。这份菜单列着九道"闻所未闻"的菜谱。这张别出心裁的菜谱,把大陆、台湾两岸同胞欢聚骨肉情深的气氛一层层烘托出来,不禁令主客兴趣与食欲俱增。

 特别提示

设计商务宴会应考虑的因素

(1)尽量了解宴请双方的共同特点,了解双方共同的喜好。为了表现双方的友谊,在环境布置、菜品选择上要迎合双方,使商务洽谈在良好的气氛与环境中进行。

(2)注重保护客人的隐私,创造一个良好的商务交往空间。

(3)商务宴请已经成为现代商业活动的一个组成部分。商务宴会设计、组织及实施的成功与否,不仅关系到承办餐饮企业的经济效益与声誉,同时也对宴请双方的商务活动有着重要的影响。一个成功的商务宴会可能给宴请双方带来成功的商业合作;相反,一个设计失败的商务宴会可能会使宴请双方的合作中断,并给双方造成较大的经济损失。

任务评价

商务宴会策划技能任务评价见表 3-15。

表 3-15　商务宴会策划技能任务评价表

班级：　　　　　组别：　　　　　姓名：　　　　　指导教师：　　　　　课时：

工作任务	工作过程	得分
活动构思	思维逻辑性强，创新能力强(10 分)	
策划书撰写	(1)掌握沟通技巧，具有亲和力，能很好地与被访问者交流并顺利获取信息(10 分)	
	(2)策划书提交及时、内容全面、准确、格式正确(10 分)	
	(3)具有可行性(10 分)	
	(4)安排任务、完成任务有计划，并按工作进度表进行(5 分)	
	(5)能适应新的和多变的环境(5 分)	
策划书展示	(1)展示方式恰当、直观(10 分)	
	(2)能有效地掌握展示技巧(5 分)	
	(3)与合作伙伴友善、相互尊重，善于切磋商讨共同完成任务(5 分)	
	(4)能用多种形式展示策划成果(5 分)	
效果评估	(1)评估策划活动的正确性(10 分)	
	(2)评估策划活动的可行性(5 分)	
	(3)能客观准确地自我评价并修正方案(5 分)	
	(4)接受各种信息的能力(5 分)	
成绩评定	指导教师签字： 　　　　　　　　　　年　月　日	总分
学习体会	(1)完成工作任务的收获 (2)在完成工作任务过程中遇到的问题及建议	

课后练习

一、填空题(每空1分,共30空,共30分)

1.西方婚礼突出_____和_____,婚礼一般都是在_____或其他较为_____的地方举行,婚礼井井有条,但是相对来说就不如中国婚礼那么_____。

2.中国古代传统婚俗的"六礼"是指_____、_____、_____、_____、_____、亲迎。

3.展会预备阶段的文案一般包括:展会立项策划书、_____、参展说明书、展会招商方案、展会招商函、展会进度计划、观众邀请函、_____、展出工作方案、_____、展会宣传推广计划、_____。

4.一次展示的成功与否由以下几个因素决定:引人入胜的内容;语言生动,贴近听众;PPT版面比较赏心悦目;展示者的_____、设备因素等。

5.要了解客户的需求,提问题是最_____、最_____而_____的方式。

6.在与客户进行沟通时,必须集中_____,认真_____客户的回答,站在对方的角度尽力去理解对方所说的内容,了解对方在想什么,对方的需要是什么,要尽可能多地了解_____,以便为客户提供_____。

7.一桌宴会的餐桌应放于宴会厅的_____,宴会厅的屋顶顶灯对准_____。

8.美食节主题策划通常采用的主题策略有_____、_____、_____、名人文化和器皿菜肴。

9.饭店的个性化营销应该从_____、_____、_____三个方面去考虑。

二、单选题(每题2分,共5题,共10分)

1.客户的需求分析是指通过买卖双方的有效沟通,对客户所要购买产品的(   )等进行发掘。
   A.目的   B.用途   C.功能   D.以上都是

2.中国的传统婚俗有"三书六礼""三拜九叩"。所谓"三书",是指(   )
   A.聘书   B.礼书   C.迎亲书   D.以上三项都是

3.可排列成"立"字形或"日"字形的宴会是(   )宴会。
   A.二桌   B.三桌   C.五桌   D.七到十桌

4.在一段时间内推出某一主题或一系列食品的促销活动是(   )。
   A.美食节   B.圣诞节   C.春节   D.定期活动节日

5.餐饮企业利用多种传播手段,同包括消费者、社会民众、政府机构和新闻媒体等在内的公众进行相互交流,建立良好的社会形象和市场营销环境的这种促销活动是( )。
    A.广告   B.人员推销   C.营业推广   D.公共关系活动

三、多选题(每题2分,共2题,共4分)

1.策划成果展示评价时,要对( )进行评价。
    A.阐述表达能力   B.对策划活动可行性   C.对活动策划正确性
2.展览会、博览会、世界博览会、交易会在( )方面有所不同。
    A.概念   B.展示的内容   C.作用

四、判断题(每题1分,共8题,共8分)

1.单刀直入、观点明确的提问能使客户详述你所不知道的情况。( )
2.在与客户进行策划活动谈话时,不能去了解客户的身份。( )
3.由于受到西方婚礼习俗的影响,越来越多的中国人也接受了白色婚纱,但是新娘一般都是在迎娶的时候和婚宴开始的时候穿白色的婚纱,之后就会换上红色或是其他比较喜庆颜色的礼服。( )
4.对中国人来说,婚礼要办得隆重热闹。( )
5.策划成果展示PPT制作时,能用图表或模式图说明的地方尽量减少文字性阐述,以增强渲染力,打破专业演讲的沉闷气氛。( )
6.营销方案策划成果展示的方式有PPT或海报形式两种形式。( )
7.酒店主题宴会活动营销方案的四个步骤是活动构思、撰写策划书、策划成果展示、效果评估。( )
8.毕业宴请、圣诞节宴会、元旦宴会都属于节日宴。( )

五、名词解释(每题4分,共2题,共8分)

1.饭店营销
2.特殊活动营销

六、简答题(每题5分,共6题,共30分)

1.会展和展会的区别有哪些?
2.简述商务宴会菜单的制定原则。
3.主题宴会的特点是什么?
4.对于展会的策划成果应该从哪几个方面进行评价?
5.婚宴策划书展示包括哪些内容?
6.简述餐饮促销目标的作用。

七、论述题(每题10分,共1题,共10分)

简述我国饭店活动策划的发展趋势。

参考文献

[1] 何丽芳,贺湘辉,杜秋蓁.酒店营销实务[M].广州:广东经济出版社,2012.
[2] 刘晓明.饭店产品营销[M].北京:中国财富出版社,2013.
[3] 吕璐.国际市场营销[M].北京:对外经济贸易大学出版社,2013.
[4] 刘晓明.饭店产品营销[M].北京:中国财富出版社,2013.
[5] 吴梅.前厅服务与管理[M].北京:高等教育出版社,2006.
[6] 刘剑飞,陈幼君.酒店市场营销[M].长沙:湖南大学出版社,2010.
[7] 何丽芳,贺湘辉,杜秋蓁.酒店营销实务[M].广州:广东经济出版社,2012.
[8] 贺学良.酒店营销原理与实务[M].北京:中国旅游出版社,2012.
[9] 章勇刚.酒店如何用好微博营销[N].中国旅游报,2012-7-18(7).
[10] 行业酒店集团网络营销现状与发展趋势,http://www.doc88.com/p-7117014647597.html.
[11] 许顺旺.宴会管理:理论与实务[M].长沙:湖南科学技术出版社,2001.
[12] 费秋萍.金牌司仪——从入门到精通[M].北京:化学工业出版社,2015.
[13] 陈素娥.餐饮企业营销促销一本通[M].北京:化学工业出版社,2012.
[14] 匡仲潇.星级酒店活动策划与文书写作范本[M].北京:化学工业出版社,2013.
[15] 郑向敏.宴会设计[M].重庆:重庆大学出版社,2011.
[16] 叶伯平.宴会设计与管理[M].北京:清华大学出版社,2013.
[17] 周宇.宴席设计实务[M].北京:高等教育出版社,2010.
[18] 刘澜江.主题宴会设计[M].北京:中国商业出版社,2013.
[19] 李霞菊,林翔.酒店会展产品的开发与经营[M].沈阳:辽宁科学技术出版社,2003.
[20] 刘德艳.大连会展业管理模式研究[J].旅游科学,2005,8(4).
[21] 邹统钎.酒店经营战略[M].北京:清华大学出版社,2004.
[22] 庞晓林,陈天.珠宝首饰的陈列艺术[J].宝石和宝石学,2009(2).
[23] 夏宁娟.珠宝专卖店展示设计探索[J].现代装饰·理论,2011(2).
[24] http://zhidao.baidu.com/link?url=RHk9xU0yRPczUjre2j0ultlxxN52aH4ozXSX6JHuqT-CDDHd2AtDG02nlXmEiVagQuMDx3WXajrvWQbhqysFka.

[25] http://www.xzbu.com/6/view-3913543.htm.
[26] http://wenku.baidu.com/view/709685ab9b89680203d82559.html.
[27] YOKA 时尚网:http://www.yoka.com/luxury/appreciation/2013/0801840378.shtml.
[29] 豆丁网:http://www.docin.com/p-585168098.html.
[30] http://www.cq-trun.com/xinwenzixun/155.html.
[31] http://www.60mice.com/baike/20140409579.html.
[32] http://expo.liuti.cn/.
[33] http://www.onezh.com/news/9940.html.
[34] 豆瓣网:http://www.douban.com/note/349546278/.

课后练习答案

模块一

一、填空题

1. 分组
2. 加工汇总
3. 少、画"正"字汇总频数、标志值
4. 占据一席之地、树立自身形象、市场定位
5. 产品定位、形象定位、价格定位、顾客群体定位
6. 行为、表情
7. 调查内容
8. 说明、主体、编码号
9. 实地调研、案头调查

二、单选题

1.B 2.A 3.A 4.B 5.D

三、多选题

1. ABCD 2. ABCD 3. ABC

四、判断题

1.对 2.对 3.错 4.对 5.错 6.错 7.对 8.错 9.错 10.错 11.错

五、简答题

1. 答：
(1) 评估各细分市场的销售量和发展情况。
(2) 评估各细分市场盈利水平。
(3) 分析本饭店和竞争对手对各细分市场的招徕能力。
(4) 选定某一市场作为饭店目标市场。

2. 答：
(1) 明确企业的竞争对手。

(2)对竞争对手产品进行分析。

(3)确定产品特色。

(4)树立市场形象。

(5)巩固市场形象。

3. 答：

问卷发放的数量控制基本应遵循"少、多、少"的原则,即项目初期应分配较少问卷,中期可分配较多的问卷,后期由于涉及一些查漏补缺的工作,应相应减少问卷。

4. 答：

条形图、柱状图,表现频率分布；饼形图,圆内扇形的面积大小表示数值的大小,描述各部分在总体中所占的比例；折线图,用若干条连续的直线段把散点连接起来,表现一个变量随另一个变量变化的趋势；雷达图,反映多个变量多个观察样本数据。

5. 答：

实事求是的原则——要求调研人员必须有严谨而科学的工作态度；重点突出——设计内容既要全面系统,又要突出重点；用词标准——每个概念都要有特定的内涵和外延。在选词时要准确地把握概念,做到词义相符；内容简洁——句子和段落应保持简洁；逻辑严谨——必须有虚有实,有论点有例证,理论和实际相结合,论证过程有严密的逻辑性。

六、案例分析

1. 答：

(1)此饭店开展营销活动的需求状态是：市场存在着巨大的可开发潜力且需求旺盛,但没有能满足消费者需求的产品,即市场营销学中所讲的"潜在需求"状态。这种需求状态下的营销任务是开发性营销,即开发出能够满足消费者需求的产品。

(2)该饭店主要的营销方式及策略是：

①试销,即案例中所说的"先试探性地推出饭店钟点房服务"。

②广告促销,案例中的饭店在火车站的售票厅、候车室、出站口和车站广场等处设置醒目的广告,大力宣传钟点房的服务内容和价格,吸引顾客的关注。

③产品开发,如提醒客人按时上车等"改善的服务"就是为适应消费者需求进行的产品开发。

(3)此饭店的经济效益明显提高,主要原因是在于该饭店抓住了市场机会,适应市场需求开发出了新产品,满足了消费者的潜在需求。由此可以看出,该饭店奉行以消费者为中心的市场营销观念,注重挖掘消费者需求,能够开发出适合市场需求的新产品。

2. 答：

(1)正确地介绍自己、准确地表达接触的目的、良好的初期接触,是工作成功的一半。自我介绍时,首先要在一两句话中表明身份、说明来意,语速不宜过快,但要流畅,声音要清晰,音量要适中。初次见面,说话一定要温和、客气、有礼貌。自我介绍可以同时递上访问员证和工作证,以表示是真诚的访问,而非推销产品,能解除访问对象的戒心。对于调研对象的咨询应着重解释调查什么、为谁做此调查,并保证为其提供资料保密。

(2)沉着、热情地回答提问。即使是那些乐于接受调查的人也会提到一些问题,沉着、热情地回答受访者提出的问题对建立受访者对你的信任以及降低拒访率大有帮助。

(3)镇定应对访问被拒。记住,你一定要有耐心地邀请,你要让他感到:"我们大家都很忙,但这就是我的工作,我必须访问你。"

(注:允许学生思维拓展,言之有理即可给分。)

模块二

一、填空题

1.二择一

2.结款方式

3.建立轻松良好关系、道明来意、满足客户需求、介绍产品

4.销售前、销售中、销售后

5.双手、正面

6.宣传小册子、名片

7.电话、面对面

8.Give-away

9.科学定价、灵活变价、弹性议价

10.变更通知单

二、单选题

1.A 2.B 3.D 4.A 5.B

三、多选题

1.ABC 2.ABC

四、判断题

1.对 2.错 3.对 4.错 5.对 6.错 7.错 8.错

五、名词解释

1.答:
指在单位产品总成本上再加上一定比例的预期利润或税金作为产品售价。

2.答:
指饭店根据自身经营状况和市场需求情况而领衔定价的一种定价方法。

六、简答题

1.答:
(1)饭店主页应能够给顾客比较强烈的印象,要有足够的吸引力来吸引访问者阅读酒店的

相关资料。

(2)网页结构设计合理,层次清楚,顾客可以从主页的目录中得知自己想查的信息。

(3)网页的内容应生动,功能应全面,体现专业性和权威性。

(4)网页的链接应方便浏览,传输速度和图片下载速度要快,应注意避免死链接、调不出图形等情况出现。

(5)优化预订流程。

2.答:

(1)展示饭店个性。

(2)选择优秀的微博平台。

(3)重视微博管理员的人力资源管理。

(4)掌握微博发布技巧和频率。

(5)多途径微博推广,放大传播效应。

(6)坚持线上维护与线下宣传同时进行。

3.答:

销售协调员与宴会销售协调员的级别相等,都在销售经理下面,只是具体分工不同。销售协调员具体负责协助销售经理,从事回答咨询、接受预订及代收发文件、传真等具体的工作。而宴会销售协调员则与饭店内部的其他部门联系较多,专门负责协调与落实宴会的具体工作。

4.答:

(1)卫生检查。检查桌椅上有无杂物,地毯是否干净,有无破损。检查转盘是否干净,转盘是否在圆桌正中且转动自如。检查服务边柜是否干净,有无油渍、水渍,并铺上干净的台布。

(2)设备检查。会前1小时检查所有照明设备,保证所有照明设备正常。会前检查空调运行情况,保证餐厅内温度适当(夏季:22℃~24℃,冬季:20℃~22℃)。

5.答:

当地行业协会、专业信息公司、网上搜索、大型专业市场、请现有客户推荐、竞争对手的客户、政府机构相关部门、参加产品展览会、报刊刊登广告招商、查电话黄页等。

6.答:

打电话的最佳时间早上9:00至11:30,下午15:00至17:30,晚22:00前;通话时语音要清晰,语速适中,态度要礼貌、谦卑;通话结束时要对方先挂电话。

七、案例分析

1.答:

当遇到此类问题时,首先应该询问该客人之前是否使用自己的名字登记入住,或是使用其公司名称预订,询问对方之前入住时的房价。在不影响其他客人登记的同时请其稍等,联系当值经理或主管申请价格,由当值经理或主管暂时处理此事。接待人员继续为其他入住客人办理登记手续。当值经理或主管可向其介绍在饭店住房六次以上的长住客提供七折的优惠,并询问对方上次是何时入住,本着"顾客是上帝的态度",破例给其七折优惠。在对方办理登记入住手续时,要向对方解释:或许是饭店房态统计出现问题,给您造成的不便请您谅解。随后可向对方介绍饭店针对商务客户的一些协议优惠,如对方表示今后将常来入住,则建议对方与酒店签订住房合作协议,为酒店多争取一个稳定客源。

当出现这类问题的时候,工作人员首先需要稳定客人情绪,其次通知上层领导处理此事,让客人有被重视的感觉;其次告知对方经过申请可以给其此类优惠;最后与客户沟通,争取建立长期的合作。

相信这家饭店的老板不会那么死板,遇到这种客人还是可以破例给其优惠的,4星级酒店的客房成本只有27%,利润空间还是蛮大的。

2.答:

销售访问计划包含访问目的、访问时间、访问地点、资料准备、访问对象基本信息、访问要点、注意事项等方面的内容。(具体访问计划略。)

模块三

一、填空题

1.庄重、圣洁、教堂、安静、热闹

2.纳采、问名、纳吉、纳征、请期

3.展会立项可行性研究报告、参展合同、展会费用预算表、广告文案

4.语言表达能力

5.直接、简单、有效

6.精力、倾听、对方的情况、满意的服务

7.中央位置、桌心

8.原料、节日、地方或民族

9.对人的关注、人的个性释放、对人个性需求的满足

二、单选题

1.D 2.D 3.C 4.A 5.D

三、多选题

1.ABC 2.ABC

四、判断题

1.对 2.错 3.对 4.对 5.对 6.对 7.对 8.错

五、名词解释

1.答:

饭店营销是通过研究饭店市场供求变化,以满足消费者需求为中心,通过开发适销对路的饭店产品,以获得最大的社会和经济效益的饭店市场经营管理活动。

2.答:

特殊活动营销是扩大营业的一种形式,是餐饮企业根据自身情况,结合消费者的需求、特点和爱好,选择不同的时机,在不同的环境和场合下,举办各种各样的特殊活动推销,以增加本企业餐饮产品的营业额。

六、简答题

1.答:

(1)概念不同:狭义的会展仅指展览会和会议;广义的会展是会议、展览会和节事活动的统称,涵盖整个行业。会展具有强大的经济功能。展会(展销会)是会展活动的基本形式。

(2)侧重点不同:会展的重点是"展",展会(展销会)的重点是"销"。

(3)交易方式不同:会展的参观者看到了某公司的产品下订单,会后交易。展会(展销会)参观者看到商品当场购买,交易一般在会上直接完成。

(4)交易额不同:会展交易额较大,展会(展销会)交易额较小。

(5)技术含量不同:会展一般技术含量较高,展销会比较朴实,基本没太多的技术含量,主要是吃喝玩乐等。

(6)收益区别较大:会展有很大的利润空间,关键在于组织者的能力和产品的优劣;展销会有一定的利润空间,关键在于组织者的能力和产品推销力度。

2.答:

(1)要使菜单中的原料的种类尽可能不重复。

(2)要使菜单中原料的烹法尽可能不重复。

(3)要使菜单中菜肴的口味尽可能不相同。

(4)要使菜单中使用的盛器尽可能不相同。

3.答:

最大特点是赋予宴会以某种主题,围绕既定的主题来营造气氛,宴会的菜品、服务、色彩、灯光、摆台、装饰以及活动都为主题服务,使主题成为顾客容易识别的特征,刺激消费行为。

4.答:

(1)对阐述表达能力进行评价。

(2)对策划活动可行性进行评价。

(3)对活动策划正确性进行评价。

5.答:

(1)展示顺序。

(2)展示技巧。

(3)展示手段。

(4)亮点展示。

(5)修改完善。

6.答:

餐饮促销目标的作用体现在以下两个方面:

(1)没有一个正确、合理的促销目标,餐饮促销活动就会失去方向,也不会收到理想的效果。

(2)能通过其对促销活动各环节工作的协调,为促销活动实施后进行效果评价提供依据,并衡量各种促销策略的优劣,提高餐饮促销的效率。

七、论述题

答:

(1)策划主体从个体向群体发展。

首先,饭店所处的环境由原来的相对简单变得更加复杂。

其次,饭店活动规模从小变大。

最后,饭店活动策划内涵发生变化。此外,策划的流程与项目也变得更复杂、更健全、更合理。

(2)策划主体从业余向专业化转变。

(3)策划方式从自主策划向委托策划转变。

首先,策划咨询机构的发展和渐趋成熟,使得策划外包成为可能。

其次,"策划超市"的趋势使得策划更明晰,成本更低。

最后,外包非主营项目,集中优势资源从事专职饭店管理。

(4)策划方式从人脑向人机结合演进。

首先,从根本上来说,策划离不开信息,信息是策划之本。

其次,计算机具有人脑难以比拟的优势。

最后,饭店活动策划的项目化运作,加速了活动策划的人机结合的进程。

(5)策划目标从单目标向多目标发展。

(6)策划角色从饭店的策略层面向饭店经营的战略层面转变。

(7)策划标准从粗放向精致演进。

(8)饭店活动策划与管理水平是宾客选择饭店的重要因素。

责任编辑:果凤双

图书在版编目(CIP)数据

饭店产品营销 / 马英主编. ——北京:旅游教育出版社,2017.3（2023.8 重印）
新编全国旅游中等职业教育系列教材
ISBN 978-7-5637-3528-0

Ⅰ. ①饭… Ⅱ. ①马… Ⅲ. ①饭店—市场营销学—中等专业学校—教材 Ⅳ. ①F719.2

中国版本图书馆 CIP 数据核字（2017）第 038559 号

新编全国旅游中等职业教育系列教材

饭店产品营销

马英　主编

出版单位	旅游教育出版社
地　　址	北京市朝阳区定福庄南里 1 号
邮　　编	100024
发行电话	(010)65778403 65728372 65767462(传真)
本社网址	www.tepcb.com
E-mail	tepfx@163.com
排版单位	北京旅教文化传播有限公司
印刷单位	北京泰锐印刷有限公司
经销单位	新华书店
开　　本	710 毫米×1000 毫米　1/16
印　　张	15
字　　数	229 千字
版　　次	2017 年 3 月第 1 版
印　　次	2023 年 8 月第 7 次印刷
定　　价	28.00 元

（图书如有装订差错请与发行部联系）